이렇게 하면 좋은 운이 온다

易山 김찬동 지음

삼한

이 책을 보기전에

인간에게는 선천운(先天運)과 후천운(後天運)이 있다. 선천운(先天運)은 타고난 운명인 사주팔자로 인간의 노력이나 의지와는 상관없이 인생 전반을 지배하기 때문에 바꿀 수 없지만, 후천운(後天運)은 부족한 부분을 보충하고 바꿀 수 있다. 어떤 방법으로든 개운한다는 것은 모두 이 후천운(後天運)을 바꾸는 것이다.

다시 말해서 선천운(先天運)을 하늘의 영역이라고 한다면 후천운(後天運)은 인간의 영역이다. 그러므로 하늘의 영역은 감히 인간들이 조절할 수 없지만, 인간의 영역인 후천운(後天運)은 얼마든지 자신의 의지대로 움직일 수 있다.

개운하는 방법에는 여러가지가 있는데 이름으로 보충하거나 방위, 색상, 수리, 년, 월, 날자, 시간, 궁합, 이름, 직업, 물건, 보석, 맛, 과일, 기운, 마을, 가축, 성격 등을 자신에게 길한 것은 취하고 흉한 것은 피하는 것이다. 간혹 몇몇 사람들이 예외인 경우가 있지만 극소수에 불과하고, 대부분은 적중하여 좋은 효과를 본다.

이 책에서는 태어난 달(음력)을 중심으로 개운방법을 제시한다. 사주에서도 월지(月支)를 가장 중요하게 생각하는데 이것은 출생한 달이 운세의 중심이고 조후(調候)의 중심이기 때문이다. 이 한권의 책을 잘 활용하면 누구나 웬만한 어려움은 극복할 수 있다고 확신한다.

戊寅年 易山 金讚東

차 례 ❶

Ⅰ편 좋은 운을 부르는 방법

차 례❷

차 례 ❸

II편 정확한 운세판단법

차 례 ❺

좋은 운을 부르는 방법

방위길흉

방위란 동서남북, 즉 사방팔방을 말한다. 사람마다 운세의 흐름이 다르듯이 방위의 운세도 다르다. 방위의 길흉에 따라 심성이나 성격이 달라지고, 개인이나 집안이 번영하기도 하고 몰락하기도 하므로 방위의 선택은 매우 중요하다. 가족단위로 볼 때는 가정의 중심인 가장(家長)의 방위가 가장 중요하다.

일반적으로 동방위는 희망운, 남동방위는 재능운, 남방위는 명예운, 남서방위는 애정운, 서방위는 교제운, 북서방위는 재물운, 북방위는 주거운, 북동방위는 가족운을 나타낸다. 그러나 누구에게나 똑같이 적용되는 것이 아니라, 태어난 달에 따라 길할 수도 있고 흉할 수도 있다. 다시 말해서 태어난 달에 따라 좋은 방위와 나쁜 방위가 따로 있다. 방위는 자신이 가장 많이 생활하는 곳을 중심으로 정한다.

방위로 개운하는 방법은 자신에게 좋은 방위의 집에 살거나, 좋은 방위에서 사업이나 활동을 하거나, 좋은 방위를 향하여 잠을 자면 된다. 태어난 달은 음력을 기준으로 한다.

1월생의 방위길흉

■ 1월생에게 동방위는 대흉하다.

동방위는 희망운을 나타내지만 1월생에게는 절망운으로 나타난다. 1월생이 동방위의 집에서 살거나, 동방위를 향하여 잠을 자거나, 동방위에서 사업이나 활동을 하면 대흉하다. 건강도 매우 불리하여 사고를 당하거나 수족부상, 신경성질환, 간장, 인후기관 등에 질병이 따르고, 단명하거나 요절할 수도 있다. 가정적으로도 나쁘게 작용하여 부부간에 불화가 심하고 이혼할 수도 있으며, 자손이 불효하거나 대가 끊어져 멸문할 수도 있다. 사업실패, 직장에서의 실직이나 좌천, 손재수 등이 따른다. 악연을 자주 만나 고통을 당하고, 항상 빈천하여 고전을 면하기 어렵다.

■ 1월생에게 남동방위는 흉하다.

남동방위는 재능운을 나타내지만 1월생에게는 무능운으로 나타난다. 1월생이 남동방위의 집에서 살거나, 남동방위를 향하여 잠을 자거나, 남동방위에서 사업이나 활동을 하면 발전하지 못한다. 자신의 재능을 발휘하지 못하며, 대중에게 인기를 잃고 아랫사람을 다스리는데 어려움이 많으며, 이성관계에서도 실패가 많다. 1월생이 남동방위의 기운을 오래 받으면 어깨, 팔, 간장 등에 질병이 따른다.

■ 1월생에게 남방위는 반길반흉하다.

남방위는 명예운을 나타내는데 1월생에게는 반길반흉하다. 명예도 반길반흉, 성공도 반길반흉, 신용도 반길반흉, 대인관계도 반길반흉이라 큰 해로움은 없지만 크게 좋은 것도 없다. 건강상으로는 머리, 눈, 심장 등에 약간의 질병이 따르나 쉽게 회복된다.

■ 1월생에게 남서방위는 길하다.

1월생이 남서방위의 집에 살거나, 남서방위를 향하여 잠을 자거나, 남서방위에서 사업이나 활동을 하면 길하다. 특히 남서방위는 애정운을 나타내는 방위이므로 부부간에 애정이 넘치고 가정이 화목하며, 미혼자는 좋은 배우자를 만날 수 있다. 1월생이 남서방위의 기운을 오래 받으면 기품이 뛰어나며 여러가지 좋은 일이 많이 따른다. 건강상으로는 복부, 위장, 소화기관 등이 튼튼해진다.

■ 1월생에게 서방위는 대길하다.

1월생이 서방위의 집에 살거나, 서방위를 향하여 잠을 자거나, 서방위에서 사업이나 활동을 하면 대길하다. 특히 서방위는 교제운을 나타내므로 이성간에 좋은 인연을 만나고, 대인관계가 좋아지며 귀인의 도움을 받는다. 폐, 기관지, 호흡기, 생식기 등이 건강해진다.

■ 1월생에게 북서방위는 길하다.

1월생이 북서방위의 집에 살거나, 북서방위를 향하여 잠을 자거나, 북서방위에서 사업이나 활동을 하면 길하다. 특히 북서방위는 재물운을 나타내므로 재물운이 따르고 권위가 높아진다. 건강상으로는 폐, 골격 등이 튼튼해진다.

■ **1월생에게 북방위는 반길반흉하다.**

북방위는 주거운을 나타내는데 1월생에게는 반길반흉하다. 명예도 반길반흉, 성공도 반길반흉, 신용도 반길반흉, 대인관계도 반길반흉이라 큰 해로움은 없지만 크게 좋은 것도 없다. 건강상으로는 귀, 신장, 요도기관 등에 약간의 질병이 따르나 쉽게 회복된다.

■ **1월생에게 북동방위는 흉하다.**

1월생이 북동방위의 집에 살거나, 북동방위를 향하여 잠을 자거나, 북동방위에서 사업이나 활동을 하면 아무리 노력해도 잘 되지 않는다. 특히 북동방위는 가족운을 나타내는 방위이므로 가족간에 불화하고, 자식이 없거나 있어도 불효하며 형제간에 우애가 없다. 건강상으로는 관절, 코, 척추, 간장 등에 질병이 따른다.

2월생의 방위길흉

■ **2월생에게 동방위는 대흉하다.**

동방위는 희망운을 나타내지만 2월생에게는 절망운으로 나타난다. 2월생이 동방위의 집에서 살거나, 동방위를 향하여 잠을 자거나, 동방위에서 사업이나 활동을 하면 대흉하다. 건강도 매우 불리하여 수족부상이나 간장, 인후기관 등에 질병이 따르며, 정신적으로도 불안하여 신경성질환이 발생하거나 정신이상자가 되기도 한다.

■ 2월생에게 남동방위는 흉하다.

2월생이 남동방위의 집에서 살거나, 남동방위를 향하여 잠을 자거나, 남동방위에서 사업이나 활동을 하면 발전하지 못한다. 특히 남동방위는 재능운을 나타내는 방위이므로 자신의 재능을 발휘하지 못한다. 대중들에게 인기를 잃고, 아랫사람을 다스리는데 어려움이 많으며, 이성관계에서도 실패가 많다. 2월생이 남동방위의 기운을 오래 받으면 어깨, 팔, 간장 등에 질병이 발생한다.

■ 2월생에게 남방위는 반길반흉하다.

남방위는 명예운을 나타내지만 2월생에게는 반길반흉하다. 명예도 반길반흉, 성공도 반길반흉, 신용도 반길반흉, 대인관계도 반길반흉이라 큰 해로움은 없지만 크게 좋은 것도 없다. 건강상으로는 머리, 눈, 심장 등에 약간의 질병이 따르나 쉽게 회복된다.

■ 2월생에게 남서방위는 길하다.

2월생이 남서방위의 집에 살거나, 남서방위를 향하여 잠을 자거나, 남서방위에서 사업이나 활동을 하면 길하다. 특히 남서방위는 애정운을 나타내는 방위이므로 부부간에 애정이 넘치고 가정은 화목하며, 미혼자는 좋은 배우자를 만날 수 있다. 2월생이 남서방위의 기운을 오래 받으면 기품이 뛰어나며 여러가지 좋은 일이 많이 생긴다. 건강상으로는 복부, 위장, 소화기관 등이 튼튼해진다.

■ 2월생에게 서방위는 대길하다.

2월생이 서방위의 집에 살거나, 서방위를 향하여 잠을 자거나, 서방위에서 사업이나 활동을 하면 대길하다. 특히 서방위는 교제운을 나타내는 방위이므로 대인관계가 좋아지고, 이성간에도 좋은 인연을 만나며 귀인의 도움을 받는다. 건강상으로는 폐, 기관지, 호흡기, 생식기 등이 튼튼해진다.

■ 2월생에게 북서방위는 길하다.

2월생이 북서방위의 집에 살거나, 북서방위를 향하여 잠을 자거나 북서방위에서 사업이나 활동을 하면 길하다. 특히 북서방위는 재물운을 나타내는 방위이므로 재물운이 따르고 권위가 높아진다. 건강상으로는 폐, 골격 등이 튼튼해진다.

■ 2월생에게 북방위는 반길반흉하다.

북방위는 주거운을 나타내지만 2월생에게는 반길반흉하다. 명예도 반길반흉, 성공도 반길반흉, 신용도 반길반흉, 대인관계도 반길반흉이라 큰 해로움은 없지만 크게 좋은 것도 없다. 건강상으로는 귀, 신장, 요도기관 등에 약간의 질병이 따르나 쉽게 회복된다.

■ 2월생에게 북동방위는 흉하다.

2월생이 북동방위의 집에 살거나, 북동방위를 향하여 잠을 자거나, 북동방위에서 사업이나 활동을 하면 아무리 노력해도 잘 되지 않는다. 특히 북동방위는 가족운을 나타내는 방위이므로 가족간에 불화하고, 자식이 없거나 있어도 불효하며 형제간에 우애가 없다. 건강상으로는 관절, 코, 척추, 간장 등에 질병이 따른다.

3월생의 방위길흉

■ 3월생에게 동방위는 반길반흉하다.

동방위는 희망운을 나타내지만 3월생에게는 반길반흉하다. 명예도 반길반흉, 성공도 반길반흉, 신용도 반길반흉, 대인관계도 반길반흉이라 큰 해로움은 없지만 크게 좋은 것도 없다. 건강상으로는 수족부상과 신경성질환, 간장, 인후염 등의 질병이 따르나 쉽게 회복된다.

■ 3월생에게 남동방위는 흉하다

3월생이 남동방위의 집에서 살거나, 남동방위를 향하여 잠을 자거나, 남동방위에서 사업이나 활동을 하면 발전하지 못한다. 특히 남동방위는 재능운을 나타내는 방위이므로 자신의 재능을 발휘하지 못한다. 대중에게 인기를 잃고, 아랫사람을 다스리는데 어려움이 많으며, 이성관계에서도 실패가 많다. 3월생이 남동방위의 기운을 오래 받으면 어깨, 팔, 간장 등에 질병이 많이 발생한다.

■ 3월생에게 남방위는 대흉하다.

남방위는 명예운을 나타내지만 3월생에게는 대흉하다. 3월생이 남방위의 집에서 살거나, 남방위를 향하여 잠을 자거나, 남방위에서 사업이나 활동을 하면 대흉하다. 건강도 매우 불리하여 머리, 눈, 심장 등에 큰 질병이 발생한다. 가정적으로도 나쁘게 작용하여 부부간에 불화한다. 사업실패, 직장에서의 실직이나 좌천, 손재수 등이 따른다. 악연을 자주 만나 고통을 당하고 항상 빈천하다.

■ **3월생에게 남서방위는 흉하다**

3월생이 남서방위의 집에서 살거나, 남서방위를 향하여 잠을 자거나, 남서방위에서 사업이나 활동을 하면 발전하지 못한다. 특히 남서방위는 애정운을 나타내는데 나쁘게 작용하여 부부간에 불화가 심하다. 건강도 매우 불리하여 복부, 위장, 소화기관 등에 질병이 많이 발생한다. 사업실패, 직장에서의 실직이나 좌천 등 직업의 변동이 심하여 한곳에 정착하지 못한다. 항상 빈천하고 고전을 면하기 어렵다.

■ **3월생에게 서방위는 반길반흉하다.**

서방위는 교제운을 나타내지만 3월생에게는 반길반흉하다. 명예도 반길반흉, 성공도 반길반흉, 신용도 반길반흉, 대인관계도 반길반흉이라 큰 해로움은 없지만 크게 좋은 것도 없다. 건강상으로는 폐, 치아, 생식기 등에 약간의 질병이 따르나 쉽게 회복된다.

■ **3월생에게 북서방위는 길하다.**

3월생이 북서방위의 집에 살거나, 북서방위를 향하여 잠을 자거나, 북서방위에서 사업이나 활동을 하면 길하다. 특히 북서방위는 재물운을 나타내므로 부모나 귀인의 도움을 받거나 재산을 상속받는 등 예상 외의 재물이 많이 생긴다. 대인관계에서도 권위를 얻으며, 건강상으로는 폐, 골격 등이 튼튼해진다.

■ 3월생에게 북방위는 대길하다.

3월생이 북방위의 집에 살거나, 북방위를 향하여 잠을 자거나, 북방위에서 사업이나 활동을 하면 대길하다. 특히 북방위는 주거운을 나타내므로 부동산운이 좋다. 부부금슬이 좋아지고 덕망과 인덕도 있으며, 사업은 날로 발전하고 직장에서도 빨리 승진한다. 3월생이 북방위의 기운을 오래 받으면, 귀가 밝아지고 신장과 요도기관이 튼튼해지는 등 심신이 건강하다.

■ 3월생에게 북동방위는 길하다.

3월생이 북동방위의 집에 살거나, 북동방위를 향하여 잠을 자거나, 북동방위에서 사업이나 활동을 하면 길하다. 특히 북동방위는 가족운을 나타내므로 자식은 효도하고 형제간에는 우애가 있다. 총명하고 지혜가 있으며 재물과 권위를 얻는다. 건강상으로는 관절, 코, 척추, 간장 등이 튼튼해진다.

4월생의 방위길흉

■ 4월생에게 동방위는 반길반흉하다.

동방위는 희망운을 나타내지만 4월생에게는 반길반흉하다. 명예도 반길반흉, 성공도 반길반흉, 신용도 반길반흉, 대인관계도 반길반흉이라 큰 해로움은 없지만 크게 좋은 것도 없다. 수족부상, 신경성질환, 간장, 인후기관 등에 약간의 질병이 따르나 쉽게 회복된다.

■ 4월생에게 남동방위는 흉하다.

4월생이 남동방위의 집에서 살거나, 남동방위를 향하여 잠을 자거나, 남동방위에서 사업이나 활동을 하면 발전하지 못한다. 특히 남동방위는 재능운을 나타내는 방위이므로 자신의 재능을 발휘하지 못한다. 대중에게 인기를 잃고, 아랫사람을 다스리는데 어려움이 많으며, 이성관계에서도 실패가 많다. 4월생이 남동방위의 기운을 오래 받으면 어깨, 팔, 간장 등에 질병이 따른다.

■ 4월생에게 남방위는 대흉하다.

남방위는 명예운을 나타내지만 4월생에게는 대흉하다. 4월생이 남방위의 집에서 살거나, 남방위를 향하여 잠을 자거나, 남방위에서 사업이나 활동을 하면 대흉하다. 건강도 매우 불리하여 사고를 당하거나 머리, 눈, 심장 등에 큰 질병이 발생한다. 가정적으로도 나쁘게 작용하여 부부간에 불화하고 심하면 이혼할 수도 있다. 사업실패, 직장에서의 실직이나 좌천, 손재수 등이 따른다. 항상 빈천하고 고전을 면하기 어렵다.

■ 4월생에게 남서방위는 흉하다.

4월생이 남서방위의 집에서 살거나, 남서방위를 향하여 잠을 자거나, 남서방위에서 사업이나 활동을 하면 발전하지 못한다. 특히 남서방위는 애정운을 나타내는 방위이므로 부부간에 불화한다. 건강도 매우 불리하여 머리, 눈, 심장 등에 큰 질병이 발생한다. 사업실패, 직장에서의 실직이나 좌천, 손재수 등이 따른다. 악연을 자주 만나 고통을 당하고, 항상 빈천하며 고전을 면하기 어렵다.

■ **4월생에게 서방위는 반길반흉하다.**

서방위는 교제운을 나타내지만 4월생에게는 반길반흉하다. 명예도 반길반흉, 성공도 반길반흉, 신용도 반길반흉, 대인관계도 반길반흉이라 큰 해로움은 없지만 크게 좋은 것도 없다. 건강상으로는 폐, 치아, 생식기 등에 약간의 질병이 따르지만 쉽게 회복된다.

■ **4월생에게 북서방위는 길하다.**

4월생이 북서방위의 집에 살거나, 북서방위를 향하여 잠을 자거나, 북서방위에서 사업이나 활동을 하면 길하다. 특히 북서방위는 재물운을 나타내는 방위이므로 부모나 귀인의 도움을 받거나, 재산을 상속받는 등 예상 외의 재물이 많이 생긴다. 대인관계에서도 권위를 얻고, 건강상으로는 폐, 골격 등이 튼튼해진다.

■ **4월생에게 북방위는 대길하다.**

4월생이 북방위의 집에 살거나, 북방위를 향하여 잠을 자거나, 북방위에서 사업이나 활동을 하면 대길하다. 특히 북방위는 주거운을 나타내므로 부동산운이 좋다. 부부금슬이 좋아지고 덕망과 인덕도 있으며, 사업은 날로 발전하며 직장에서도 빨리 승진한다. 4월생이 북방위의 기운을 오래 받으면, 귀가 밝아지고 신장과 요도기관 등이 튼튼해지는 등 심신이 건강하다.

■ 4월생에게 북동방위는 길하다.

4월생이 북동방위의 집에 살거나, 북동방위를 향하여 잠을 자거나, 북동방위에서 사업이나 활동을 하면 길하다. 특히 북동방위는 가족운을 나타내므로 자식은 효도하고 형제간에는 우애가 있다. 총명하고 지혜가 있으며 재물과 권위를 얻는다. 건강상으로는 관절, 코, 척추, 간장 등이 튼튼해진다.

5월생의 방위길흉

■ 5월생에게 동방위는 흉하다.

동방위는 희망운을 나타내지만 5월생에게는 절망운으로 나타난다. 5월생이 동방위의 집에서 살거나, 동방위를 향하여 잠을 자거나, 동방위에서 사업이나 활동을 하면 발전하지 못한다. 재능을 발휘하지 못하며 부부불화, 사업실패 등이 따르고, 항상 빈천하고 고전을 면하기 어렵다. 건강상으로도 매우 불리하여 수족부상, 신경성질환, 간장, 인후기관 등에 질병이 많이 발생한다.

■ 5월생에게 남동방위는 흉하다.

5월생이 남동방위의 집에서 살거나, 남동방위를 향하여 잠을 자거나, 남동방위에서 사업이나 활동을 하면 발전하지 못한다. 특히 남동방위는 재능운을 나타내는 방위이므로 자신의 재능을 발휘하지 못한다. 대중에게 인기를 잃고, 아랫사람을 다스리는데 어려움이 많으며, 이성관계에서도 실패가 많다. 5월생이 남동방위의 기운을 오래 받으면 어깨, 팔, 간장 등에 질병이 따르고, 사업고전 등으로 항상 빈천하며 고전을 면하기 어렵다.

■ 5월생에게 남방위는 대흉하다.

남방위는 명예운을 나타내는 방위이지만 5월생에게는 절망운으로 나타나 대흉하다. 5월생이 남방위의 집에서 살거나, 남방위를 향하여 잠을 자거나, 남방위에서 사업이나 활동을 하면 발전하지 못한다. 건강도 매우 불리하여 사고를 당하거나 머리, 눈, 심장 등에 큰 질병이 발생한다. 가정적으로도 나쁘게 작용하여 부부간에 불화하고 심하면 이혼할 수도 있다. 사업실패, 직장에서의 실직이나 좌천, 손재수 등이 따라, 항상 빈천하고 고전을 면하기 어렵다.

■ 5월생에게 남서방위는 흉하다.

5월생이 남서방위의 집에서 살거나, 남서방위를 향하여 잠을 자거나, 남서방위에서 사업이나 활동을 하면 발전하지 못한다. 특히 남서방위는 애정운을 나타내는 방위이므로 부부간에 불화하고, 미혼자는 좋은 배우자를 만나지 못한다. 건강상으로도 매우 불리하여 복부, 위장, 소화기관 등에 큰 질병이 발생한다. 사업실패 등으로 항상 빈천하고 고전을 면하기 어렵다.

■ 5월생에게 서방위는 반길반흉하다.

서방위는 교제운을 나타내지만 5월생에게는 반길반흉하다. 명예도 반길반흉, 성공도 반길반흉, 신용도 반길반흉, 대인관계도 반길반흉이라 큰 해로움은 없지만 크게 좋은 것도 없다. 건강상으로는 폐, 치아, 생식기 등에 약간의 질병이 따르나 쉽게 회복된다.

■ 5월생에게 북서방위는 길하다.

5월생이 북서방위의 집에 살거나, 북서방위를 향하여 잠을 자거나, 북서방위에서 사업이나 활동을 하면 길하다. 특히 북서방위는 재물운을 나타내므로 부모나 귀인의 도움을 받거나 재산을 상속받는 등 예상 외의 재물이 많이 생긴다. 대인관계에서도 권위를 얻고, 건강상으로는 폐, 골격 등이 튼튼해진다.

■ 5월생에게 북방위는 대길하다.

5월생이 북방위의 집에 살거나, 북방위를 향하여 잠을 자거나, 북방위에서 사업이나 활동을 하면 대길하다. 특히 북방위는 주거운을 나타내므로 부동산운이 좋다. 부부금슬이 좋아지고 덕망과 인덕이 있으며, 사업은 날로 발전하고 직장에서도 빨리 승진한다. 5월생이 북방위의 기운을 오래 받으면 귀가 밝아지고 신장, 요도기관 등이 튼튼해지는 등 심신이 건강하다.

■ 5월생에게 북동방위는 길하다.

5월생이 북동방위의 집에 살거나, 북동방위를 향하여 잠을 자거나, 북동방위에서 사업이나 활동을 하면 길하다. 특히 북동방위는 가족운을 나타내므로 자식은 효도하고 형제간에는 우애가 있다. 총명하고 지혜가 있으며 재물과 권위를 얻는다. 건강상으로는 관절, 코, 척추, 간장 등이 튼튼해진다.

6월생의 방위길흉

■ 6월생에게 동방위는 반길반흉하다.

동방위는 희망운을 나타내지만 6월생에게는 반길반흉하다. 명예도 반길반흉, 성공도 반길반흉, 신용도 반길반흉, 대인관계도 반길반흉이라 큰 해로움은 없지만 크게 좋은 것도 없다. 건강상으로는 수족부상, 신경성질환, 간장, 인후기관 등에 약간의 질병이 따르나 쉽게 회복된다.

■ 6월생에게 남동방위는 흉하다.

6월생이 남동방위의 집에서 살거나, 남동방위를 향하여 잠을 자거나, 남동방위에서 사업이나 활동을 하면 발전하지 못한다. 특히 남동방위는 재능운을 나타내므로 자신의 재능을 발휘하지 못한다. 대중에게 인기를 잃고, 아랫사람을 다스리는데 어려움이 많으며, 이성관계에서도 실패가 많다. 6월생이 남동방위의 기운을 오래 받으면 어깨, 팔, 간장 등에 질병이 발생하며, 사업고전 등으로 항상 빈천하고 고전을 면하기 어렵다.

■ **6월생에게 남방위는 대흉하다.**

남방위는 명예운을 나타내지만 6월생에게는 절망운으로 나타나 대흉하다. 6월생이 남방위의 집에서 살거나, 남방위를 향하여 잠을 자거나, 남방위에서 사업이나 활동을 하면 발전하지 못한다. 건강도 매우 불리하여 사고를 당하거나 머리, 눈, 심장 등에 큰 질병이 발생한다. 가정적으로도 나쁘게 작용하여 부부간에 불화하고 심하면 이혼할 수도 있다. 사업실패, 직장에서의 실직이나 좌천, 손재수 등이 따라 항상 빈천하고 고전을 면하기 어렵다.

■ **6월생에게 남서방위는 흉하다.**

6월생이 남서방위의 집에서 살거나, 남서방위를 향하여 잠을 자거나, 남서방위에서 사업이나 활동을 하면 발전하지 못한다. 특히 남서방위는 애정운을 나타내므로 부부간에 불화하고, 미혼자는 좋은 배우자를 만나지 못한다. 건강상으로도 매우 불리하여 복부, 위장, 소화기관 등에 큰 질병이 발생한다. 한곳에 정착하지 못하고, 사업고전 등으로 항상 빈천하고 고전을 면하기 어렵다.

■ **6월생에게 서방위는 반길반흉하다.**

서방위는 교제운을 나타내지만 6월생에게는 반길반흉하다. 명예도 반길반흉, 성공도 반길반흉, 신용도 반길반흉, 대인관계도 반길반흉이라 큰 해로움은 없지만 크게 좋은 것도 없다. 건강상으로는 폐, 치아, 생식기 등에 약간의 질병이 따르나 쉽게 회복된다.

■ 6월생에게 북서방위는 길하다.

6월생이 북서방위의 집에 살거나, 북서방위를 향하여 잠을 자거나, 북서방위에서 사업이나 활동을 하면 길하다. 특히 북서방위는 재물운을 나타내므로 부모나 귀인의 도움을 받거나, 재산을 상속받는 등 예상 외의 재물이 많이 생긴다. 두뇌가 총명하며 대인관계에서도 권위를 얻는다. 건강상으로는 폐, 골격 등이 튼튼해진다.

■ 6월생에게 북방위는 대길하다.

6월생이 북방위의 집에 살거나, 북방위를 향하여 잠을 자거나, 북방위에서 사업이나 활동을 하면 대길하다. 특히 북방위는 주거운을 나타내므로 부동산운이 좋다. 부부금슬이 좋아지고 덕망과 인덕이 있으며, 사업은 날로 발전하고 직장에서도 빨리 승진한다. 6월생이 북방위의 기운을 오래 받으면, 귀가 밝아지고 신장, 요도기관 등이 튼튼해지는 등 심신이 건강하다.

■ 6월생에게 북동방위는 길하다.

6월생이 북동방위의 집에 살거나, 북동방위를 향하여 잠을 자거나, 북동방위에서 사업이나 활동을 하면 길하다. 특히 북동방위는 가족운을 나타내므로 자식은 효도하고 형제간에는 우애가 있다. 총명하고 지혜가 있으며 재물과 권위를 얻는다. 건강상으로는 관절, 코, 척추, 간장 등이 튼튼해진다.

7월생의 방위길흉

■ 7월생에게 동방위는 대길하다.

동방위는 희망운을 나타내는데 7월생이 동방위의 집에 살거나, 동방위를 향하여 잠을 자거나, 동방위에서 사업이나 활동을 하면 대길하다. 사업은 날로 발전하여 예상 외로 크게 성공하며, 직장에서도 빨리 승진한다. 부부금슬이 좋고 덕망과 인덕이 있다. 7월생이 동방위의 기운을 오래 받으면 심신이 건강하고 간장, 인후기관 등이 튼튼해진다.

■ 7월생에게 남동방위는 길하다.

7월생이 남동방위의 집에 살거나, 남동방위를 향하여 잠을 자거나, 남동방위에서 사업이나 활동을 하면 발전한다. 특히 남동방위는 재능운을 나타내는 방위이므로 총명한 지혜를 얻어 재능을 충분히 발휘한다. 재물이 충만하고 이성간에도 좋은 인연을 만나며, 통솔력이 뛰어나 만인을 지휘하게 된다. 심신이 건강하고 어깨, 팔, 간장 등이 튼튼해진다.

■ 7월생에게 남방위는 반길반흉하다.

남방위는 명예운을 나타내지만 7월생에게는 반길반흉하다. 명예도 반길반흉, 성공도 반길반흉, 신용도 반길반흉, 대인관계도 반길반흉이라 큰 해로움은 없지만 크게 좋은 것도 없다. 건강상으로는 머리, 눈, 심장 등에 약간의 질병이 따르나 쉽게 회복된다.

■ 7월생에게 남서방위는 흉하다.

7월생이 남서방위의 집에서 살거나, 남서방위를 향하여 잠을 자거나, 남서방위에서 사업이나 활동을 하면 발전하지 못한다. 특히 남서방위는 애정운을 나타내므로 부부간에 불화하고 이성관계도 실패가 많다. 재능이 있어도 발휘하지 못하며, 건강도 불리하여 복부, 위장, 소화기관 등에 질병이 발생한다. 한곳에 정착하지 못하고, 사업실패 등으로 항상 빈천하고 고전을 면하기 어렵다.

■ 7월생에게 서방위는 대흉하다.

7월생이 서방위의 집에서 살거나, 서방위를 향하여 잠을 자거나, 서방위에서 사업이나 활동을 하면 대흉하다. 특히 서방위는 교제운을 나타내므로 사교가 나빠지며 이성관계도 실패가 많다. 가정적으로도 나쁘게 작용하여 부부간에 불화한다. 건강상으로는 폐, 기관지, 호흡기, 생식기 등에 큰 질병이 발생한다. 사업실패, 직장에서의 실직이나 좌천, 손재수 등이 따른다. 악연을 자주 만나 고통을 당하며, 항상 빈천하고 고전을 면하기 어렵다.

■ 7월생에게 북서방위는 흉하다.

7월생이 북서방위의 집에서 살거나, 북서방위를 향하여 잠을 자거나, 북서방위에서 사업이나 활동을 하면 발전하지 못한다. 특히 북서방위는 재물운을 나타내므로 재물손재가 따르고, 재능이 있어도 발휘하지 못한다. 건강도 불리하여 기력이 약해지고, 호흡기관 등에 질병이 발생한다. 사업실패 등으로 항상 빈천하고 고전한다.

■ 7월생에게 북방위는 반길반흉하다.

북방위는 주거운을 나타내지만 7월생에게는 반길반흉하다. 명예도 반길반흉, 성공도 반길반흉, 신용도 반길반흉, 대인관계도 반길반흉이라 큰 해로움은 없지만 크게 좋은 것도 없다. 건강상으로는 머리, 귀, 신장, 요도기관 등에 약간의 질병이 따르나 쉽게 회복된다.

■ 7월생에게 북동방위는 길하다.

7월생이 북동방위의 집에 살거나, 북동방위를 향하여 잠을 자거나, 북동방위에서 사업이나 활동을 하면 발전한다. 특히 북동방위는 가족운을 나타내므로 가족간에 화목하고, 형제간에는 우애가 있으며 자손이 번창하고 효도한다. 총명하고 재물도 충만하다. 건강상으로는 관절, 코, 척추, 간장 등이 튼튼해진다.

8월생의 방위길흉

■ 8월생에게 동방위는 대길하다.

동방위는 희망운을 나타내는데 8월생이 동방위의 집에 살거나, 동방위를 향하여 잠을 자거나, 동방위에서 사업이나 활동을 하면 대길하다. 사업은 날로 발전하여 예상 외로 크게 성공하며, 직장에서도 빨리 승진한다. 부부금슬이 좋고 덕망과 인덕이 있다. 8월생이 동방위의 기운을 오래 받으면 심신이 건강하고 간장, 인후기관 등이 튼튼해진다.

■ 8월생에게 남동방위는 길하다.

8월생이 남동방위의 집에 살거나, 남동방위를 향하여 잠을 자거나, 남동방위에서 사업이나 활동을 하면 발전한다. 특히 남동방위는 재능운을 나타내므로 총명한 지혜로 재능을 충분히 발휘한다. 재물이 충만하고 이성간에 좋은 인연을 만나며, 인기를 얻어 만인을 지휘한다. 심신이 건강하고 어깨, 팔, 간장 등이 튼튼해진다.

■ 8월생에게 남방위는 반길반흉하다.

남방위는 명예운을 나타내지만 8월생에게는 반길반흉하다. 명예도 반길반흉, 성공도 반길반흉, 신용도 반길반흉, 대인관계도 반길반흉이라 큰 해로움은 없지만 크게 좋은 것도 없다. 건강상으로는 머리, 눈, 심장 등에 약간의 질병이 따르나 쉽게 회복된다.

■ 8월생에게 남서방위는 흉하다.

8월생이 남서방위의 집에서 살거나, 남서방위를 향하여 잠을 자거나, 남서방위에서 사업이나 활동을 하면 발전하지 못한다. 특히 남서방위는 애정운을 나타내므로 부부간에 불화하고 이성관계도 실패가 많다. 재능이 있어도 발휘하지 못하며, 건강도 불리하여 복부, 위장, 소화기관 등에 질병이 따른다. 한곳에 정착하지 못하고, 사업실패 등으로 항상 빈천하며 고전을 면하기 어렵다.

■ 8월생에게 서방위는 대흉하다.

8월생이 서방위의 집에서 살거나, 서방위를 향하여 잠을 자거나, 서방위에서 사업이나 활동을 하면 대흉하다. 특히 서방위는 교제운을 나타내므로 사교가 나빠지며 이성관계도 실패가 많다. 가정적으로도 나쁘게 작용하여 부부간에 불화하고 폐, 기관지, 호흡기, 생식기 등에 큰 질병이 발생한다. 사업실패, 직장에서의 실직이나 좌천, 손재수 등이 따르고 악연을 자주 만나 고통을 당한다. 항상 빈천하고 고전을 면하기 어렵다.

■ 8월생에게 북서방위는 흉하다.

8월생이 북서방위의 집에서 살거나, 북서방위를 향하여 잠을 자거나, 북서방위에서 사업이나 활동을 하면 발전하지 못한다. 특히 북서방위는 재물운을 나타내므로 재물손재가 따르며, 재능이 있어도 발휘하지 못한다. 가정적으로도 나쁘게 작용하여 부부간에 불화하고 이성관계도 실패가 많다. 기력이 약해지고 호흡기관 등에 질병이 따르며, 사업실패 등으로 항상 빈천하고 고전을 면하기 어렵다.

■ 8월생에게 북방위는 반길반흉하다.

북방위는 주거운을 나타내지만 8월생에게는 반길반흉하다. 명예도 반길반흉, 성공도 반길반흉, 신용도 반길반흉, 대인관계도 반길반흉이라 큰 해로움은 없지만 크게 좋은 것도 없다. 건강상으로는 머리, 귀, 신장, 요도기관 등에 약간의 질병이 따르나 쉽게 회복된다.

■ 8월생에게 북동방위는 길하다.

8월생이 북동방위의 집에 살거나, 북동방위를 향하여 잠을 자거나, 북동방위에서 사업이나 활동을 하면 발전한다. 특히 북동방위는 가족운을 나타내는 방위이므로 가족간에 화목하다. 자손이 번창하고 효도하며, 형제간에 우애가 많다. 총명하고 재물이 충만하다. 건강상으로는 관절, 코, 척추, 간장 등이 튼튼해진다.

9월생의 방위길흉

■ 9월생에게 동방위는 길하다.

동방위는 희망운을 나타내는데 9월생이 동방위의 집에 살거나, 동방위를 향하여 잠을 자거나, 동방위에서 사업이나 활동을 하면 길하다. 부유하고 좋은 일이 많으며 계획을 세우면 대부분 이루어진다. 건강상으로는 수족, 신경계통, 인후기관 등이 튼튼해진다.

■ 9월생에게 남동방위는 대길하다.

9월생이 남동방위의 집에 살거나, 남동방위를 향하여 잠을 자거나, 남동방위에서 사업이나 활동을 하면 대길하다. 특히 남동방위는 재능운을 나타내므로 총명한 지혜를 얻어 재능을 충분히 발휘한다. 재물이 충만하고 이성간에도 좋은 인연을 만나며, 인기를 얻어 만인을 지휘한다. 심신이 건강하고 어깨, 팔, 간장 등이 튼튼해진다.

■ **9월생에게 남방위는 길하다.**

9월생이 남방위의 집에 살거나, 남방위를 향하여 잠을 자거나, 남방위에서 사업이나 활동을 하면 발전한다. 특히 남방위는 명예운을 나타내므로 명예가 하늘 높이 오르고, 무슨 일을 하든지 성공하고 신용을 얻는다. 부부금슬이 좋고 직장에서도 빨리 승진한다. 건강상으로는 머리, 눈, 심장 등이 튼튼해진다.

■ **9월생에게 남서방위는 반길반흉하다.**

남서방위는 애정운을 나타내지만 9월생에게는 반길반흉하다. 명예도 반길반흉, 성공도 반길반흉, 신용도 반길반흉, 대인관계도 반길반흉이라 큰 해로움은 없지만 크게 좋은 것도 없다. 건강상으로는 복부, 소화기관 등에 약간의 질병이 따르나 쉽게 회복된다.

■ **9월생에게 서방위는 흉하다.**

9월생이 서방위의 집에서 살거나, 서방위를 향하여 잠을 자거나, 서방위에서 사업이나 활동을 하면 발전하지 못한다. 특히 서방위는 교제운을 나타내는데 대인관계가 나빠지고 이성관계도 실패가 많다. 가정적으로도 나쁘게 작용하여 부부간에 불화한다. 건강상으로는 폐, 코, 호흡기 등에 질병이 발생하며 성병으로 고생한다.

■ **9월생에게 북서방위는 대흉하다.**

9월생이 북서방위의 집에서 살거나, 북서방위를 향하여 잠을 자거나, 북서방위에서 사업이나 활동을 하면 대흉하다. 특히 북서방위는 재물운을 나타내는데 재물손재가 따라 항상 궁핍하고, 재능이 있어도 발휘하지 못한다. 건강도 매우 불리하여 폐, 기관지, 호흡기, 생식기 등에 큰 질병이 발생한다. 가정적으로도 나쁘게 작용하여 부부간에 불화하고 이성관계도 실패가 많다. 사업실패, 직장에서의 실직이나 좌천 등이 따르고, 악연을 자주 만나 고통을 당한다. 항상 빈천하고 고전을 면하기 어렵다.

■ **9월생에게 북방위는 흉하다.**

9월생이 북방위의 집에서 살거나, 북방위를 향하여 잠을 자거나, 북방위에서 사업이나 활동을 하면 발전하지 못한다. 특히 북방위는 주거운을 나타내므로 부동산운이 불리하다. 부부간에 불화하고 아랫사람이 따르지 않으며 인덕이 없다. 건강상으로는 귀가 어둡고 신장이나 요도기관에 질병이 따른다. 항상 빈천하고 고전한다.

■ **9월생에게 북동방위는 반길반흉하다.**

북동방위는 가족운을 나타내지만 9월생에게는 반길반흉하다. 명예도 반길반흉, 성공도 반길반흉, 신용도 반길반흉, 대인관계도 반길반흉이라 큰 해로움은 없지만 크게 좋은 것도 없다. 건강상으로는 머리, 코, 척추, 간장 등에 약간의 질병이 따르나 쉽게 회복된다.

10월생의 방위길흉

■ 10월생에게 동방위는 반길반흉하다.

동방위는 희망운을 나타내지만 10월생에게는 반길반흉하다. 명예도 반길반흉, 성공도 반길반흉, 신용도 반길반흉, 대인관계도 반길반흉이라 큰 해로움은 없지만 크게 좋은 것도 없다. 건강상으로는 수족부상, 신경성질환, 간장, 인후기관 등에 약간의 질병이 따르나 쉽게 회복된다.

■ 10월생에게 남동방위는 길하다.

10월생이 남동방위의 집에 살거나, 남동방위를 향하여 잠을 자거나, 남동방위에서 사업이나 활동을 하면 발전한다. 특히 남동방위는 재능운을 나타내므로 총명한 지혜를 얻어 재능을 충분히 발휘한다. 재물이 충만하고 이성간에 좋은 인연을 만나며, 인기를 얻어 만인을 지휘한다. 심신이 건강하고 어깨, 팔, 간장 등이 튼튼해진다.

■ 10월생에게 남방위는 대길하다.

10월생이 남방위의 집에 살거나, 남방위를 향하여 잠을 자거나, 남방위에서 사업이나 활동을 하면 대길하다. 특히 남방위는 명예운을 나타내므로 명예와 신용이 높아 무슨 일을 하든지 성공한다. 부부금슬이 좋고 직장에서도 빨리 승진한다. 심신이 건강하며 머리, 눈, 심장 등이 튼튼해진다.

■ **10월생에게 남서방위는 길하다.**

10월생이 남서방위의 집에 살거나, 남서방위를 향하여 잠을 자거나, 남서방위에서 사업이나 활동을 하면 대길하다. 특히 남서방위는 애정운을 나타내므로 부부금슬이 좋고, 미혼자는 좋은 인연을 만난다. 건강상으로는 복부, 위장, 소화기관 등이 튼튼해진다.

■ **10월생에게 서방위는 반길반흉하다.**

서방위는 교제운을 나타내지만 10월생에게는 반길반흉하다. 명예도 반길반흉, 성공도 반길반흉, 신용도 반길반흉, 대인관계도 반길반흉이라 큰 해로움은 없지만 크게 좋은 것도 없다. 건강상으로는 머리, 폐, 치아, 생식기 등에 약간의 질병이 따르나 쉽게 회복된다.

■ **10월생에게 북서방위는 흉하다.**

10월생이 북서방위의 집에서 살거나, 북서방위를 향하여 잠을 자거나, 북서방위에서 사업이나 활동을 하면 발전하지 못한다. 특히 북서방위는 재물운을 나타내므로 항상 궁핍하고, 재능이 있어도 발휘하지 못한다. 건강도 매우 불리하여 폐, 기관지, 호흡기, 생식기 등에 큰 질병이 발생한다. 가정적으로도 나쁘게 작용하여 부부간에 불화하고, 이성관계도 실패가 많다. 사업실패, 직장에서의 실직이나 좌천 등이 따르고, 악연을 자주 만나 고통을 당한다. 항상 빈천하고 고전을 면하기 어렵다.

■ **10월생에게 북방위는 대흉하다.**

10월생이 북방위의 집에서 살거나, 북방위를 향하여 잠을 자거나, 북방위에서 사업이나 활동을 하면 대흉하다. 특히 북방위는 주거운을 나타내므로 부동산운도 불리하다. 부부간에 불화하고 아랫사람이 따르지 않으며 인덕이 없다. 건강상으로는 귀가 어둡고 신장이나 요도기관 등에 질병이 따른다. 항상 빈천하고 고전을 면하기 어렵다.

■ **10월생에게 북동방위는 흉하다.**

10월생이 북동방위의 집에서 살거나, 북동방위를 향하여 잠을 자거나, 북동방위에서 사업이나 활동을 하면 발전하지 못한다. 특히 북동방위는 가족운을 나타내므로 가족간에 불화가 심하고, 자식은 불효하며 형제간에는 우애가 없다. 건강상으로는 관절, 코, 척추, 간장 등에 질병이 발생한다. 항상 빈천하고 고전을 면하기 어렵다.

11월생의 방위길흉

■ **11월생에게 동방위는 반길반흉하다.**

동방위는 희망운을 나타내지만 11월생에게는 반길반흉하다. 명예도 반길반흉, 성공도 반길반흉, 신용도 반길반흉, 대인관계도 반길반흉이라 큰 해로움은 없지만 크게 좋은 것도 없다. 건강상으로는 머리, 간장, 인후기관 등에 약간의 질병이 따르나 쉽게 회복된다.

■ **11월생에게 남동방위는 길하다.**

11월생이 남동방위의 집에 살거나, 남동방위를 향하여 잠을 자거나, 남동방위에서 사업이나 활동을 하면 발전한다. 특히 남동방위는 재능운을 나타내므로 총명한 지혜로 재능을 충분히 발휘한다. 재물은 충만하고 이성간에도 좋은 인연을 만나며, 인기를 얻어 만인을 지휘한다. 심신이 건강하고 어깨, 팔, 간장 등이 튼튼해진다.

■ **11월생에게 남방위는 대길하다.**

11월생이 남방위의 집에 살거나, 남방위를 향하여 잠을 자거나, 남방위에서 사업이나 활동을 하면 대길하다. 특히 남방위는 명예운을 나타내므로 명예와 신용이 하늘 높이 오르고, 무슨 일을 하든지 성공한다. 부부금슬이 좋고 직장에서도 빨리 승진한다. 심신이 건강하며 머리, 눈, 심장 등이 튼튼해진다.

■ **11월생에게 남서방위는 길하다.**

11월생이 남서방위의 집에 살거나, 남서방위를 향하여 잠을 자거나, 남서방위에서 사업이나 활동을 하면 발전한다. 특히 남서방위는 애정운을 나타내므로 부부금슬이 좋고, 미혼자는 좋은 인연을 만난다. 건강상으로는 복부, 위장, 소화기관 등이 튼튼해진다.

■ **11월생에게 서방위는 반길반흉하다.**

서방위는 교제운을 나타내지만 11월생에게는 반길반흉하다. 명예도 반길반흉, 성공도 반길반흉, 신용도 반길반흉, 대인관계도 반길반흉이라 큰 해로움은 없지만 크게 좋은 것도 없다. 건강상으로는 머리, 폐, 치아, 생식기 등에 약간의 질병이 따르나 쉽게 회복된다.

■ 11월생에게 북서방위는 흉하다.

11월생이 북서방위의 집에서 살거나, 북서방위를 향하여 잠을 자거나, 북서방위에서 사업이나 활동을 하면 발전하지 못한다. 특히 북서방위는 재물운을 나타내므로 뜻밖의 사고로 많은 재산을 잃는 등 항상 궁핍하다. 권위를 잃고 기력이 허약해지며 폐, 대장, 골격 등에 큰 질병이 발생한다.

■ 11월생에게 북방위는 대흉하다.

11월생이 북방위의 집에서 살거나, 북방위를 향하여 잠을 자거나, 북방위에서 사업이나 활동을 하면 대흉하다. 특히 북방위는 주거운을 나타내므로 부동산운도 불리하다. 가정적으로도 나쁘게 작용하여 부부간에 불화하고, 아랫사람이 따르지 않으며 인덕이 없다. 건강도 불리하여 귀가 어둡고 신장, 요도기관 등에 큰 질병이 발생한다.

■ 11월생에게 북동방위는 흉하다.

11월생이 북동방위의 집에서 살거나, 북동방위를 향하여 잠을 자거나, 북동방위에서 사업이나 활동을 하면 발전하지 못한다. 특히 북동방위는 가족운을 나타내므로 가족간에 불화가 심하다. 자식은 불효하고 형제간에는 우애가 없다. 건강상으로는 관절, 코, 척추, 간장 등에 질병이 많다. 항상 빈천하고 고전을 면하기 어렵다.

12월생의 방위길흉

■ 12월생에게 동방위는 흉하다.

동방위는 희망운을 나타내지만 12월생에게는 절망운으로 나타나 흉하다. 12월생이 동방위의 집에서 살거나, 동방위를 향하여 잠을 자거나, 동방위에서 사업이나 활동을 하면 발전하지 못한다. 건강도 매우 불리하여 사고를 당하거나 수족부상, 신경성질환 등이 따른다. 항상 빈천하고 고전을 면하기 어렵다.

■ 12월생에게 남동방위는 반길반흉하다.

남동방위는 재능운을 나타내지만 12월생에게는 반길반흉하다. 명예도 반길반흉, 성공도 반길반흉, 신용도 반길반흉, 대인관계도 반길반흉이라 큰 해로움은 없지만 크게 좋은 것도 없다. 건강상으로는 머리와 어깨, 팔, 간장 등에 약간의 질병이 따르나 쉽게 회복된다.

■ 12월생에게 남방위는 길하다.

12월생이 남방위의 집에 살거나, 남방위를 향하여 잠을 자거나, 남방위에서 사업이나 활동을 하면 발전한다. 특히 남방위는 명예운을 나타내므로 명예와 신용이 하늘 높이 오르고, 무슨 일을 하든지 성공한다. 부부금슬이 좋고 직장에서도 빨리 승진한다. 심신이 건강하며 머리, 눈, 심장 등이 튼튼해진다.

■ 12월생에게 남서방위는 대길하다.

12월생이 남서방위의 집에 살거나, 남서방위를 향하여 잠을 자거나, 남서방위에서 사업이나 활동을 하면 대길하다. 특히 남서방위는 애정운을 나타내므로 부부금슬이 좋고, 미혼자는 좋은 인연을 만난다. 건강상으로는 복부, 위장, 소화기관 등이 튼튼해진다.

■ 12월생에게 서방위는 길하다.

12월생이 서방위의 집에 살거나, 서방위를 향하여 잠을 자거나, 서방위에서 사업이나 활동을 하면 발전한다. 특히 서방위는 교제운을 나타내므로 대인관계가 좋고, 친구들과도 우정이 깊다. 희망하고 계획하는 일들은 모두 이루어져 소원성취한다. 건강상으로는 폐, 치아, 생식기 등이 튼튼해진다.

■ 12월생에게 북서방위는 반길반흉하다.

북서방위는 재물운을 나타내지만 12월생에게는 반길반흉하다. 명예도 반길반흉, 성공도 반길반흉, 신용도 반길반흉, 대인관계도 반길반흉이라 큰 해로움은 없지만 크게 좋은 것도 없다. 건강상으로는 머리와 폐, 대장, 골격 등에 약간의 질병이 따르나 쉽게 회복된다.

■ 12월생에게 북방위는 흉하다.

12월생이 북방위의 집에서 살거나, 북방위를 향하여 잠을 자거나, 북방위에서 사업이나 활동을 하면 발전하지 못한다. 특히 북방위는 주거운을 나타내므로 부동산운도 불리하다. 건강도 매우 불리하여 신장, 요도기관 등에 큰 질병이 발생하며 귀가 어두워진다. 가정적으로도 나쁘게 작용하여 부부간에 불화하고, 아랫사람이 따르지 않으며 인덕이 없다.

■ 12월생에게 북동방위는 대흉하다.

12월생이 북동방위의 집에서 살거나, 북동방위를 향하여 잠을 자거나, 북동방위에서 사업이나 활동을 하면 대흉하다. 특히 북동방위는 가족운을 나타내므로 가족간에 불화가 심하며, 자식은 불효하고 형제간에는 우애가 없으며, 항상 빈천하고 고전한다. 건강상으로는 관절, 코, 척추, 간장 등에 질병이 많이 발생한다.

색상길흉

색상은 청색, 적색, 황색, 백색, 흑색으로 나누며 각각 운이 다르다. 일반적으로 청색은 희망운을 나타내며 초록색, 청청색, 청색, 풀색, 연두색을 말하고, 적색은 명예운을 나타내며 자주색, 연지색, 빨강색, 다홍색, 혈색을 말하고, 황색은 애정운을 나타내며 주황색, 귤색, 노랑색, 노랑연두색, 황백색을 말하고, 백색은 교제운을 나타내며 베지색, 미색, 백재색, 백회색을 말하고, 흑색은 주거운을 나타내며 검정색, 흑청색, 흑남색, 흑보라색, 흑곤색을 말한다.

그러나 같은 색이라도 누구에게나 똑같이 적용되는 것이 아니라, 태어난 달에 따라 길할 수도 있고 흉할 수도 있다. 다시 말해서 태어난 달에 따라 좋은 색과 나쁜 색이 따로 있다. 가족단위로 볼 때는 가정의 중심인 가장(家長)의 색상이 가장 중요하다.

색상으로 개운하는 방법은 자신에게 길한 색상의 옷을 입거나, 길한 색상으로 집안이나 사업장을 장식하거나, 길한 색상의 물건을 지니면 된다. 태어난 달은 음력을 기준으로 한다.

1월생의 색상길흉

■ 1월생에게 청색은 대흉하다.

청색은 희망운을 나타내지만 1월생에게는 절망운으로 나타난다. 1월생이 청색의 옷을 입거나, 청색으로 집안이나 사업장을 장식하거나, 청색의 물건을 지니면 대흉하다. 심신질병, 부부불화, 사업실패 등이 따르고, 건강상으로는 수족부상, 신경성질환, 간장, 인후염 등이 발생한다. 1월생에게는 청색은 불안, 위험, 단명, 후퇴, 절망 등이 따르는 대흉한 색이다.

■ 1월생에게 적색은 반길반흉하다.

적색은 명예운을 나타내지만 1월생에게는 반길반흉하다. 명예도 반길반흉, 성공도 반길반흉, 신용도 반길반흉, 대인관계도 반길반흉이라 큰 해로움은 없지만 크게 좋은 것도 없다. 건강상으로는 머리, 눈, 심장 등에 약간의 질병이 따르나 쉽게 회복된다.

■ 1월생에게 황색은 길하다.

1월생이 황색의 옷을 입거나, 황색으로 집안이나 사업장을 장식하거나, 황색의 물건을 지니면 발전한다. 특히 황색은 애정운을 나타내므로 부부금슬이 넘치고, 미혼자는 좋은 배우자를 만난다. 재물이 충만하고 기품이 뛰어나며 부귀영화를 누린다. 건강상으로는 복부, 위장, 소화기관 등이 튼튼해진다. 1월생에게 황색은 대범, 온화, 중립, 기품, 건강, 애정운 등이 따르는 길한 색이다.

■ **1월생에게 백색은 대길하다.**

1월생이 백색의 옷을 입거나, 백색으로 집안이나 사업장을 장식하거나, 백색의 물건의 지니면 대길하다. 특히 백색은 교제운을 나타내는 색으로 사교가 좋고, 이성간에도 좋은 인연을 만나며 다른 사람의 도움을 많이 받는다. 운수대통하고 자손이 번창하며 폐, 기관지, 호흡기, 정력 등이 좋아진다. 1월생에게 백색은 결백, 명랑, 순진, 복락, 사교 등이 따르는 대길한 색이다.

■ **1월생에게 흑색은 흉하다.**

1월생이 흑색의 옷을 입거나, 흑색으로 집안이나 사업장을 장식하거나, 흑색의 물건을 지니면 발전하지 못한다. 특히 흑색은 주거운을 나타내는 색으로 주거운과 부동산운이 흉하며, 아랫사람이 따르지 않고 배신한다. 건강상으로는 귀, 신장, 요도기관 등에 질병이 발생한다. 1월생에게 흑색은 슬픔, 절망, 죽음, 당황, 혼란 등이 따르는 흉한 색이다.

2월생의 색상길흉

■ **2월생에게 청색은 대흉하다.**

청색은 희망운을 나타내지만 2월생에게는 절망운으로 나타난다. 2월생이 청색의 옷을 입거나, 청색으로 집안이나 사업장을 장식하거나, 청색의 물건을 지니면 대흉하다. 심신질병, 부부불화, 사업실패 등이 따르고, 건강상으로는 수족부상, 신경성질환, 간장, 인후염 등이 발생한다. 2월생에게 청색은 분쟁, 위험, 단명, 후퇴, 절망 등이 따르는 대흉한 색이다.

■ 2월생에게 적색은 반길반흉하다.

적색은 명예운을 나타내지만 2월생에게는 반길반흉하다. 명예도 반길반흉, 성공도 반길반흉, 신용도 반길반흉, 대인관계도 반길반흉이라 큰 해로움은 없지만 크게 좋은 것도 없다. 건강상으로는 머리, 눈, 심장 등에 약간의 질병이 따르나 쉽게 회복된다.

■ 2월생에게 황색은 길하다.

2월생이 황색의 옷을 입거나, 황색으로 집안이나 사업장을 장식하거나, 황색의 물건을 지니면 발전한다. 특히 황색은 애정운을 나타내는 색으로 부부금슬이 좋으며 미혼자는 좋은 배우자를 만난다. 재물이 충만하고 기품이 뛰어나며 부귀영화를 누린다. 건강상으로는 복부, 위장, 소화기관 등이 튼튼해진다. 2월생에게 황색은 대범, 온화, 중립, 기품, 건강, 애정운 등이 따르는 길한 색이다.

■ 2월생에게 백색은 대길하다.

2월생이 백색의 옷을 입거나, 백색으로 집안이나 사업장을 장식하거나, 백색의 물건의 지니면 대길하다. 특히 백색은 교제운을 나타내는 색으로 사교가 좋아지고, 이성간에도 좋은 인연을 만나며 다른 사람의 도움을 많이 받는다. 운수대통하고 자손이 번창하며 폐, 기관지,

호흡기, 정력 등이 좋아진다. 2월생에게 백색은 결백, 명랑, 순진, 복락, 교제운 등이 따르는 대길한 색이다.

■ **2월생에게 흑색은 흉하다.**

2월생이 흑색의 옷을 입거나, 흑색으로 집안이나 사업장을 장식하거나, 흑색의 물건을 지니면 발전하지 못한다. 특히 흑색은 주거운을 나타내는 색으로 주거운이 흉하다. 가족간에 불화하고, 자식이 없거나 있어도 불효하며 형제간에 우애가 없다. 건강상으로는 관절, 코, 척추, 간장 등에 질병이 발생한다. 2월생에게 흑색은 슬픔, 절망, 죽음, 분주, 경망, 가족불화 등이 따르는 흉한 색이다.

3월생의 색상길흉

■ **3월생에게 청색은 반길반흉하다.**

청색은 희망운을 나타내지만 3월생에게는 반길반흉하다. 명예도 반길반흉, 성공도 반길반흉, 신용도 반길반흉, 대인관계도 반길반흉이라 큰 해로움은 없지만 크게 좋은 것도 없다. 건강상으로는 수족부상, 신경성질환, 간장, 인후기관 등에 약간의 질병이 따르나 쉽게 회복된다.

■ **3월생에게 적색은 흉하다.**

적색은 명예운을 나타내지만 3월생에게는 흉하다. 3월생이 적색의 옷을 입거나, 적색으로 집안이나 사업장을 장식하거나, 적색의 물건을 지니면 발전하지 못한다. 사업실패, 심신질병, 부부불화 등이 계속되며, 신용이 떨어지고 무슨 일을 해도 실패한다. 건강상으로는 머리, 눈, 심장 등에 큰 질병이 발생한다. 3월생에게 적색은 나태, 무정, 분노, 질투, 실패 등이 따르며 명예운이 떨어지는 흉한 색이다.

■ 3월생에게 황색은 대흉하다.

3월생이 황색의 옷을 입거나, 황색으로 집안이나 사업장을 장식하거나, 황색의 물건을 지니면 대흉하다. 특히 황색은 애정운을 나타내는 색으로 부부불화가 심하며 미혼자는 이성관계에 실패가 많다. 재능을 발휘하지 못하며, 직장에서는 좌천이나 실직 등을 당하고, 인기를 잃고 통솔력이 떨어진다. 건강상으로는 어깨, 팔, 간장 등에 질병이 발생한다. 3월생에게 황색은 열등, 냉정, 편착, 불량, 질병, 무능 등이 따르는 대흉한 색이다.

■ 3월생에게 백색은 길하다.

3월생이 백색의 옷을 입거나, 백색으로 집안이나 사업장을 장식하거나, 백색의 물건의 지니면 발전한다. 계획한 일은 대부분 성사된다. 특히 백색은 교제운을 나타내는 색으로 사교가 좋아지고, 이성간에도 좋은 인연을 만나며 다른 사람의 도움을 많이 받는다. 건강상으로는 폐, 치아, 정력 등이 좋아진다. 3월생에게 백색은 결백, 명랑, 순진, 복락, 교제운 등이 따르는 길한 색이다.

■ **3월생에게 흑색은 대길하다.**

3월생이 흑색의 옷을 입거나, 흑색으로 집안이나 사업장을 장식하거나, 흑색의 물건을 지니면 대길하다. 특히 흑색은 주거운을 나타내는 색으로 부동산운이 좋고, 부모나 뜻밖의 귀인을 만나 재산을 상속받는다. 권위를 얻고 건강도 좋아져서 기력이 왕성하다. 신장, 요도기관 등이 튼튼해진다. 3월생에게 흑색은 기쁨, 희망, 장수, 침착, 자중, 재물 등이 따르는 대길한 색이다.

4월생의 색상길흉

■ **4월생에게 청색은 흉하다.**

청색은 희망운을 나타내지만 4월생에게는 절망운으로 나타나 흉하다. 4월생이 청색의 옷을 입거나, 청색으로 집안이나 사업장을 장식하거나, 청색의 물건을 지니면 발전하지 못한다. 재능을 발휘하지 못하며 인기를 잃고 통솔력이 떨어진다. 직장에서는 좌천이나 실직 등이 따르고, 어리석고 이성관계도 실패가 많다. 건강상으로는 수족부상, 신경성질환, 간장 등에 질병이 발생한다. 4월생에게 청색은 분쟁, 위험, 단명, 후퇴, 절망 등이 따르는 흉한 색이다.

■ **4월생에게 적색은 대흉하다.**

적색은 명예운을 나타내지만 4월생에게는 대흉하다. 4월생이 적색의 옷을 입거나, 적색으로 집안이나 사업장을 장식하거나, 적색의 물건을 지니면 발전하지 못한다. 사업실패, 심신질병, 부부불화 등이 계속되며, 신용이 떨어지고 무슨 일을 해도 실패한다. 건강상으로는 머리, 눈, 심장 등에 큰 질병이 발생한다. 4월생에게 적색은 나태, 무정, 분노, 질투, 실패 등이 따르며 명예운이 떨어지는 대흉한 색이다.

■ 4월생에게 황색은 반길반흉하다.

황색은 애정운을 나타내지만 4월생에게는 반길반흉하다. 명예도 반길반흉, 성공도 반길반흉, 신용도 반길반흉, 대인관계도 반길반흉이라 큰 해로움은 없지만 크게 좋은 것도 없다. 건강상으로는 복부, 위장, 소화기관 등에 약간의 질병이 따르나 쉽게 회복된다.

■ 4월생에게 백색은 길하다.

4월생이 백색의 옷을 입거나, 백색으로 집안이나 사업장을 장식하거나, 백색의 물건의 지니면 길하다. 특히 백색은 교제운을 나타내는 색으로 사교가 좋아지고, 이성간에도 좋은 인연을 만나며 부모나 뜻밖의 귀인을 만나 많은 재물을 얻는다. 기력이 왕성하며 폐, 치아, 정력 등이 좋아진다. 4월생에게 백색은 결백, 명랑, 순진, 복락, 교제운 등이 따르는 길한 색이다.

■ 4월생에게 흑색은 대길하다.

4월생이 흑색의 옷을 입거나, 흑색으로 집안이나 사업장을 장식하거나, 흑색의 물건을 지니면 대길하다. 특히 흑색은 주거운을 나타내는 색으로 부동산운이 좋으며, 자손이 번창하고 만사형통한다. 덕망과 인덕이 있으며 아랫사람도 잘 따른다. 건강상으로는 귀가 밝아지고 신장, 요도기관 등이 튼튼해진다. 4월생에게 흑색은 기쁨, 희망, 장수, 침착, 자중, 주거운, 부동산운 등이 따르는 대길한 색이다.

5월생의 색상길흉

■ 5월생에게 청색은 흉하다.

청색은 희망운을 나타내지만 5월생에게는 절망운으로 나타나 흉하다. 5월생이 청색의 옷을 입거나, 청색으로 집안이나 사업장을 장식하거나, 청색의 물건을 지니면 발전하지 못한다. 재능을 발휘하지 못하며, 인기를 잃고 통솔력이 떨어진다. 직장에서는 좌천이나 실직되며, 어리석고 이성관계도 실패가 많다. 건강상으로는 수족부상, 신경성질환, 간장 등에 질병이 발생한다. 5월생에게 청색은 분쟁, 위험, 단명, 후퇴, 절망 등이 따르며 재능운을 나쁘게 하는 흉한 색이다.

■ 5월생에게 적색은 대흉하다.

적색은 명예운을 나타내지만 5월생에게는 대흉하다. 5월생이 적색의 옷을 입거나, 적색으로 집안이나 사업장을 장식하거나, 적색의 물건을 지니면 발전하지 못한다. 사업실패, 심신질병, 부부불화 등이 계속되고, 신용이 떨어져 무슨 일을 해도 실패한다. 건강상으로는 머리, 눈, 심장 등에 큰 질병이 발생한다. 5월생에게 적색은 나태, 무정, 분노, 질투, 실패 등이 따르며 명예운이 떨어지는 대흉한 색이다.

■ 5월생에게 황색은 반길반흉하다.

황색은 애정운을 나타내지만 5월생에게는 반길반흉하다. 명예도 반길반흉, 성공도 반길반흉, 신용도 반길반흉, 대인관계도 반길반흉이라 큰 해로움은 없지만 크게 좋은 것도 없다. 건강상으로는 복부, 위장, 소화기관 등에 약간의 질병이 따르나 쉽게 회복된다.

■ 5월생에게 백색은 길하다.

5월생이 백색의 옷을 입거나, 백색으로 집안이나 사업장을 장식하거나, 백색의 물건의 지니면 발전한다. 특히 백색은 교제운을 나타내는 색으로 사교가 좋아지고, 이성간에도 좋은 인연을 만나며 부모나 뜻밖의 귀인을 만나 많은 재물을 얻는다. 건강상으로는 기력이 왕성하며 폐, 치아, 정력 등이 좋아진다. 5월생에게 백색은 결백, 명랑, 순진, 복락, 교제운 등이 따르는 길한 색이다.

■ 5월생에게 흑색은 대길하다.

5월생이 흑색의 옷을 입거나, 흑색으로 집안이나 사업장을 장식하거나, 흑색의 물건을 지니면 대길하다. 특히 흑색은 주거운을 나타내는 색으로 부동산운이 좋으며, 자손이 번창하고 만사형통한다. 덕망과 인덕이 있으며 아랫사람도 잘 따른다. 건강상으로는 귀가 밝아지고 신장, 요도기관 등이 튼튼해진다. 5월생에게 흑색은 기쁨, 희망, 장수, 침착, 자중, 주거운 등이 따르는 대길한 색이다.

6월생의 색상길흉

■ 6월생에게 청색은 반길반흉하다.

청색은 희망운을 나타내지만 6월생에게는 반길반흉하다. 명예도 반길반흉, 성공도 반길반흉, 신용도 반길반흉, 대인관계도 반길반흉이라 큰 해로움은 없지만 크게 좋은 것도 없다. 건강상으로는 복부, 위장, 소화기관 등에 약간의 질병이 따르나 쉽게 회복된다.

■ 6월생에게 적색은 흉하다.

적색은 명예운을 나타내지만 6월생에게는 흉하다. 6월생이 적색의 옷을 입거나, 적색으로 집안이나 사업장을 장식하거나, 적색의 물건을 지니면 발전하지 못한다. 사업실패, 심신질병, 부부불화 등이 계속되며, 신용이 떨어지고 무슨 일을 해도 실패한다. 건강상으로는 머리, 눈, 심장 등에 큰 질병이 발생한다. 6월생에게 적색은 나태, 무정, 분노, 질투, 실패 등이 따르며 명예운이 떨어지는 흉한 색이다.

■ 6월생에게 황색은 대흉하다.

6월생이 황색의 옷을 입거나, 황색으로 집안이나 사업장을 장식하거나, 황색의 물건을 지니면 대흉하다. 특히 황색은 애정운을 나타내는데 부부불화가 심하고, 미혼자는 이성관계에 실패가 많다. 인격이 떨어지고 직업의 변동이 심하여 한곳에 정착하지 못한다. 복부, 위장, 소화기관 등에 질병이 발생한다. 6월생에게 황색은 열등, 냉정, 편착, 불량, 질병 등이 따르고 애정운을 나쁘게 하는 대흉한 색이다.

■ **6월생에게 백색은 길하다.**

6월생이 백색의 옷을 입거나, 백색으로 집안이나 사업장을 장식하거나, 백색의 물건의 지니면 발전한다. 특히 백색은 교제운을 나타내는 색으로 사교가 좋아지고, 이성간에도 좋은 인연을 만난다. 부동산운이 좋으며 덕망을 얻고 인덕이 있다. 기력이 왕성하며 폐, 치아, 요도기관, 정력 등이 좋아진다. 6월생에게 백색은 결백, 명랑, 순진, 복락, 사교, 주거운 등이 따르는 길한 색이다.

■ **6월생에게 흑색은 대길하다.**

6월생이 흑색의 옷을 입거나, 흑색으로 집안이나 사업장을 장식하거나, 흑색의 물건을 지니면 대길하다. 특히 흑색은 주거운을 나타내는 색으로 부동산운이 좋으며, 재물이 불어나고 권위를 얻는다. 가족간에 화목하고 자식은 효도하며 형제간에는 우애가 좋다. 건강상으로는 귀, 신장, 방광, 요도기관 등이 튼튼해진다. 6월생에게 흑색은 기쁨, 희망, 침착, 과묵, 가족화목 등이 따르는 대길한 색이다.

7월생의 색상길흉

■ **7월생에게 청색은 길하다.**

청색은 희망운을 나타내는 색으로 7월생이 청색의 옷을 입거나, 청색으로 집안이나 사업장을 장식하거나, 청색의 물건을 지니면 발전한다. 재능을 충분히 발휘하며 재물은 충만하고 부귀영화를 누린다.

대중들에게 인기를 얻으며 통솔력이 뛰어나 만인을 지휘한다. 이성간에도 좋은 인연을 만나며, 건강상으로는 어깨, 팔, 간장 등이 튼튼해진다. 7월생에게 청색은 평화, 안전, 장수, 발전, 희망, 재능운 등이 따르는 길한 색이다.

■ 7월생에게 적색은 대길하다.

적색은 명예운을 나타내는 색으로 7월생이 적색의 옷을 입거나, 적색으로 집안이나 사업장을 장식하거나, 적색의 물건을 지니면 대길하다. 운수대통하여 자손이 번창하고, 만사형통하여 계획한 일은 모두 이루어지고 머리, 눈, 심장 등이 건강해진다. 7월생에게 적색은 정열, 애정, 용기, 자비, 성공, 희망운 등이 따르는 대길한 색이다.

■ 7월생에게 황색은 흉하다.

7월생이 황색의 옷을 입거나, 황색으로 집안이나 사업장을 장식하거나, 황색의 물건을 지니면 발전하지 못한다. 특히 황색은 애정운을 나타내는 색으로 부부불화가 심하고, 미혼자는 이성관계에 실패가 많다. 인격이 떨어지고 재능을 발휘하지 못하며, 직장에서는 좌천이나 실직 등을 당한다. 건강상으로는 복부, 위장, 간장, 소화기관 등에 질병이 따른다. 7월생에게 황색은 열등, 냉정, 편착, 불량, 질병 등이 따르며 애정운을 나쁘게 하는 흉한 색이다.

■ 7월생에게 백색은 대흉하다.

7월생이 백색의 옷을 입거나, 백색으로 집안이나 사업장을 장식하거나, 백색의 물건의 지니면 대흉하다. 특히 백색은 교제운을 나타내는 데 사교가 매우 나쁘며 다른 사람의 도움이 없다. 이성간에도 좋은 인연을 만나지 못하며 심신질병, 부부불화, 사업실패 등 재앙이 많이 따른다. 건강상으로는 폐, 기관지, 호흡기, 생식기 등에 큰 질병이 발생한다. 7월생에게 백색은 혼탁, 우울, 간사, 사고, 단절 등이 따르며 교제운을 나쁘게 하는 대흉한 색이다.

■ **7월생에게 흑색은 반길반흉하다.**

흑색은 주거운을 나타내지만 7월생에게는 반길반흉하다. 명예도 반길반흉, 성공도 반길반흉, 신용도 반길반흉, 대인관계도 반길반흉이라 큰 해로움은 없지만 크게 좋은 것도 없다. 건강상으로는 귀, 신장, 요도기관 등에 약간의 질병이 따르나 쉽게 회복된다.

8월생의 색상길흉

■ **8월생에게 청색은 길하다.**

청색은 희망운을 나타내는 색으로 8월생이 청색의 옷을 입거나, 청색으로 집안이나 사업장을 장식하거나, 청색의 물건을 지니면 발전한다. 재능을 충분히 발휘하며 재물은 충만하고 부귀영화를 누린다. 대중들에게 인기를 얻고 통솔력이 뛰어나 만인을 지휘하며, 이성간에도 좋은 인연을 만난다. 건강상으로는 어깨, 팔, 간장 등이 튼튼해진다. 8월생에게 청색은 평화, 안전, 장수, 발전, 희망, 재능운 등이 따르는 길한 색이다.

■ 8월생에게 적색은 대길하다.

적색은 명예운을 나타내는 색으로 8월생이 적색의 옷을 입거나, 적색으로 집안이나 사업장을 장식하거나, 적색의 물건을 지니면 대길하다. 운수대통하여 예상 외로 발전하며 자손이 번창하고 만사형통한다. 건강상으로는 머리, 눈, 심장 등이 튼튼해진다. 8월생에게 적색은 정열, 애정, 용기, 자비, 성공, 희망 등이 따르는 대길한 색이다.

■ 8월생에게 황색은 흉하다.

8월생이 황색의 옷을 입거나, 황색으로 집안이나 사업장을 장식하거나, 황색의 물건을 지니면 발전하지 못한다. 특히 황색은 애정운을 나타내는 색으로 부부불화가 심하고, 미혼자는 이성관계에 실패가 많다. 인격이 떨어지고 재능을 발휘하지 못하며, 직장에서는 좌천이나 실직 등을 당한다. 건강상으로는 복부, 위장, 간장, 소화기관 등에 질병이 따른다. 8월생에게 황색은 열등, 냉정, 편착, 불량, 질병 등이 따르며 애정운을 나쁘게 하는 흉한 색이다.

■ 8월생에게 백색은 대흉하다.

8월생이 백색의 옷을 입거나, 백색으로 집안이나 사업장을 장식하거나, 백색의 물건의 지니면 대흉하다. 특히 백색은 교제운을 나타내는데 사교가 나쁘며 다른 사람의 도움이 없고, 이성간에도 좋은 인연을 만나지 못한다. 심신질병, 부부불화, 사업실패 등 재앙이 많이 따른다. 건강상으로는 폐, 기관지, 호흡기, 생식기 등에 큰 질병이 발생한다. 8월생에게 백색은 혼탁, 우울, 간사, 사고, 단절 등이 따르며 교제운을 나쁘게 하는 대흉한 색이다.

■ **8월생에게 흑색은 반길반흉하다.**

흑색은 주거운을 나타내지만 8월생에게는 반길반흉하다. 명예도 반길반흉, 성공도 반길반흉, 신용도 반길반흉, 대인관계도 반길반흉이라 큰 해로움은 없지만 크게 좋은 것도 없다. 건강상으로는 귀, 신장, 요도기관 등에 약간의 질병이 따르나 쉽게 회복된다.

9월생의 색상길흉

■ **9월생에게 청색은 길하다.**

청색은 희망운을 나타내는 색으로 9월생이 청색의 옷을 입거나, 청색으로 집안이나 사업장을 장식하거나, 청색의 물건을 지니면 발전한다. 재능을 충분히 발휘하여 계획한 일은 대부분 성사되고, 재물은 충만하며 부귀영화를 누린다. 건강상으로는 수족, 신경계통, 간장, 인후기관 등이 튼튼해진다. 9월생에게 청색은 평화, 안전, 장수, 발전, 희망 등이 따르는 길한 색이다.

■ **9월생에게 적색은 대길하다.**

적색은 명예운을 나타내는 색으로 9월생이 적색의 옷을 입거나, 적색으로 집안이나 사업장을 장식하거나, 적색의 물건을 지니면 대길하다. 재능을 충분히 발휘하여 재물이 따르고 부귀영화를 누린다. 대중의 인기를 얻어 통솔력이 크게 상승되며, 이성간에도 좋은 인연을 만난다. 건강상으로는 머리, 눈, 심장, 소장 등이 튼튼해진다. 9월생에게 적색은 정열, 애정, 용기, 자비, 성공, 재능 등이 따르는 색이다.

■ 9월생에게 황색은 흉하다.

9월생이 황색의 옷을 입거나, 황색으로 집안이나 사업장을 장식하거나, 황색의 물건을 지니면 발전하지 못한다. 특히 황색은 애정운을 나타내는 색으로 부부불화가 심하고, 미혼자는 이성관계에 실패가 많다. 계획한 일은 이루어지지 않고, 대인관계와 친구관계도 흉하다. 건강상으로는 복부, 위장, 비장 등에 질병이 발생한다. 9월생에게 황색은 열등, 냉정, 편착, 불량, 질병 등이 따르며 교제운을 나쁘게 하는 흉한 색이다.

■ 9월생에게 백색은 대흉하다.

9월생이 백색의 옷을 입거나, 백색으로 집안이나 사업장을 장식하거나, 백색의 물건의 지니면 대흉하다. 특히 백색은 교제운을 나타내는데 권위를 잃고 사교가 나쁘며, 뜻밖의 사고로 재산이 줄어든다. 직장에서는 좌천이나 실직 당하고, 부모에게 질병이 따른다. 고전을 면하지 못하며 폐, 대장, 골격 등이 허약하다. 9월생에게 백색은 혼탁, 우울, 간사, 사고, 단절 등이 따르며 재물운을 나쁘게 하는 대흉한 색이다.

■ **9월생에게 흑색은 반길반흉하다.**

흑색은 주거운을 나타내지만 9월생에게는 반길반흉하다. 명예도 반길반흉, 성공도 반길반흉, 신용도 반길반흉, 대인관계도 반길반흉이라 큰 해로움은 없지만 크게 좋은 것도 없다. 건강상으로는 귀, 신장, 요도기관 등에 약간의 질병이 따르나 쉽게 회복된다.

10월생의 색상길흉

■ **10월생에게 청색은 반길반흉하다.**

청색은 희망운을 나타내지만 10월생에게는 반길반흉하다. 명예도 반길반흉, 성공도 반길반흉, 신용도 반길반흉, 대인관계도 반길반흉이라 큰 해로움은 없지만 크게 좋은 것도 없다. 건강상으로는 수족부상, 신경성질환, 간장, 인후기관 등에 약간의 질병이 따르나 쉽게 회복된다.

■ **10월생에게 적색은 길하다.**

적색은 명예운을 나타내는 색으로 10월생이 적색의 옷을 입거나, 적색으로 집안이나 사업장을 장식하거나, 적색의 물건을 지니면 발전한다. 재능을 충분히 발휘하고 재물이 따르며 부귀영화를 누린다. 대중들의 인기를 얻고 통솔력이 크게 상승되며, 이성간에도 좋은 인연을 만난다. 건강상으로는 머리, 눈, 심장, 소장 등이 튼튼해진다. 10월생에게 적색은 정열, 애정, 용기, 자비, 성공, 재능운 등이 따른다.

■ **10월생에게 황색은 대길하다.**

10월생이 황색의 옷을 입거나, 황색으로 집안이나 사업장을 장식하거나, 황색의 물건을 지니면 대길하다. 특히 황색은 애정운을 나타내는 색으로 부부금슬이 넘치고, 미혼자는 좋은 배우자를 만난다. 재물이 충만하고 기품이 뛰어나며, 무슨 일을 하든지 성공하며 신용을 얻는다. 건강상으로는 복부, 위장, 비장, 심장, 소화기관 등이 튼튼해진다. 10월생에게 황색은 대범, 온화, 중립, 기품, 건강, 명예운 등이 따르는 대길한 색이다.

■ **10월생에게 백색은 흉하다.**

10월생이 백색의 옷을 입거나, 백색으로 집안이나 사업장을 장식하거나, 백색의 물건의 지니면 흉하다. 특히 백색은 교제운을 나타내는 색으로 권위를 잃고 사교가 나쁘며, 뜻밖의 사고로 재산이 줄어든다. 직장에서는 좌천이나 실직을 당하고, 부모에게 질병이 따른다. 고전을 면하지 못하며 건강상으로는 폐, 대장, 골격 등이 허약하다. 10월생에게 백색은 혼탁, 우울, 간사, 사고, 단절 등이 따르며 재물운을 나쁘게 하는 흉한 색이다.

■ **10월생에게 흑색은 대흉하다.**

10월생이 흑색의 옷을 입거나, 흑색으로 집안이나 사업장을 장식하거나, 흑색의 물건을 지니면 매우 흉하다. 특히 흑색은 주거운을 나타내는 색으로 부동산운이 나쁘다. 질병과 부부불화가 끊이지 않고, 인덕이 없으며 사업은 실패한다. 귀가 어두워지고 신장, 요도기관 등에 질병이 따른다. 10월생에게 흑색은 슬픔, 절망, 죽음, 분주, 경망 등이 따르고 주거운을 나쁘게 하는 흉한 색이다.

11월생의 색상길흉

■ 11월생에게 청색은 반길반흉하다.

청색은 희망운을 나타내지만 11월생에게는 반길반흉하다. 명예도 반길반흉, 성공도 반길반흉, 신용도 반길반흉, 대인관계도 반길반흉이라 큰 해로움은 없지만 크게 좋은 것도 없다. 건강상으로는 수족부상, 신경성질환 등이 약간 따르나 쉽게 회복된다.

■ 11월생에게 적색은 길하다.

적색은 명예운을 나타내는 색으로 11월생이 적색의 옷을 입거나, 적색으로 집안이나 사업장을 장식하거나, 적색의 물건을 지니면 길하다. 재능을 충분히 발휘하며, 재물이 따르고 부귀영화를 누린다. 대중들의 인기를 얻고 통솔력이 크게 상승되며, 이성간에도 좋은 인연을 만난다. 건강상으로는 머리, 눈, 심장 등이 튼튼해진다. 11월생에게 적색은 정열, 애정, 용기, 자비, 성공, 재능운 등이 따르는 길한 색이다.

■ 11월생에게 황색은 대길하다.

11월생이 황색의 옷을 입거나, 황색으로 집안이나 사업장을 장식하거나, 황색의 물건을 지니면 크게 대길하다. 특히 황색은 애정운을 나타내는 색으로 부부금슬이 넘치고, 미혼자는 좋은 배우자를 만난다. 재물이 충만하고 기품이 뛰어나며, 무슨 일을 하든지 성공하여 신용을 얻는다. 운수대통하며 자손이 번창하고 복부, 위장, 비장 등이 건강해진다. 11월생에게 황색은 대범, 온화, 중립, 기품, 건강, 명예운 등이 따르는 대길한 색이다.

■ 11월생에게 백색은 흉하다.

11월생이 백색의 옷을 입거나, 백색으로 집안이나 사업장을 장식하거나, 백색의 물건의 지니면 발전하지 못한다. 특히 백색은 교제운을 나타내는 색으로 사교가 나쁘고, 뜻밖의 사고로 재산이 줄어들며 권위를 잃는다. 직장에서는 좌천이나 실직 당하고, 부모에게 질병이 따른다. 고전을 면하지 못하며 폐, 대장, 골격 등이 허약해진다. 11월생에게 백색은 혼탁, 우울, 간사, 사고, 단절 등이 따르며 재물운을 나쁘게 하는 흉한 색이다.

■ 11월생에게 흑색은 대흉하다.

11월생이 흑색의 옷을 입거나, 흑색으로 집안이나 사업장을 장식하거나, 흑색의 물건을 지니면 대흉하다. 특히 흑색은 주거운을 나타내는 색으로 부동산운이 나쁘다. 질병과 부부불화가 끊이지 않고, 인덕이 없으며 사업은 실패한다. 건강상으로는 귀가 어두워지고 신장, 요도기관 등에 큰 질병이 발생한다. 11월생에게 흑색은 슬픔, 절망, 죽음, 분주, 경망 등이 따르고 주거운을 나쁘게 하는 대흉한 색이다.

12월생의 색상길흉

■ 12월생에게 청색은 길하다.

청색은 희망운을 나타내는 색으로 12월생이 청색의 옷을 입거나, 청색으로 집안이나 사업장을 장식하거나, 청색의 물건을 지니면 발전한다. 자손이 번창하고 사업가는 크게 발전하며 만사형통한다. 명예와 신용을 얻어 무슨 일을 해도 성공한다. 건강상으로는 간장, 담 등이 튼튼해진다. 12월생에게 청색은 평화, 안전, 장수, 발전, 희망, 명예 등이 따르는 길한 색이다.

■ 12월생에게 적색은 대길하다.

적색은 명예운을 나타내는 색으로 12월생이 적색의 옷을 입거나, 적색으로 집안이나 사업장을 장식하거나, 적색의 물건을 지니면 대길하다. 인격이 높아지고 좋은 직장을 얻으며, 부부금슬이 좋고 미혼자는 좋은 배우자를 만난다. 건강상으로는 머리, 심장, 소장 등이 튼튼해진다. 12월생에게 적색은 정열, 애정, 용기, 자비, 성공, 애정 등이 따르는 대길한 색이다.

■ 12월생에게 황색은 반길반흉하다.

황색은 애정운을 나타내지만 12월생에게는 반길반흉하다. 명예도 반길반흉, 성공도 반길반흉, 신용도 반길반흉, 대인관계도 반길반흉이라 큰 해로움은 없지만 크게 좋은 것도 없다. 건강상으로는 복부, 위장, 비장 등에 약간의 질병이 따르나 쉽게 회복된다.

■ 12월생에게 백색은 흉하다.

12월생이 백색의 옷을 입거나, 백색으로 집안이나 사업장을 장식하거나, 백색의 물건의 지니면 흉하다. 특히 백색은 교제운을 나타내는 색으로 사교가 나쁘고, 부동산운도 불리하다. 인덕이 없고 아랫사람이 따르지 않으며 심신질병, 부부불화, 사업실패 등이 계속된다. 건강상으로는 폐, 대장, 호흡기 등에 큰 질병이 발생한다. 12월생에게 백색은 혼탁, 우울, 간사, 사고, 단절 등이 따르며 교제운을 나쁘게 하는 흉한 색이다.

■ 12월생에게 흑색은 대흉하다.

12월생이 흑색의 옷을 입거나, 흑색으로 집안이나 사업장을 장식하거나, 흑색의 물건을 지니면 대흉하다. 특히 흑색은 주거운을 나타내는 색으로 부동산운이 나쁘다. 질병과 부부불화가 끊이지 않으며, 자식은 불효하고 형제간에는 우애가 없다. 인덕이 없고 사업은 실패한다. 건강상으로는 귀가 어두워지고 신장, 방광, 요도기관 등에 큰 질병이 발생한다. 12월생에게 흑색은 슬픔, 절망, 죽음, 분주, 경망 등이 따르고 주거운을 나쁘게 하는 대흉한 색이다.

수리길흉

수리는 1, 2, 3, 4, 5, 6, 7, 8, 9, 10으로 나누고, 10과 0은 같이 본다. 일반적으로 1과 6은 주거운을 나타내고, 2와 7은 명예운을 나타내고, 3과 8은 희망운을 나타내고, 4와 9는 교제운을 나타내고, 5와 10은 애정운을 나타낸다.

그러나 같은 수리라도 누구에게나 똑같이 적용되는 것이 아니라, 태어난 달에 따라 길할 수도 있고 흉할 수도 있다. 다시 말해서 태어난 달에 따라 자신에게 좋은 수리와 나쁜 수리가 따로 있다. 가족단위로 볼 때는 가정의 중심인 가장(家長)의 수리가 가장 중요하다.

수리로 개운하는 방법은 전화번호, 비밀번호, 주택의 주소, 층수, 호수 등 일상생활에서 사용되는 수리를, 자신에게 흉한 수리는 피하고 길한 수리를 사용하면 된다. 태어난 달은 음력을 기준으로 한다.

1월생의 수리길흉

■ **1월생에게 3과 8은 대흉하다.**

3과 8은 희망운을 나타내는 수리이지만 1월생에게는 절망운으로 나타나 대흉하다. 1월생의 전화번호, 비밀번호, 주택의 주소, 층수, 호수 등에 있으면 발전하지 못한다. 계획한 일은 성사되지 않고 사업실패, 자손불효, 멸문 등 만사가 불통하며 악연을 자주 만난다. 건강상으로는 신경성질환, 간장, 담 등에 질병이 발생한다. 1월생에게 3과 8은 분쟁, 위험, 단명, 요절, 후퇴, 절망, 실패 등이 따르는 대흉한 수리다.

■ **1월생에게 2와 7은 반길반흉하다.**

2와 7은 명예운을 나타내는 수리이지만 1월생에게는 반길반흉하다. 명예도 반길반흉, 성공도 반길반흉, 신용도 반길반흉, 대인관계도 반길반흉이라 큰 해로움은 없지만 크게 좋은 것도 없다. 건강상으로는 심장, 소장, 혈액순환기관 등에 질병이 따르나 쉽게 회복된다.

■ **1월생에게 5수와 10수는 길하다.**

5와 10은 애정운을 나타내는 수리로 1월생의 전화번호, 비밀번호, 주택의 주소, 층수, 호수 등에 있으면 발전한다. 기품이 뛰어나고 부부금슬이 좋으며, 미혼자는 좋은 배우자를 만나는 등 소망을 이룬다. 건강상으로는 위장, 비장, 소화기관 등이 튼튼해진다. 1월생에게 5와 10은 대범, 온화, 중립, 건강, 재물, 귀인 등이 따르는 길한 수리다.

■ **1월생에게 4와 9는 대길하다.**

4와 9는 교제운을 나타내는 수리로 1월생의 전화번호, 비밀번호, 주택의 주소, 층수, 호수 등에 있으면 대길하다. 사업은 크게 발전하여 재물은 충만하며, 이성간에 좋은 인연을 만나고 다른 사람의 도움을 많이 받는 등 복이 많이 따른다. 건강상으로는 폐, 대장, 호흡기관 등이 튼튼해진다. 1월생에게 4와 9는 결백, 명랑, 복락, 사교, 안전, 합격 등이 따르는 대길한 수리다.

■ **1월생에게 1과 6은 흉하다.**

1과 6은 주거운을 나타내는 수리이지만 1월생의 전화번호, 비밀번호, 주택의 주소, 층수, 호수 등에 있으면 발전하지 못한다. 사업은 고전하거나 실패하고, 주거는 불안하며 부동산운도 불리하다. 건강상으로는 신장, 방광, 요도기관 등에 질병이 발생한다. 1월생에게 1과 6은 슬픔, 절망, 질병, 경망, 무지, 타락, 좌절 등이 따른다.

2월생의 수리길흉

■ **2월생에게 3과 8은 대흉하다.**

3과 8은 희망운을 나타내는 수리이지만 2월생에게는 절망운으로 나타나 대흉하다. 2월생의 전화번호, 비밀번호, 주택의 주소, 층수, 호수 등에 있으면 발전하지 못한다. 계획한 일은 무산되며 사업실패, 부부불화, 심신질병, 자손불효, 멸문 등 만사가 불통하며 악연을 자주 만난다. 건강상으로는 신경성질환, 간장, 담 등에 질병이 발생한다. 2월생에게 3과 8은 분쟁, 위험, 단명, 요절, 후퇴, 절망, 실패 등이 따르는 대흉한 수리다.

■ **2월생에게 2와 7은 반길반흉하다.**

2와 7은 명예운을 나타내는 수리이지만 2월생에게는 반길반흉하다. 명예도 반길반흉, 성공도 반길반흉, 신용도 반길반흉, 대인관계도 반길반흉이라 큰 해로움은 없지만 크게 좋은 것도 없다. 건강상으로는 심장, 소장, 혈액순환기관 등에 약간의 질병이 발생하지만 쉽게 회복된다.

■ **2월생에게 5와 10은 길하다.**

5와 10은 애정운을 나타내는 수리로 2월생의 전화번호, 비밀번호, 주택의 주소, 층수, 호수 등에 있으면 발전한다. 기품이 뛰어나고 부부금슬이 좋으며, 미혼자는 좋은 배우자를 만나는 등 소망을 이룬다. 건강상으로는 위장, 비장, 소화기관 등이 튼튼해진다. 2월생에게 5와 10은 대범, 온화, 중립, 건강, 재물, 귀인 등이 따르는 길한 수리다.

■ **2월생에게 4와 9는 대길하다.**

4와 9는 교제운을 나타내는 수리로 2월생의 전화번호, 비밀번호, 주택의 주소, 층수, 호수 등에 있으면 대길하다. 사업은 크게 발전하고 재물은 충만하며, 이성간에 좋은 인연을 만나고, 다른 사람의 도움을 많이 받는 등 복이 많이 따른다. 건강상으로는 폐, 대장, 호흡기관 등이 튼튼해진다. 2월생에게 4와 9는 결백, 명랑, 복락, 사교, 안전, 합격 등이 따르는 대길한 수리다.

■ **2월생에게 1과 6은 흉하다.**

1과 6은 주거운을 나타내는 수리이지만 2월생의 전화번호, 비밀번호, 주택의 주소, 층수, 호수 등에 있으면 발전하지 못한다. 사업실패 등으로 빈천하고 주거가 불안하며, 부동산운도 불리하다. 건강상으로는 신장, 방광, 요도기관 등에 질병이 발생한다. 2월생에게 1과 6은 슬픔, 절망, 질병, 경망, 무지, 타락, 좌절 등이 따른다.

3월생의 수리길흉

■ **3월생에게 3과 8은 반길반흉하다.**

3과 8은 희망운을 나타내는 수리이지만 3월생에게는 반길반흉하다. 명예도 반길반흉, 성공도 반길반흉, 신용도 반길반흉, 대인관계도 반길반흉이라 큰 해로움은 없지만 크게 좋은 것도 없다. 건강상으로는 신경성질환, 간장, 담 등에 약간의 질병이 따르나 쉽게 회복된다.

■ **3월생에게 2와 7은 대흉하다.**

2와 7은 명예운을 나타내는 수리이지만 3월생의 전화번호, 비밀번호, 주택의 주소, 층수, 호수 등에 있으면 대흉하다. 명예와 신용이 떨어지고, 자손은 불효하며 멸문당하고, 재물은 궁핍하고 악연을 자주 만나며, 무슨 일을 해도 만사불통이다. 건강상으로는 심장, 소장, 혈액순환기관 등에 질병이 발생한다. 3월생에게 2와 7은 나태, 무정, 분노, 질투, 실패, 투쟁, 불화 등이 따르는 대흉한 수리다.

■ **3월생에게 5와 10은 흉하다.**

5와 10은 애정운을 나타내는 수리이지만 3월생의 전화번호, 비밀번호, 주택의 주소, 층수, 호수 등에 있으면 흉하다. 사업은 고전하며 인격이 타락하고, 직업의 변동이 심하여 한곳에 정착하지 못한다. 부부금슬이 나쁘고 미혼자는 좋은 인연이 나타나지 않으며, 단명이나 요절 등이 따른다. 건강상으로는 위장, 비장, 소화기관 등에 질병이 발생한다. 3월생에게 5와 10은 슬픔, 절망, 질병, 경망, 무지, 타락, 좌절 등이 따르는 흉한 수리다.

■ **3월생에게 4와 9는 길하다.**

4와 9는 교제운을 나타내는 수리로 3월생의 전화번호, 비밀번호, 주택의 주소, 층수, 호수 등에 있으면 발전한다. 사업은 발전하고 재물은 충만하며, 부부간에 화목하고 심신은 건강하다. 부모나 뜻밖의 귀인을 만나 재산을 상속받는다. 건강상으로는 폐, 대장, 호흡기관 등이 튼튼해진다. 3월생에게 4와 9는 결백, 명랑, 복락, 사교, 안전, 합격 등이 따르는 길한 수리다.

■ **3월생에게 1과 6은 대길하다.**

1과 6은 주거운을 나타내는 수리로 3월생의 전화번호, 비밀번호, 주택의 주소, 층수, 호수 등에 있으면 대길하다. 사업은 크게 발전하여 재물이 충만하고, 덕망과 인덕이 있으며 부동산운이 좋다. 건강상으로는 신장, 방광, 요도기관 등이 튼튼해진다. 3월생에게 1과 6은 기쁨, 희망, 건강, 묵중, 지혜, 승리, 극복 등이 따르는 대길한 수리다.

4월생의 수리길흉

■ **4월생에게 3과 8은 흉하다.**

3과 8은 희망운을 나타내는 수리이지만 4월생에게는 절망운으로 나타나 흉하다. 4월생의 전화번호, 비밀번호, 주택의 주소, 층수, 호수 등에 있으면 발전하지 못한다. 재능을 발휘하지 못하며, 인기를 잃어 통솔력이 떨어진다. 자손은 불효하고 이성관계도 실패가 많으며, 악연을 자주 만난다. 계획한 일은 무산되고 만사불통한다. 건강상으로는 신경성질환, 간장, 담 등에 질병이 발생한다. 4월생에게 3과 8은 분쟁, 위험, 단명, 요절, 후퇴, 절망, 실패 등이 따르는 흉한 수리다.

■ **4월생에게 2와 7은 대흉하다.**

2와 7은 명예운을 나타내는 수리이지만 4월생의 전화번호, 비밀번호, 주택의 주소, 층수, 호수 등에 있으면 대흉하다. 명예와 신용이 떨어지고, 자손은 불효하며 멸문당하고, 재물은 궁핍하고 악연을 자주 만나며, 무슨 일을 해도 만사불통이다. 건강상으로는 심장, 소장, 혈액순환기관 등에 질병이 많이 발생한다. 4월생에게 2와 7은 나태,

무정, 분노, 질투, 실패, 투쟁, 불화 등이 따르는 대흉한 수리다.

■ 4월생에게 5와 10은 반길반흉하다.

5와 10은 애정운을 나타내는 수리이지만 4월생에게는 반길반흉하다. 명예도 반길반흉, 성공도 반길반흉, 신용도 반길반흉, 대인관계도 반길반흉이라 큰 해로움은 없지만 크게 좋은 것도 없다. 건강상으로는 위장, 비장, 소화기관 등에 질병이 따르나 쉽게 회복된다.

■ 4월생에게 4와 9는 길하다.

4와 9는 교제운을 나타내는 수리로 4월생의 전화번호, 비밀번호, 주택의 주소, 층수, 호수 등에 있으면 길하다. 사업은 발전하고 재물은 충만하며, 부부간에 화목하고 심신은 건강하며, 부모나 뜻밖의 귀인을 만나 재산을 상속받는다. 건강상으로는 폐, 대장, 호흡기관 등이 튼튼해진다. 4월생에게 4와 9는 결백, 명랑, 복락, 사교, 안전, 합격 등이 따르는 길한 수리다.

■ 4월생에게 1과 6은 대길하다.

1과 6은 주거운을 나타내는 수리로 4월생의 전화번호, 비밀번호, 주택의 주소, 층수, 호수 등에 있으면 대길하다. 사업은 크게 발전하여 재물이 충만하고, 덕망과 인덕이 있으며 부동산운이 매우 좋다. 건강상으로는 신장, 방광, 요도기관 등이 튼튼해진다. 4월생에게 1과 6은 기쁨, 희망, 건강, 묵중, 지혜, 승리, 극복 등이 따른다.

5월생의 수리길흉

■ **5월생에게 3수와 8수는 흉하다.**

3과 8은 희망운을 나타내는 수리이지만 5월생에게는 절망운으로 나타나 흉하다. 5월생의 전화번호, 비밀번호, 주택의 주소, 층수, 호수 등에 있으면 발전하지 못한다. 재능을 발휘하지 못하며, 자손이 불효하고, 인기를 잃어 통솔력이 떨어지며, 이성관계도 실패가 많고 악연을 자주 만난다. 계획한 일은 무산되고 만사불통한다. 건강상으로는 신경성질환, 간장, 담 등에 질병이 발생한다. 5월생에게 3과 8은 분쟁, 위험, 단명, 요절, 후퇴, 절망, 실패 등이 따르는 흉한 수리다.

■ **5월생에게 2와 7은 대흉하다.**

2와 7은 명예운을 나타내지만 5월생의 전화번호, 비밀번호, 주택의 주소, 층수, 호수 등에 있으면 대흉하다. 명예와 신용이 떨어지고, 자손은 불효하며 멸문당하고, 재물은 궁핍하고 악연을 자주 만나며, 무슨 일을 해도 만사불통이다. 건강상으로는 심장, 소장, 혈액순환기관 등에 질병이 많이 발생한다. 5월생에게 2와 7은 나태, 무정, 분노, 질투, 실패, 투쟁, 불화 등이 따르는 대흉한 수리다.

■ **5월생에게 5와 10은 반길반흉하다.**

5와 10은 애정운을 나타내는 수리이지만 5월생에게는 반길반흉하다. 명예도 반길반흉, 성공도 반길반흉, 신용도 반길반흉, 대인관계도 반길반흉이라 큰 해로움은 없지만 크게 좋은 것도 없다.건강상으로는 위장, 비장, 소화기관 등에 약간의 질병이 발생하지만 쉽게 회복된다.

■ **5월생에게 4와 9는 길하다.**

4와 9는 교제운을 나타내는 수리로 5월생의 전화번호, 비밀번호, 주택의 주소, 층수, 호수 등에 있으면 발전한다. 사업은 발전하고 재물은 충만하며, 부부간에 화목하고 심신은 건강하며, 부모나 뜻밖의 귀인을 만나 재산을 상속받는다. 건강상으로는 폐, 대장, 호흡기관 등이 튼튼해진다. 5월생에게 4와 9는 결백, 명랑, 복락, 사교, 안전, 합격 등이 따르는 길한 수리다.

■ **5월생에게 1과 6은 대길하다.**

1과 6은 주거운을 나타내는 수리로 5월생의 전화번호, 비밀번호, 주택의 주소, 층수, 호수 등에 있으면 대길하다. 사업은 크게 발전하여 재물이 충만하고, 덕망과 인덕이 있으며 부동산운도 좋다. 건강상으로는 신장, 방광, 요도기관 등이 튼튼해진다. 5월생에게 1과 6은 기쁨, 희망, 건강, 묵중, 지혜, 승리, 극복 등이 따르는 대길한 수리다.

6월생의 수리길흉

■ **6월생에게 3과 8은 반길반흉하다.**

3과 8은 희망운을 나타내는 수리이지만 6월생에게는 반길반흉하다.

명예도 반길반흉, 성공도 반길반흉, 신용도 반길반흉, 대인관계도 반길반흉이라 큰 해로움은 없지만 크게 좋은 것도 없다. 건강상으로는 신경성질환, 간장, 담 등에 약간의 질병이 따르나 쉽게 회복된다.

■ 6월생에게 2와 7은 대흉하다.

2와 7은 명예운을 나타내는 수리이지만 6월생의 전화번호, 비밀번호, 주택의 주소, 층수, 호수 등에 있으면 대흉하다. 명예와 신용이 떨어지고, 자손은 불효하며 멸문당하고, 재물은 궁핍하고 악연을 자주 만나며, 무슨 일을 해도 만사불통이다. 건강상으로는 심장, 소장, 혈액순환기관 등에 질병이 많이 발생한다. 6월생에게 2와 7은 나태, 무정, 분노, 질투, 실패, 투쟁, 불화 등이 따르는 대흉한 수리다.

■ 6월생에게 5와 10은 흉하다.

5와 10은 애정운을 나타내는 수리이지만 6월생의 전화번호, 비밀번호, 주택의 주소, 층수, 호수 등에 있으면 발전하지 못한다. 사업은 고전하며 인격이 타락하고, 직업의 변동이 심하여 한곳에 정착하지 못한다. 부부금슬 나쁘고 미혼자는 좋은 인연이 나타나지 않으며, 단명이나 요절 등이 따른다. 건강상으로는 위장, 비장, 소화기관 등에 질병이 발생한다. 6월생에게 5와 10은 슬픔, 절망, 질병, 경망, 무지, 타락, 좌절 등이 따르는 흉한 수리다.

■ 6월생에게 4와 9는 길하다.

4와 9는 교제운을 나타내는 수리로 6월생의 전화번호, 비밀번호, 주택의 주소, 층수, 호수 등에 있으면 발전한다. 사업은 발전하고 재물은 충만하며, 부부간에 화목하고 심신은 건강하다. 부모나 뜻밖의 귀인을 만나 재산을 상속받는다. 건강상으로는 폐, 대장, 호흡기관 등이 튼튼해진다. 6월생에게 4와 9는 결백, 명랑, 복락, 사교, 안전, 합격 등이 따르는 길한 수리다.

■ **6월생에게 1과 6은 대길하다.**

1과 6은 주거운을 나타내는 수리로 6월생의 전화번호, 비밀번호, 주택의 주소, 층수, 호수 등에 있으면 대길하다. 사업은 크게 발전하여 재물이 충만하고, 덕망과 인덕이 있으며 부동산운도 좋다. 건강상으로는 신장, 방광, 요도기관 등이 튼튼해진다. 6월생에게 1과 6은 기쁨, 희망, 건강, 묵중, 지혜, 승리, 극복 등이 따르는 대길한 수리다.

7월생의 수리길흉

■ **7월생에게 3과 8은 대길하다.**

3과 8은 희망운을 나타내는 수리로 7월생의 전화번호, 비밀번호, 주택의 주소, 층수, 호수 등에 있으면 대길하다. 사업은 크게 발전하여 재물이 충만하고, 예상 외로 큰 발전이 있으며 계획한 일은 모두 성사된다. 건강상으로는 신경성질환, 간장, 담 등이 튼튼해진다. 7월생에게 3과 8은 평화, 안전, 장수, 희망, 성공, 발전 등을 따르는 대길한 수리다.

■ **7월생에게 2와 7은 길하다.**

2와 7은 명예운을 나타내는 수리로 7월생의 전화번호, 비밀번호, 주택의 주소, 층수, 호수 등에 있으면 발전한다. 재능을 충분히 발휘하여 소망을 이루며, 대중들에게 인기를 얻고 통솔력이 뛰어나 만인을 지휘한다. 건강상으로는 심장, 소장, 혈액순환기관 등이 튼튼해진다. 7월생에게 2와 7은 정열, 애정, 용기, 자비, 성공, 평화, 화목 등이 따르는 길한 수리다.

■ **7월생에게 5와 10은 흉하다.**

5와 10은 애정운을 나타내는 수리이지만 7월생의 전화번호, 비밀번호, 주택의 주소, 층수, 호수 등에 있으면 발전하지 못한다. 인격이 타락하고 사업은 고전하며, 직업의 변동이 심하여 한곳에 정착하지 못한다. 부부간에 불화가 심하고 미혼자는 좋은 인연이 나타나지 않는다. 건강상으로는 위장, 비장, 소화기관 등에 질병이 발생한다. 7월생에게 5와 10은 열등, 냉정, 편착, 불량, 질병, 빈천, 악연 등이 따르는 흉한 수리다.

■ **7월생에게 4와 9는 대흉하다.**

4와 9는 교제운을 나타내는 수리이지만 7월생의 전화번호, 비밀번호, 주택의 주소, 층수, 호수 등에 있으면 대흉하다. 사업은 크게 실패하고 악연을 자주 만나며, 자손이 불효하거나 멸문된다. 이성간에 좋은 인연이 생기지 않으며 재앙이 많이 따른다. 건강상으로는 폐, 대장, 호흡기관 등에 큰 질병이 발생한다. 7월생에게 4와 9는 혼탁,

우울, 간사, 단절, 사고, 불합격 등이 따르는 대흉한 수리다.

■ 7월생에게 1과 6은 반길반흉하다.

1과 6은 주거운을 나타내는 수리이지만 7월생에게는 반길반흉하다. 명예도 반길반흉, 성공도 반길반흉, 신용도 반길반흉, 대인관계도 반길반흉이라 큰 해로움은 없지만 크게 좋은 것도 없다. 건강상으로는 신장, 방광, 요도기관에 약간의 질병이 따르나 쉽게 회복된다.

8월생의 수리길흉

■ 8월생에게 3과 8은 대길하다.

3과 8은 희망운을 나타내는 수리로 8월생의 전화번호, 비밀번호, 주택의 주소, 층수, 호수 등에 있으면 대길하다. 사업은 크게 발전하여 재물이 충만하고, 예상 외로 큰 발전이 있으며 계획한 일은 모두 성사된다. 건강상으로는 신경성질환, 간장, 담 등이 튼튼해진다. 8월생에게 3과 8은 평화, 안전, 장수, 희망, 성공, 발전 등이 따르는 대길 수리다.

■ 8월생에게 2와 7은 길하다.

2와 7은 명예운을 나타내는 수리로 8월생의 전화번호, 비밀번호, 주택의 주소, 층수, 호수 등에 있으면 발전한다. 재능을 충분히 발휘하여 소망을 이루고, 대중들에게 인기를 얻고 통솔력이 뛰어나 만인을 지휘한다. 건강상으로는 심장, 소장, 혈액순환기관 등이 튼튼해진다. 8월생에게 2와 7은 정열, 애정, 용기, 자비, 성공, 평화, 화목 등이 따르는 길한 수리다.

■ **8월생에게 5와 10은 흉하다.**

5와 10은 애정운을 나타내는 수리이지만 8월생의 전화번호, 비밀번호, 주택의 주소, 층수, 호수 등에 있으면 발전하지 못한다. 사업은 고전하며 인격이 타락하고, 직업의 변동이 심하여 한곳에 정착하지 못한다. 부부간에 불화가 심하고, 미혼자는 좋은 인연이 나타나지 않는다. 건강상으로는 위장, 비장, 소화기관 등에 질병이 발생한다. 8월생에게 5와 10은 열등, 냉정, 편착, 불량, 질병, 빈천, 악연 등이 따르는 흉한 수리다.

■ **8월생에게 4와 9는 대흉하다.**

4와 9는 교제운을 나타내는 수리이지만 8월생의 전화번호, 비밀번호, 주택의 주소, 층수, 호수 등에 있으면 대흉하다. 사업은 크게 실패하고 악연을 자주 만나며, 자손이 불효하거나 멸문된다. 이성간에도 좋은 인연이 생기지 않으며 재앙이 많이 따른다. 건강상으로는 폐, 대장, 호흡기관 등에 질병이 많이 발생한다. 8월생에게 4와 9는 혼탁, 우울, 간사, 단절, 사고, 불합격 등이 따르는 대흉한 수리다.

■ **8월생에게 1과 6은 반길반흉하다.**

1과 6은 주거운을 나타내는 수리이지만 8월생에게는 반길반흉하다.

명예도 반길반흉, 성공도 반길반흉, 신용도 반길반흉, 대인관계도 반길반흉이라 큰 해로움은 없지만 크게 좋은 것도 없다. 건강상으로는 신장, 방광, 요도기관 등에 약간의 질병이 따르나 쉽게 회복된다.

9월생의 수리길흉

■ 9월생에게 3과 8은 길하다.

3과 8은 희망운을 나타내는 수리로 9월생의 전화번호, 비밀번호, 주택의 주소, 층수, 호수 등에 있으면 길하다. 재능을 충분히 발휘하며, 대중들의 인기를 얻어 통솔력이 상승된다. 이성간에 좋은 인연을 만나고 길복이 따르며 소망을 이룬다. 건강상으로는 신경성질환, 간장, 담 등이 튼튼해진다. 9월생에게 3과 8은 평화, 안전, 장수, 희망, 성공, 발전 등이 따르는 길한 수리다.

■ 9월생에게 2와 7은 대길하다.

2와 7은 명예운을 나타내는 수리로 9월생의 전화번호, 비밀번호, 주택의 주소, 층수, 호수 등에 있으면 대길하다. 사업은 크게 발전하여 재물이 충만하고, 명예와 신용을 얻어 무슨 일을 해도 성공한다. 건강상으로는 심장, 소장, 혈액순환기관 등이 튼튼해진다. 9월생에게 2와 7은 정열, 애정, 용기, 자비, 성공, 평화, 화목 등이 따르는 대길한 수리다.

■ **9월생에게 5와 10은 흉하다.**

5와 10은 애정운을 나타내는 수리이지만 9월생의 전화번호, 비밀번호, 주택의 주소, 층수, 호수 등에 있으면 흉하다. 사업은 실패하고 자손이 불효하거나 멸문되며, 악연을 자주 만나는 등 만사불통이다. 건강상으로는 위장, 비장, 소화기관 등에 질병이 발생한다. 9월생에게 5와 10은 열등, 냉정, 편착, 불량, 질병, 빈천, 악연 등이 따르는 흉한 수리다.

■ **9월생에게 4와 9는 흉하다.**

4와 9는 교제운을 나타내는 수리이지만 9월생의 전화번호, 비밀번호, 주택의 주소, 층수, 호수 등에 있으면 발전하지 못한다. 사업은 고전하며 재물은 줄어들고, 권위를 잃으며 건강이 나빠진다. 부모의 질병이나 뜻밖의 사고로 많은 재산을 잃는다. 건강상으로는 폐, 대장, 호흡기관 등에 질병이 발생한다. 9월생에게 4와 9는 혼탁, 우울, 간사, 단절, 사고, 불합격 등이 따르는 흉한 수리다.

■ **9월생에게 1과 6은 반길반흉하다.**

1과 6은 주거운을 나타내는 수리이지만 9월생에게는 반길반흉하다. 명예도 반길반흉, 성공도 반길반흉, 신용도 반길반흉, 대인관계도 반길반흉이라 큰 해로움은 없지만 크게 좋은 것도 없다. 건강상으로는 신장, 방광, 요도기관 등에 약간의 질병이 따르나 쉽게 회복된다.

10월생의 수리길흉

■ **10월생에게 3과 8은 길하다.**

3과 8은 희망운을 나타내는 수리로 10월생의 전화번호, 비밀번호, 주택의 주소, 층수, 호수 등에 있으면 발전한다. 재능을 충분히 발휘하며, 대중들의 인기를 얻어 통솔력이 상승된다. 이성간에도 좋은 인연을 만나며, 길복이 따르고 소망을 이룬다. 건강상으로는 신경성질환, 간장, 담 등이 튼튼해진다. 10월생에게 3과 8은 평화, 안전, 장수, 희망, 성공, 발전 등이 따르는 길한 수리다.

■ **10월생에게 2와 7은 대길하다.**

2와 7은 명예운을 나타내는 수리로10월생의 전화번호, 비밀번호, 주택의 주소, 층수, 호수 등에 있으면 대길하다. 사업은 크게 발전하여 재물이 충만하고, 명예와 신용을 얻어 무슨 일을 해도 성공한다. 건강상으로는 심장, 소장, 혈액순환기관 등이 튼튼해진다. 10월생에게 2와 7은 정열, 애정, 용기, 자비, 성공, 평화, 화목 등이 따르는 대길한 수리다.

■ **10월생에게 5와 10은 반길반흉하다.**

5와 10은 애정운을 나타내는 수리이지만 10월생에게는 반길반흉하다. 명예도 반길반흉, 성공도 반길반흉, 신용도 반길반흉, 대인관계도 반길반흉이라 큰 해로움은 없지만 크게 좋은 것도 없다. 건강상으로는 위장, 비장, 소화기관 등에 질병이 따르나 쉽게 회복된다.

■ **10월생에게 4와 9는 흉하다.**

4와 9는 교제운을 나타내는 수리이지만 10월생의 전화번호, 비밀번호, 주택의 주소, 층수, 호수 등에 있으면 발전하지 못한다. 사업은 고전하며 재물은 줄어들고, 권위를 잃으며 건강이 나빠진다. 부모의 질병이나 뜻밖의 사고로 많은 재산을 잃는다. 건강상으로는 폐, 대장, 호흡기관 등에 질병이 발생한다. 10월생에게 4와 9는 혼탁, 우울, 간사, 단절, 사고, 불합격 등이 따르는 흉한 수리다.

■ **10월생에게 1과 6은 대흉하다.**

1과 6은 주거운을 나타내는 수리이지만 10월생의 전화번호, 비밀번호, 주택의 주소, 층수, 호수 등에 있으면 대흉하다. 사업은 실패하고 자손은 불효하며, 멸문되는 등 만사불통이다. 부동산운도 불리하며 악연을 자주 만난다. 건강상으로는 신장, 방광, 요도기관 등에 질병이 많이 발생한다. 10월생에게 1과 6은 슬픔, 절망, 질병, 경망, 무지, 타락, 좌절 등이 따르는 대흉한 수리다.

11월생의 수리길흉

■ **11월생에게 3과 8은 길하다.**

3과 8은 희망운을 나타내는 수리로 11월생의 전화번호, 비밀번호, 주택의 주소, 층수, 호수 등에 있으면 발전한다. 재능을 충분히 발휘하며, 대중들의 인기를 얻어 통솔력이 상승된다. 이성간에도 좋은 인연을 만나며, 길복이 따르고 소망을 이룬다. 건강상으로는 신경성질환, 간장, 담 등이 튼튼해진다. 11월생에게 3과 8은 평화, 안전, 장수, 희망, 성공, 발전 등이 따르는 길한 수리다.

■ 11월생에게 2와 7은 대길하다.

2와 7은 명예운을 나타내는 수리로 11월생의 전화번호, 비밀번호, 주택의 주소, 층수, 호수 등에 있으면 대길하다. 사업은 크게 발전하여 재물이 충만하고, 명예와 신용을 얻어 무슨 일을 해도 성공한다. 건강상으로는 심장, 소장, 혈액순환기관 등이 튼튼해진다. 11월생에게 2와 7은 정열, 애정, 용기, 자비, 성공, 평화, 화목 등이 따르는 대길한 수리다.

■ 11월생에게 5와 10은 반길반흉하다.

5와 10은 애정운을 나타내는 수리이지만 11월생에게는 반길반흉하다. 명예도 반길반흉, 성공도 반길반흉, 신용도 반길반흉, 대인관계도 반길반흉이라 큰 해로움은 없지만 크게 좋은 것도 없다. 건강상으로는 위장, 비장, 소화기관 등에 질병이 따르나 쉽게 회복된다.

■ 11월생에게 4와 9는 흉하다.

4와 9는 교제운을 나타내는 수리이지만 11월생의 전화번호, 비밀번호, 주택의 주소, 층수, 호수 등에 있으면 발전하지 못한다. 사업은 고전하며 재물은 줄어들고, 권위를 잃으며 건강이 나빠진다. 부모의 질병이나 뜻밖의 사고로 많은 재산을 잃는다. 건강상으로는 폐, 대장, 호흡기관 등에 질병이 발생한다. 11월생에게 4와 9는 혼탁, 우울, 간사, 단절, 사고, 불합격 등이 따르는 흉한 수리다.

■ 11월생에게 1과 6은 대흉하다.

1과 6은 주거운을 나타내는 수리이지만 11월생의 전화번호, 비밀번호, 주택의 주소, 층수, 호수 등에 있으면 대흉하다. 사업은 실패하고 자손은 불효하며, 멸문되는 등 만사불통이다. 아랫사람이 따르지 않고 인덕이 없으며, 악연을 자주 만나고 부동산운도 불리하다. 건강상으로는 폐, 대장, 호흡기관 등에 질병이 많이 발생한다. 11월생에게 1과 6은 슬픔, 절망, 질병, 경망, 무지, 타락, 좌절 등이 따르는 대흉한 수리다.

12월생의 수리길흉

■ 12월생에게 3과 8은 길하다.

3과 8은 희망운을 나타내는 수리로 12월생의 전화번호, 비밀번호, 주택의 주소, 층수, 호수 등에 있으면 발전한다. 재능을 충분히 발휘하며, 대중들의 인기를 얻어 통솔력이 상승된다. 이성간에도 좋은 인연을 만나며, 길복이 따르고 소망을 이룬다. 건강상으로는 신경성질환, 간장, 담 등이 튼튼해진다. 12월생에게 3과 8은 평화, 안전, 장수, 희망, 성공, 발전 등이 따르는 길한 수리다.

■ **12월생에게 2와 7은 대길하다.**

2와 7은 명예운을 나타내는 수리로 12월생의 전화번호, 비밀번호, 주택의 주소, 층수, 호수 등에 있으면 대길하다. 사업은 크게 발전하여 재물이 충만하고, 명예와 신용을 얻어 무슨 일을 해도 성공한다. 건강상으로는 심장, 소장, 혈액순환기관 등이 튼튼해진다. 12월생에게 2와 7은 정열, 애정, 용기, 자비, 성공, 평화, 화목 등이 따르는 대길한 수리다.

■ **12월생에게 5수와 10수는 반길반흉하다.**

5와 10은 애정운을 나타내는 수리이지만 12월생에게는 반길반흉하다. 명예도 반길반흉, 성공도 반길반흉, 신용도 반길반흉, 대인관계도 반길반흉이라 큰 해로움은 없지만 크게 좋은 것도 없다. 건강상으로는 위장, 비장, 소화기관 등에 질병이 따르나 쉽게 회복된다.

■ **12월생에게 4와 9는 흉하다.**

4와 9는 교제운을 나타내는 수리이지만 12월생의 전화번호, 비밀번호, 주택의 주소, 층수, 호수 등에 있으면 발전하지 못한다. 사업은 고전하며 재물은 줄어들고, 권위를 잃으며 건강이 나쁘다. 부모의 질병이나 뜻밖의 사고로 많은 재산을 잃는다. 12월생에게 4와 9는 혼탁, 우울, 간사, 단절, 사고, 불합격 등이 따르는 흉한 수리다.

■ **12월생에게 1과 6은 대흉하다.**

1과 6은 주거운을 나타내는 수리이지만 12월생의 전화번호, 비밀번호, 주택의 주소, 층수, 호수 등에 있으면 대흉하다. 사업은 실패하고 자손은 불효하며, 멸문되는 등 만사불통이다. 악연을 자주 만나고 부동산운도 불리하다. 건강상으로는 신장, 방광, 요도기관 등에 질병이 많이 발생한다. 12월생에게 1과 6은 슬픔, 절망, 질병, 경망, 무지, 타락, 좌절 등이 따르는 대흉한 수리다.

년운길흉

년운(年運)이란 해가 나타내는 운을 말한다. 년에도 운이 다르고 길흉을 나타내는데 길년과 흉년을 반복하며 주기적으로 돌고 있다. 일반적으로 호랑이띠해와 토끼띠해는 희망운을 나타내고, 뱀띠해와 말띠해는 명예운을 나타내고, 원숭띠해와 닭띠해는 교제운을 나타내고, 쥐띠해와 돼지띠해는 주거운을 나타내고, 용띠해와 개띠해와 소띠해와 양띠해는 애정운을 나타낸다.

그러나 누구에게나 똑같이 적용되는 것이 아니라, 자신이 태어난 달에 따라 길년과 흉년이 따로 있다. 가족단위로 볼 때는 가정의 중심인 가장(家長)의 년운(年運)이 가장 중요하다. 년운(年運)으로 개운하는 방법은 길년에는 적극적으로 활동하고 재능을 발휘하여 명예와 재물을 얻고, 흉년에는 자중하고 근신하여 재앙을 피하면 된다. 누구나 자신에게 맞는 길년과 흉년을 구별하여 행동한다면 성공할 수 있을 것이다. 태어난 달은 음력을 기준으로 한다.

1월생의 년운길흉

■ 1월생에게 호랑이띠해와 토끼띠해는 대흉하다.

호랑이띠해와 토끼띠해는 희망운을 나타내지만 1월생에게는 대흉하다. 사업은 후퇴하거나 실패하고, 대인관계는 분쟁이 일어나며 무슨 일을 해도 실패한다. 건강상으로는 수족, 신경계통, 간장, 인후기관 등에 질병이 발생하고 단명하거나 요절할 수도 있다.

■ 1월생에게 뱀띠해와 말띠해는 반길반흉하다.

뱀띠해와 말띠해는 명예운을 나타내지만 1월생에게는 반길반흉하다. 명예도 반길반흉, 성공도 반길반흉, 신용도 반길반흉, 대인관계도 반길반흉이라 큰 해로움은 없지만 크게 좋은 것도 없다. 건강상으로는 머리, 눈, 심장 등에 질병이 따르나 쉽게 회복된다.

■ 1월생에게 용띠해, 양띠해, 개띠해, 소띠해는 길하다.

용띠해, 양띠해, 개띠해, 소띠해는 애정운을 나타내는데 1월생에게는 길하다. 마음은 온화하여 중립을 지키고, 인격이 높으며 대범하다. 건강하고 재물이 충만하며, 결혼운이 좋고 귀인을 만난다. 건강상으로는 복부, 위장, 소화기관 등이 튼튼해진다.

■ 1월생에게 원숭이띠해와 닭띠해는 대길하다.

원숭이띠해와 닭띠해는 교제운을 나타내는데 1월생에게는 대길하다. 사고가 없으며 대인관계가 좋고 시험은 합격한다. 수명장수와 운수대통의 대길함이 있다. 마음이 깨끗하고 성격이 명랑하며 복락이 계속 따르며 자손이 번창한다. 건강상으로는 폐, 치아, 생식기 등이 튼튼해진다.

■ 1월생에게 돼지띠해와 쥐띠해는 흉하다.

돼지띠해와 쥐띠해는 주거운을 나타내지만 1월생에게는 흉하다. 인격이 타락하여 사리분별이 어둡고, 경거망동으로 실패하여 좌절의 슬픔을 당한다. 사업은 절망적이고 덕심은 사라져 아랫사람이 따르지 않는다. 재물의 궁핍과 업보의 장애가 많이 일어난다. 건강상으로는 귀, 신장, 요도기관 등에 질병이 발생한다.

2월생의 년운길흉

■ 2월생에게 호랑이띠해와 토끼띠해는 대흉하다.

호랑이띠해와 토끼띠해는 희망운을 나타내지만 2월생에게는 대흉하다. 사업은 후퇴하거나 실패하고, 대인관계는 분쟁이 일어나며 무슨 일을 해도 실패한다. 건강상으로는 수족, 신경계통, 간장, 인후기관 등에 질병이 발생하고 단명하거나 요절할 수도 있다.

■ 2월생은 뱀띠해. 말띠해는 반길반흉하다.

뱀띠해와 말띠해는 명예운을 나타내지만 2월생에게는 반길반흉하다. 명예도 반길반흉, 성공도 반길반흉, 신용도 반길반흉, 대인관계도 반길반흉이라 큰 해로움은 없지만 크게 좋은 것도 없다. 건강상으로는 머리, 눈, 심장 등에 질병이 따르나 쉽게 회복된다.

■ 2월생에게 용띠해, 양띠해, 개띠해, 소띠해는 길하다.

용띠해, 양띠해, 개띠해, 소띠해는 애정운을 나타내는데 2월생에게는 길하다. 마음은 온화하여 중립을 지키고, 인격이 높으며 대범하다. 건강하고 재물이 충만하며, 결혼운이 좋고 귀인을 만난다. 건강상으로는 복부, 위장, 소화기관 등이 튼튼해진다.

■ 2월생에게 원숭이띠해와 닭띠해는 대길하다.

원숭이띠해와 닭띠해는 교제운을 나타내는데 2월생에게는 대길하다. 사고가 없으며 대인관계가 좋고 시험은 합격한다. 흉한 것은 피해가고 길한 것은 따르며 복락이 계속된다. 마음이 깨끗하고 성격이 명랑하며 귀인의 도움을 받는다. 건강상으로는 폐, 치아, 생식기 등이 튼튼해진다.

■ 2월생에게 돼지띠해와 쥐띠해는 흉하다.

돼지띠해와 쥐띠해는 주거운을 나타내지만 2월생에게는 흉하다. 인격이 타락하여 사리분별이 어둡고, 경거망동으로 실패하여 좌절의 슬픔을 당한다. 사업은 절망적이고 덕심은 사라져 아랫사람이 따르지 않는다. 집안은 멸문되고 만사가 막혀 불통이다. 건강상으로는 귀, 신장, 요도기관 등에 질병이 발생한다.

3월생의 년운길흉

■ **3월생에게 호랑이띠해와 토끼띠해는 반길반흉하다.**

호랑이띠해와 토끼띠해는 희망운을 나타내지만 3월생에게는 반길반흉하다. 명예도 반길반흉, 성공도 반길반흉, 신용도 반길반흉, 대인관계도 반길반흉이라 큰 해로움은 없지만 크게 좋은 것도 없다. 건강상으로는 수족, 신경계통, 간장, 인후기관 등에 약간의 질병이 따르나 쉽게 회복된다.

■ **3월생에게 뱀띠해와 말띠해는 흉하다.**

뱀띠해와 말띠해는 명예운을 나타내지만 3월생에게는 흉하다. 질투와 분노가 자주 일어나고 인정이 없다. 신용이 타락하여 사업은 실패하고, 대인관계는 투쟁이 심하다. 부부간에 불화가 심하고 나태하다. 재물손실이 많이 따르고 소망이 이루어지지 않는다. 건강상으로는 머리, 눈, 심장 등에 질병이 발생한다.

■ **3월생에게 용띠해, 양띠해, 개띠해, 소띠해는 대흉하다.**

용띠해, 양띠해, 개띠해, 소띠해는 애정운을 나타내지만 3월생에게는 대흉하다. 성격이 불량하고 인격이 타락하며, 열등감이 심하고 냉정하다. 마음이 원만하지 못하여 부부갈등으로 이혼하게 되고, 악연을 자주 만난다. 흉한 것은 따르고 길한 것은 피해가는 운이다. 건강상으로는 복부, 위장, 소화기관 등에 질병이 발생한다.

■ 3월생에게 원숭이띠해와 닭띠해는 길하다.

원숭이띠해와 닭띠해는 교제운을 나타내는데 3월생에게는 길하다. 사고없이 안전하며 대인관계가 좋고 시험은 합격한다. 흉한 것은 피해가고 길한 것은 따르며 복락이 계속된다. 마음이 깨끗하고 성격이 명랑하며 귀인의 도움을 받는다. 건강상으로는 폐, 치아, 생식기 등이 튼튼해진다.

■ 3월생에게 돼지띠해와 쥐띠해는 대길하다.

돼지띠해와 쥐띠해는 주거운을 나타내는데 3월생에게는 대길하다. 총명하고 지혜가 있어 어려움을 극복하니 희망운이 찾아온다. 인격이 묵중하여 군자답고, 덕망이 있어 아랫사람이 많이 따른다. 부동산운이 좋아 재산이 불어나며 신의 가호를 입는다. 건강상으로는 귀, 신장, 요도기관 등이 튼튼해진다.

4월생의 년운길흉

■ 4월생에게 호랑이띠해와 토끼띠해는 흉하다.

호랑이띠해와 토끼띠해는 희망운을 나타내지만 4월생에게는 흉하다. 사업은 후퇴하거나 실패하고, 대인관계는 분쟁이 일어나며 무슨 일을 해도 실패한다. 건강상으로는 수족, 신경계통, 간장, 인후기관 등에 질병이 발생하고 단명하거나 요절한다.

■ **4월생에게 뱀띠해와 말띠해는 대흉하다.**

뱀띠해와 말띠해는 명예운을 나타내지만 4월생에게는 대흉하다. 질투와 분노가 자주 일어나고 인정이 없다. 신용이 타락하여 사업은 실패하고, 대인관계는 투쟁이 심하다. 부부간에 불화가 심하고 나태하다. 건강상으로는 머리, 눈, 심장 등에 질병이 따른다.

■ **4월생에게 용띠해, 양띠해, 개띠해, 소띠해는 반길반흉하다.**

용띠해, 양띠해, 개띠해, 소띠해는 애정운을 나타내지만 4월생에게는 반길반흉하다. 명예도 반길반흉, 성공도 반길반흉, 신용도 반길반흉, 대인관계도 반길반흉이라 큰 해로움은 없지만 크게 좋은 것도 없다. 건강상으로는 복부, 위장, 소화기관 등에 약간의 질병이 따르나 쉽게 회복된다.

■ **4월생에게 원숭이띠해와 닭띠해는 길하다.**

원숭이띠해와 닭띠해는 교제운을 나타내는데 4월생에게는 길하다. 사고없이 안전하며 대인관계가 좋고 시험은 합격한다. 흉한 것은 피해가고 길한 것은 따르며 복락이 계속된다. 마음이 깨끗하고 성격이 명랑하며 귀인의 도움을 받는다. 건강상으로는 폐, 치아, 생식기 등이 튼튼해진다.

■ **4월생에게 돼지띠해와 쥐띠해는 대길하다.**

돼지띠해와 쥐띠해는 주거운을 나타내는데 4월생에게는 대길하다. 총명하고 지혜가 있어 어려움을 극복하니 희망운이 온다. 인격이 묵중하여 군자답고, 덕망이 있어 아랫사람이 잘 따른다. 직장에서는 승진하고 사업은 발전한다. 건강상으로는 귀, 신장, 요도기관 등이 튼튼해진다.

5월생의 년운길흉

■ 5월생에게 호랑이띠해와 토끼띠해는 흉하다.

호랑이띠해와 토끼띠해는 희망운을 나타내지만 5월생에게는 흉하다. 사업은 후퇴하거나 실패하고, 대인관계는 분쟁이 일어나며 무슨 일을 해도 실패한다. 건강상으로는 수족, 신경계통, 간장, 인후기관 등에 질병이 발생하고 단명하거나 요절할 수도 있다.

■ 5월생에게 뱀띠해와 말띠해는 대흉하다.

뱀띠해와 말띠해는 명예운을 나타내지만 5월생에게는 대흉하다. 질투와 분노가 자주 일어나고 인정이 없다. 신용이 타락하여 사업은 실패하고, 대인관계는 투쟁이 심하다. 부부간에 불화가 심하고 나태하다. 직장에서는 실직이나 좌천되고 사업은 실패한다. 건강상으로는 머리, 눈, 심장 등에 질병이 따른다.

■ 5월생은 용띠해, 양띠해, 개띠해, 소띠해는 반길반흉하다.

용띠해, 양띠해, 개띠해, 소띠해는 애정운을 나타내지만 5월생에게는 반길반흉하다. 명예도 반길반흉, 성공도 반길반흉, 신용도 반길반흉, 대인관계도 반길반흉이라 큰 해로움은 없지만 크게 좋은 것도 없다. 복부, 위장, 소화기관 등에 약간의 질병이 따르나 쉽게 회복된다.

■ 5월생에게 원숭이띠해와 닭띠해는 길하다.

원숭이띠해와 닭띠해는 교제운을 나타내는데 5월생에게는 길하다. 사고없이 안전하며 대인관계가 좋고 시험은 합격한다. 흉한 것은 피해가고 길한 것은 따르며 복락이 계속된다. 마음이 깨끗하고 성격이 명랑하며 귀인의 도움을 받는다. 폐, 치아, 생식기 등이 건강해진다.

■ 5월생에게 돼지띠해와 쥐띠해는 대길하다.

돼지띠해와 쥐띠해는 주거운을 나타내는데 5월생에게는 대길하다. 총명하고 지혜가 있어 어려움을 극복하니 희망운이 찾아온다. 인격이 묵중하여 군자답고, 덕망이 있어 아랫사람이 많이 따른다. 부동산운이 좋아 재산이 불어나며 업장이 소멸된다. 건강상으로는 귀, 신장, 요도기관 등이 튼튼해진다.

6월생의 년운길흉

■ 6월생에게 호랑이띠해. 토끼띠해는 반길반흉하다.

호랑이띠해와 토끼띠해는 희망운을 나타내지만 6월생에게는 반길반흉하다. 명예도 반길반흉, 성공도 반길반흉, 신용도 반길반흉, 대인관계도 반길반흉이라 큰 해로움은 없지만 크게 좋은 것도 없다. 수족, 신경계통, 간장, 인후기관 등에 약간의 질병이 따르지만 쉽게 회복된다.

■ 6월생에게 뱀띠해와 말띠해는 흉하다.

뱀띠해와 말띠해는 명예운을 나타내지만 6월생에게는 흉하다. 질투와 분노가 자주 일어나고 인정이 없다. 신용이 타락하여 사업은 실패하고, 대인관계는 투쟁이 심하다. 부부간에 불화가 심하고 나태하다. 건강상으로는 머리, 눈, 심장 등에 질병이 따른다.

■ 6월생에게 용띠해, 양띠해, 개띠해, 소띠해는 대흉하다.

용띠해, 양띠해, 개띠해, 소띠해는 애정운을 나타내지만 6월생에게는 대흉하다. 성격이 불량하고 인격이 타락하며, 열등감이 심하고 냉정하다. 마음이 원만하지 못하여 부부갈등으로 이혼하게 되고, 악연을 자주 만나며 재물은 궁핍하다. 흉한 것은 따르고 길한 것은 피해가는 운이다. 건강상으로는 복부, 위장, 소화기관 등에 질병이 많이 발생한다.

■ 6월생에게 원숭이띠해와 닭띠해는 길하다.

원숭이띠해와 닭띠해는 교제운을 나타내는데 6월생에게는 길하다. 사고없이 안전하며 대인관계가 좋고 시험은 합격한다. 흉한 것은 피해가고 길한 것은 따르며 복락이 계속된다. 마음이 깨끗하고 성격이 명랑하며 귀인의 도움을 받는다. 건강상으로는 폐, 치아, 생식기 등이 튼튼해진다.

■ 6월생에게 돼지띠해와 쥐띠해는 대길하다.

돼지띠해와 쥐띠해는 주거운을 나타내는데 6월생에게는 대길하다. 총명하고 지혜가 있어 어려움을 극복하니 희망운이 찾아온다. 인격이 묵중하여 군자답고, 덕망이 있어 아랫사람이 많이 따른다. 자손이 번창하고 만사형통한다. 건강상으로는 귀, 신장, 요도기관 등이 튼튼해진다.

7월생의 년운길흉

■ 7월생에게 호랑이띠해와 토끼띠해는 길하다.

호랑이띠해와 토끼띠해는 희망운을 나타내는데 7월생에게는 길하다. 사업은 희망적이고 가정에는 평화가 넘치며 공부는 발전한다. 길복이 많이 따라 심신이 안전하고, 장수하며 소원을 성취한다. 건강상으로는 수족, 신경계통, 간장, 인후기관 등이 튼튼해진다.

■ 7월생에게 뱀띠해와 말띠해는 대길하다.

뱀띠해와 말띠해는 명예운을 나타내는데 7월생에게는 대길하다. 신용과 자비심과 용기로 사업은 성공하고, 대인관계는 원만하며 가정은 화목하다. 무슨 일이나 정열적이며 명예가 좋아지고 부부금슬이 좋다. 길한 것은 따르고 흉한 것은 피해가며, 귀인을 만나 도움을 받는다. 건강상으로는 머리, 눈, 심장 등이 튼튼해진다.

■ **7월생은 용띠해, 양띠해, 개띠해, 소띠해는 흉하다.**

용띠해, 양띠해, 개띠해, 소띠해는 애정운을 나타내지만 7월생에게는 흉하다. 성격이 불량하고 인격이 타락하며, 열등감이 심하고 냉정하다. 마음이 원만하지 못하여 부부갈등으로 이혼하게 되고, 악연을 자주 만나며 재물은 궁핍하다. 흉한 것은 따르고 길한 것은 피해가는 운이다. 건강상으로는 복부, 위장, 소화기관 등에 질병이 발생한다.

■ **7월생은 원숭이띠해. 닭띠해가 대흉하다.**

원숭이띠해와 닭띠해는 교제운을 나타내지만 7월생에게는 대흉하다. 대인관계가 단절되고 사고를 당하며 시험은 낙방한다. 심신은 고달프고 주변은 혼탁하니 우울증이 생기고 마음이 간사해진다. 자손이 불효하거나 멸문 당하는 등 만사불통이다. 건강상으로는 폐, 치아, 생식기 등에 질병이 많이 발생한다.

■ **7월생에게 돼지띠해와 쥐띠해는 반길반흉하다.**

돼지띠해와 쥐띠해는 주거운을 나타내지만 7월생에게는 반길반흉하다. 명예도 반길반흉, 성공도 반길반흉, 신용도 반길반흉, 대인관계도 반길반흉이라 큰 해로움은 없지만 크게 좋은 것도 없다. 건강상으로는 귀, 신장, 요도기관 등에 약간의 질병이 따르나 쉽게 회복된다.

8월생의 년운길흉

■ 8월생에게 호랑이띠해와 토끼띠해는 길하다.

호랑이띠해와 토끼띠해는 희망운을 나타내는데 8월생에게는 길하다. 사업은 희망적이고 가정에는 평화가 넘치며 공부는 발전한다. 길복이 많이 따라 심신이 안전하고, 장수하며 소원을 성취한다. 건강상으로는 수족, 신경계통, 간장, 인후기관 등이 튼튼해진다.

■ 8월생에게 뱀띠해와 말띠해는 대길하다.

뱀띠해와 말띠해는 명예운을 나타내는데 8월생에게는 대길하다. 신용과 자비심과 용기로 사업은 성공하며 대인관계는 원만하고 가정은 화목하다. 무슨 일이나 정열적이고 명예가 좋아지며, 부부금슬이 좋고 귀인의 도움을 받는다. 길한 것은 따르고 흉한 것은 피해가는 운이다. 건강상으로는 머리, 눈, 심장 등이 튼튼해진다.

■ 8월생에게 용띠해, 양띠해, 개띠해, 소띠해는 흉하다.

용띠해, 양띠해, 개띠해, 소띠해는 애정운을 나타내지만 8월생에게는 흉하다. 성격이 불량하고 인격이 타락하며, 열등감이 심하고 냉정하다. 마음이 원만하지 못하여 부부갈등으로 이혼하게 되고, 악연을 자주 만나며 재물은 항상 궁핍하다. 흉한 것은 따르고 길한 것은 피해가는 운이다. 건강상으로는 복부, 위장, 소화기관 등에 질병이 발생한다.

■ **8월생에게 원숭이띠해. 닭띠해가 대흉하다.**

원숭이띠해와 닭띠해는 교제운을 나타내지만 8월생에게는 대흉하다. 대인관계가 단절되고 사고를 당하며, 시험은 낙방하고 가는 곳마다 악연이다. 흉한 것은 따르고 길한 것은 피해간다. 건강상으로는 폐, 치아, 생식기 등에 질병이 많이 발생한다.

■ **8월생에게 돼지띠해와 쥐띠해는 반길반흉하다.**

돼지띠해와 쥐띠해는 주거운을 나타내지만 8월생에게는 반길반흉하다. 명예도 반길반흉, 성공도 반길반흉, 신용도 반길반흉, 대인관계도 반길반흉이라 큰 해로움은 없지만 크게 좋은 것도 없다. 건강상으로는 귀, 신장, 요도기관 등에 약간의 질병이 따르나 쉽게 회복된다.

9월생의 년운길흉

■ **9월생에게 호랑이띠해와 토끼띠해는 길하다.**

호랑이띠해와 토끼띠해는 희망운을 나타내는데 9월생에게는 길하다. 사업은 희망적이고 가정에는 평화가 넘치며 공부는 발전한다. 길복이 따르고 재물이 충만하며 업장이 소멸된다. 건강상으로는 수족, 신경계통, 간장, 인후기관 등이 튼튼해진다.

■ **9월생에게 뱀띠해와 말띠해는 대길하다.**

뱀띠해와 말띠해는 명예운을 나타내는데 9월생에게는 대길하다. 신용과 자비심과 용기로 사업은 성공하며, 대인관계는 원만하고 가정은 화목하다. 무슨 일이나 정열적이며 명예가 좋아지고 부부금슬이 좋다. 수명장수하고 운수대통이다. 건강상으로는 머리, 눈, 심장 등이 튼튼해진다.

■ 9월생에게 용띠해, 양띠해, 개띠해, 소띠해는 대흉하다.

용띠해, 양띠해, 개띠해, 소띠해는 애정운을 나타내지만 9월생에게는 대흉하다. 성격이 불량하고 인격이 타락하며, 열등감이 심하고 냉정하다. 마음이 원만하지 못하여 부부갈등으로 이혼하게 되고, 악연을 자주 만나며 재물은 궁핍하다. 흉한 것은 따르고 길한 것은 피해가는 운이다. 건강상으로는 복부, 위장, 소화기관 등에 질병이 많이 발생한다.

■ 9월생에게 원숭이띠해와 닭띠해는 흉하다.

원숭이띠해와 닭띠해는 교제운을 나타내지만 9월생에게는 흉하다. 대인관계가 단절되고 사고를 당하며 시험은 낙방한다. 심신은 고달프고 주변은 혼탁하니 우울증이 생기고 마음이 간사해진다. 질병은 끝없이 따르고 부부갈등이 심하다. 건강상으로는 폐, 치아, 생식기 등에 질병이 발생한다.

■ 9월생에게 돼지띠해. 쥐띠해는 반길반흉하다.

돼지띠해와 쥐띠해는 주거운을 나타내지만 9월생에게는 반길반흉하다. 명예도 반길반흉, 성공도 반길반흉, 신용도 반길반흉, 대인관계도 반길반흉이라 큰 해로움은 없지만 크게 좋은 것도 없다. 건강상으로는 귀, 신장, 요도기관 등에 약간의 질병이 따르나 쉽게 회복된다.

10월생의 년운길흉

■ 11월생에게 호랑이띠해, 토끼띠해는 반길반흉하다.

호랑이띠해와 토끼띠해는 희망운을 나타내지만 10월생에게는 반길반흉하다. 명예도 반길반흉, 성공도 반길반흉, 신용도 반길반흉, 대인관계도 반길반흉이라 큰 해로움은 없지만 크게 좋은 것도 없다. 건강상으로는 수족, 신경계통, 간장, 인후기관 등에 약간의 질병이 따르나 쉽게 회복된다.

■ 10월생에게 뱀띠해와 말띠해는 길하다.

뱀띠해와 말띠해는 명예운을 나타내며 10월생에게는 대길하다. 신용과 자비심과 용기로 사업은 성공하며 대인관계는 원만하고 가정은 화목하다. 무슨 일이나 정열적이며 명예가 좋아지고 부부금슬이 좋다. 자손이 번창하고 만사형통한다. 건강상으로는 머리, 눈, 심장 등이 튼튼해진다.

■ 10월생에게 용띠해, 양띠해, 개띠해, 소띠해는 대길하다.

용띠해, 양띠해, 개띠해, 소띠해는 애정운을 나타내는데 10월생에게는 대길하다. 마음은 온화하여 중립을 지키고, 인격이 높으며 대범하다. 건강하고 재물이 충만하며, 결혼운이 좋고 귀인을 만나며 소망을 이룬다. 건강상으로는 복부, 위장, 소화기관 등이 튼튼해진다.

■ 10월생에게 원숭이띠해와 닭띠해는 흉하다.

원숭이띠해와 닭띠해는 교제운을 나타내지만 10월생에게는 흉하다. 대인관계가 단절되고 사고를 당하며 시험은 낙방한다. 심신은 고달프고 주변은 혼탁하니 우울증이 생기고 마음이 간사해진다. 직장에서는 실직이나 좌천 당하고 사업은 실패한다. 건강상으로는 폐, 치아, 생식기 등에 질병이 발생한다.

■ 10월생에게 돼지띠해와 쥐띠해는 대흉하다.

돼지띠해와 쥐띠해는 주거운을 나타내지만 10월생에게는 대흉하다. 인격이 타락하여 사리분별이 어둡고, 경거망동으로 실패하여 좌절의 슬픔을 당한다. 사업은 절망적이고 덕심은 사라져 아랫사람이 따르지 않는다. 빈천하고 고전을 면하지 못한다. 건강상으로는 귀, 신장, 요도기관 등에 질병이 많이 발생한다.

11월생의 년운길흉

■ 11월생에게 호랑이띠해와 토끼띠해는 반길반흉하다.

호랑이띠해와 토끼띠해는 희망운을 나타내지만 11월생에게는 반길반흉하다. 명예도 반길반흉, 성공도 반길반흉, 신용도 반길반흉, 대인관계도 반길반흉이라 큰 해로움은 없지만 크게 좋은 것도 없다. 건강상으로는 수족, 신경계통, 간장, 인후기관 등에 약간의 질병이 따르나 쉽게 회복된다.

■ 11월생에게 뱀띠해와 말띠해는 길하다.

뱀띠해와 말띠해는 명예운을 나타내는데 11월생에게는 대길하다. 신용과 자비심과 용기로 사업은 성공하며 대인관계는 원만하고 가정은 화목하다. 무슨 일이나 정열적이고 명예가 좋아지며, 부부금슬이 좋고 귀인의 도움을 받는다. 길한 것은 따르고 흉한 것은 피해가는 운이다. 건강상으로는 머리, 눈, 심장 등이 튼튼해진다.

■ 11월생에게 용띠해, 양띠해, 개띠해, 소띠해는 대길하다.

용띠해, 양띠해, 개띠해, 소띠해는 애정운을 나타내는데 11월생에게는 대길하다. 마음은 온화하여 중립을 지키고, 인격이 높으며 대범하다. 건강하고 재물이 충만하며, 결혼운이 좋고 귀인을 만나며 소망을 이룬다. 건강상으로는 복부, 위장, 소화기관 등이 튼튼해진다.

■ 11월생에게 원숭이띠해와 닭띠해는 흉하다.

원숭이띠해와 닭띠해는 교제운을 나타내지만 11월생에게는 흉하다. 대인관계가 단절되고 사고를 당하며 시험은 낙방한다. 심신은 고달프고 주변은 혼탁하니 우울증이 생기고 마음이 간사해진다. 재물은 궁핍하고 업보의 장애가 나타난다. 건강상으로는 폐, 치아, 생식기 등에 질병이 발생한다.

■ **11월생에게 돼지띠해와 쥐띠해는 대흉하다.**

돼지띠해와 쥐띠해는 주거운을 나타내지만 11월생에게는 대흉하다. 인격이 타락하여 사리분별이 어둡고, 경거망동으로 실패하여 좌절의 슬픔을 당한다. 사업은 절망적이고 덕심은 사라져 아랫사람이 따르지 않는다. 운수가 궁색해 단명이나 요절한다. 건강상으로는 귀, 신장, 요도기관 등에 질병이 많이 발생한다.

12월생의 년운길흉

■ **12월생에게 호랑이띠해와 토끼띠해는 길하다.**

호랑이띠해와 토끼띠해는 희망운을 나타내는데 12월생에게는 길하다. 사업은 희망적이고 가정에는 평화가 넘치며 공부는 발전한다. 길복이 많이 따라 심신이 안전하고, 장수하며 소원을 성취한다. 건강상으로는 수족, 신경계통, 간장, 인후기관 등이 튼튼해진다.

■ **12월생에게 뱀띠해와 말띠해는 대길하다.**

뱀띠해와 말띠해는 명예운을 나타내는데 12월생에게는 대길하다. 신용과 자비심과 용기로 사업은 성공하며, 대인관계는 원만하고 가정은 화목하다. 무슨 일이나 정열적이며 명예가 좋아지고 부부금슬이 좋다. 사업은 크게 성공하며 직장에서는 승진한다. 건강상으로는 머리, 눈, 심장 등이 튼튼해진다.

■ **12월생에게 용띠해, 양띠해, 개띠해, 소띠해는 대흉하다.**

용띠해, 양띠해, 개띠해, 소띠해는 애정운을 나타내지만 12월생에게는 대흉하다. 성격이 불량하고 인격이 타락하며, 열등감이 심하고 냉정하다. 마음이 원만하지 못하여 부부갈등으로 이혼하게 되고, 악연을 자주 만나며 재물은 궁핍하다. 흉한 것은 따르고 길한 것은 피해가는 운이다. 건강상으로는 복부, 위장, 소화기관 등에 질병이 많이 발생한다.

■ **12월생에게 원숭이띠해. 닭띠해가 흉하다.**

원숭이띠해와 닭띠해는 교제운을 나타내지만 12월생에게는 흉하다. 대인관계가 단절되고 사고를 당하며 시험은 낙방한다. 심신은 고달프고 주변은 혼탁하니 우울증이 생기고 마음이 간사해진다. 자손이 없거나 멸문되고 만사가 막혀 불통이다. 건강상으로는 폐, 치아, 생식기 등에 질병이 발생한다.

■ **12월생에게 돼지띠해와 쥐띠해는 대흉하다.**

돼지띠해와 쥐띠해는 주거운을 나타내지만 12월생에게는 대흉하다. 인격이 타락하여 사리분별이 어둡고 경거망동으로 실패하여 좌절의 슬픔을 당한다. 사업은 절망적이고 덕심은 사라져 아랫사람이 따르지 않는다. 운수가 궁색해 소망이 이루어지지 않는다. 건강상으로는 귀, 신장, 요도기관 등에 질병이 많이 발생한다.

월운길흉

월운(月運)이란 달이 나타내는 운으로 달마다 각각 운이 다르고 길흉을 나타낸다. 일반적으로 1월과 2월은 희망운을 나타내고, 4월과 5월은 명예운을 나타내고, 7월과 8월은 교제운을 나타내고, 10월과 11월은 주거운을 나타내고, 3월과 6월과 9월과 12월은 애정운을 나타낸다.

그러나 누구에게나 똑같이 적용되는 것이 아니라 태어난 달에 따라 길할 수도 있고 흉할 수도 있다. 다시 말해서 자신이 태어난 달에 따라 길한 달과 흉한 달이 따로 있다. 가족단위로 볼 때는 가정의 중심인 가장(家長)의 월운(月運)이 가장 중요하다.

월운(月運)으로 개운하는 방법은 길한 달에는 적극적으로 활동하고 재능을 발휘하여 명예와 재물을 얻고, 흉한 달에는 자중하고 근신하여 재앙을 피하면 된다. 누구나 자신에게 맞는 길월과 흉월을 구별하여 행동한다면 성공할 수 있을 것이다. 태어난 달은 음력을 기준으로 한다.

1월생의 월운길흉

■ 1월생에게 1월과 2월은 대흉하다.

1월과 2월은 희망운을 나타내지만 1월생에게는 절망운이 되어 대흉하다. 장애가 많아 계획은 무산되고, 사업은 후퇴하거나 실패하며 악연을 자주 만난다. 흉한 것은 따르고 길한 것은 피해가는 운이다. 건강상으로는 수족부상, 신경계통, 간장, 인후기관 등에 질병이 많이 발생한다.

■ 1월생에게 4월과 5월은 반길반흉하다.

4월과 5월은 명예운을 나타내지만 1월생에게는 반길반흉하다. 명예도 반길반흉, 성공도 반길반흉, 신용도 반길반흉, 대인관계도 반길반흉이라 큰 해로움은 없지만 크게 좋은 것도 없다. 건강상으로는 머리, 눈, 심장 등에 약간의 질병이 따르나 쉽게 회복된다.

■ 1월생에게 3월, 6월, 9월, 12월은 길하다.

3월, 6월, 9월, 12월은 애정운을 나타내며 1월생에게는 길하다. 재능운, 애정운, 가족운이 모두 상승하고 권위와 통솔력이 생긴다. 사업은 발전하고 직장에서는 승진하며 재산이 늘어난다. 건강상으로는 위장, 비장, 소화기관 등이 튼튼해진다.

■ 1월생에게 7월과 8월은 대길하다.

7월과 8월은 교제운을 나타내며 1월생에게는 대길하다. 이성간에 좋은 인연을 만나며 대인관계가 좋아진다. 사업은 발전하고 직장에서는 승진하며 복이 따른다. 건강상으로는 폐, 치아, 생식기 등이 튼튼해진다.

■ 1월생에게 10월과 11월은 흉하다.

10월과 11월은 주거운을 나타내지만 1월생에게는 흉하다. 부동산운도 불리해 집을 팔아서 빚을 갚거나, 작은 집으로 이사를 간다. 덕심이 없어 아랫사람이 따르지 않고 악연을 자주 만난다. 흉한 것은 따르고 길한 것은 피해가는 운이다. 건강상으로는 귀, 신장, 요도기관 등에 질병이 발생한다.

2월생의 월운길흉

■ 2월생에게 1월과 2월은 대흉하다.

1월과 2월은 희망운을 나타내지만 2월생에게는 절망운이 되어 대흉하다. 장애가 많아 계획은 무산되고, 사업은 후퇴하거나 실패하며 악연을 자주 만난다. 흉한 것은 따르고 길한 것은 피해가는 운이다. 건강상으로는 수족부상, 신경계통, 간장, 인후기관 등에 질병이 많이 발생한다.

■ 2월생에게 4월과 5월은 반길반흉하다.

4월과 5월은 명예운을 나타내지만 2월생에게는 반길반흉하다. 명예도 반길반흉, 성공도 반길반흉, 신용도 반길반흉, 대인관계도 반길반흉이라 큰 해로움은 없지만 크게 좋은 것도 없다. 건강상으로는 머리, 눈, 심장 등에 약간의 질병이 따르나 쉽게 회복된다.

■ 2월생에게 3월, 6월, 9월, 12월은 길하다.

3월, 6월, 9월, 12월은 애정운을 나타내며 2월생에게는 길하다. 재능운과 애정운과 가족운이 모두 상승한다. 권위를 얻어 아랫사람을 통솔하고, 사업은 발전하며 직장에서는 승진하고 재산이 늘어난다. 건강상으로는 위장, 비장, 소화기관 등이 튼튼해진다.

■ 2월생에게 7월과 8월은 대길하다.

7월과 8월은 교제운을 나타내며 2월생에게는 대길하다. 이성간에 좋은 인연을 만나며 대인관계가 좋아진다. 사업은 발전하고 직장에서는 승진하며 복이 따른다. 건강상으로는 폐, 치아, 생식기 등이 튼튼해진다.

■ 2월생에게 10월과 11월은 흉하다.

10월과 11월은 주거운을 나타내는데 2월생에게는 흉하다. 집을 팔아서 빚을 갚거나 작은 집으로 이사를 가며, 부동산운도 나쁘다. 덕심이 없어 아랫사람이 따르지 않고, 악연을 자주 만난다. 흉한 것은 따르고 길한 것은 피해가는 운이다. 건강상으로는 귀, 신장, 요도기관 등에 질병이 발생한다.

3월생의 월운길흉

■ **3월생에게 1월과 2월은 반길반흉하다.**

1월과 2월은 희망운을 나타내지만 3월생에게는 반길반흉하다. 명예도 반길반흉, 성공도 반길반흉, 신용도 반길반흉, 대인관계도 반길반흉이라 큰 해로움은 없지만 크게 좋은 것도 없다. 건강상으로는 수족, 신경계통, 간장, 인후기관 등에 질병이 따르지만 쉽게 회복된다.

■ **3월생에게 4월과 5월은 흉하다.**

4월과 5월은 명예운을 나타내지만 3월생에게는 흉하다. 신용을 잃어 사업은 크게 실패하여 명예가 실추되며, 부부갈등이 심하여 근심과 슬픔이 따른다. 건강상으로는 머리, 눈, 심장 등에 질병이 따른다.

■ **3월생에게 3월, 6월, 9월, 12월은 대흉하다.**

3월, 6월, 9월, 12월은 애정운을 나타내지만 3월생에게는 대흉하다. 재능운과 애정운과 가족운이 모두 나빠진다. 권위와 인기를 잃어 아랫사람이 따르지 않으며, 사업은 실패하고 직장에서는 실직이나 좌천된다. 건강상으로는 위장, 비장, 소화기관 등에 질병이 많이 발생한다.

■ **3월생에게 7월과 8월은 길하다.**

7월과 8월은 교제운을 나타내며 3월생에게는 길하다. 이성간에 좋은 인연을 만나며 대인관계가 좋아진다. 자손에게 경사가 생기고 만사형통한다. 건강상으로는 폐, 치아, 생식기 등이 튼튼해진다.

■ 3월생에게 10월과 11월은 대길하다.

10월과 11월은 주거운을 나타내며 3월생에게는 대길하다. 주거운이 강해져 집이 없는 사람은 집을 장만하고, 집이 있는 사람은 더 큰 집으로 이사하며 부동산운도 좋다. 덕심이 있어 아랫사람이 잘 따르고, 귀인을 만나며 소원을 성취한다. 건강상으로는 귀, 신장, 요도기관 등이 튼튼해진다.

4월생의 월운길흉

■ 4월생에게 1월과 2월은 흉하다.

1월과 2월은 희망운을 나타내지만 4월생에게는 절망운이 되어 흉하다. 장애가 많아 사업은 후퇴하거나 실패하고 계획은 무산된다. 어리석은 행동으로 망신을 당하고 빈천하다. 건강상으로는 수족, 신경계통, 간장, 인후기관 등에 질병이 발생한다.

■ 4월생에게 4월과 5월은 대흉하다.

4월과 5월은 명예운을 나타내지만 4월생에게는 대흉하다. 신용을 잃어 사업은 크게 실패하여 명예가 실추되며, 부부갈등이 심하여 근심과 슬픔이 따른다. 재물은 궁핍하며 업보의 장애가 일어난다. 건강상으로는 머리, 눈, 심장 등에 질병이 많이 발생한다.

■ **4월생에게 3월, 6월, 9월, 12월은 반길반흉하다.**

3월, 6월, 9월, 12월은 애정운을 나타내지만 4월생에게는 반길반흉하다. 명예도 반길반흉, 성공도 반길반흉, 신용도 반길반흉, 대인관계도 반길반흉이라 큰 해로움은 없지만 크게 좋은 것도 없다. 건강상으로는 위장, 비장, 소화기관 등에 질병이 따르나 쉽게 회복된다.

■ **4월생에게 7월과 8월은 길하다.**

7월과 8월은 교제운을 나타내며 4월생에게는 길하다. 이성간에 좋은 인연을 만나며, 대인관계가 좋아지고 귀인의 도움을 받는다. 길한 것은 따르고 흉한 것은 피해간다. 폐, 치아, 생식기 등이 건강해진다.

■ **4월생에게 10월과 11월은 대길하다.**

10월과 11월은 주거운을 나타내며 4월생에게는 대길하다. 주거운이 강해져 집이 없는 사람은 집을 장만하고, 집이 있는 사람은 더 큰 집으로 이사하며 부동산운도 좋다. 덕심이 있어 아랫사람이 잘 따르고, 귀인을 만나며 소원성취한다. 건강상으로는 귀, 신장, 요도기관 등이 튼튼해진다.

5월생의 월운길흉

■ **5월생에게 1월과 2월은 흉하다.**

1월과 2월은 희망운을 나타내지만 5월생에게는 절망운이 되어 흉하다. 장애가 많아 사업은 후퇴하거나 실패하고 계획은 무산된다. 운수가 막혀 궁색하며 단명, 요절, 사고 등이 따른다. 건강상으로는 수족, 신경계통, 간장, 인후기관 등에 질병이 발생한다.

■ **5월생에게 4월과 5월은 대흉하다.**

4월과 5월은 명예운을 나타내지만 5월생에게는 대흉하다. 신용을 잃어 사업은 크게 실패하여 명예가 실추되며, 부부갈등이 심하여 근심과 슬픔이 따른다. 자손에게 큰 재앙이 따르고 만사가 막혀 불통이다. 건강상으로는 머리, 눈, 심장 등에 질병이 많이 발생한다.

■ **5월생에게 3월, 6월, 9월, 12월은 반길반흉하다.**

3월, 6월, 9월, 12월은 애정운을 나타내지만 5월생에게는 반길반흉하다. 명예도 반길반흉, 성공도 반길반흉, 신용도 반길반흉, 대인관계도 반길반흉이라 큰 해로움은 없지만 크게 좋은 것도 없다. 건강상으로는 위장, 비장, 소화기관 등에 질병이 따르나 쉽게 회복된다.

■ **5월생에게 7월과 8월은 길하다.**

7월과 8월은 교제운을 나타내며 5월생에게는 길하다. 이성간에 좋은 인연을 만나며 대인관계가 좋아진다. 심신이 건강하고 부부간에 화목하다. 건강상으로는 폐, 치아, 생식기 등이 튼튼해진다.

■ **5월생에게 10월과 11월은 대길하다.**

10월과 11월은 주거운을 나타내며 5월생에게는 대길하다. 주거운이 강해져 집이 없는 사람은 집을 장만하고, 집이 있는 사람은 더 큰 집으로 이사하며 부동산운도 좋다. 사업은 발전하며 직장인은 승진한다. 덕심이 있어 아랫사람이 잘 따르고, 귀인을 만나며 소원성취한다. 건강상으로는 귀, 신장, 요도기관 등이 튼튼해진다.

6월생의 월운길흉

■ 6월생에게 1월과 2월은 반길반흉하다.

1월과 2월은 희망운을 나타내지만 6월생에게는 반길반흉하다. 명예도 반길반흉, 성공도 반길반흉, 신용도 반길반흉, 대인관계도 반길반흉이라 큰 해로움은 없지만 크게 좋은 것도 없다. 수족, 신경계통, 간장, 인후기관 등에 약간의 질병이 따르나 쉽게 회복된다.

■ 6월생에게 4월과 5월은 대흉하다.

4월과 5월은 명예운을 나타내지만 6월생에게는 대흉하다. 신용을 잃어 사업은 크게 실패하여 명예가 실추되며, 부부갈등이 심하여 근심과 슬픔이 따른다. 손재수가 크게 따르며 소망이 이루어지지 않는다. 건강상으로는 머리, 눈, 심장 등에 질병이 많이 발생한다.

■ 6월생에게 3월, 6월, 9월, 12월은 흉하다.

3월, 6월, 9월, 12월은 애정운을 나타내지만 6월생에게는 흉하다. 재능운과 애정운과 가족운이 모두 나빠진다. 권위와 인기를 잃어 아랫사람이 따르지 않고, 사업은 실패하며 직장인은 실직이나 좌천된다. 악연을 자주 만나며, 흉함은 따르고 길함은 피해가는 운이다. 건강상으로는 위장, 비장, 소화기관 등에 질병이 발생한다.

■ 6월생에게 7월과 8월은 길하다.

7월과 8월은 교제운을 나타내며 6월생에게는 길하다. 이성간에 좋은 인연을 만나며 대인관계가 좋아진다. 총명한 두뇌와 지혜를 얻고 부귀영화가 따르다. 폐, 치아, 생식기 등이 건강해진다.

■ 6월생에게 10월과 11월은 대길하다.

10월과 11월은 주거운을 나타내며 6월생에게는 대길하다. 주거운이 강해져 집이 없는 사람은 집을 장만하고, 집이 있는 사람은 더 큰 집으로 이사하며 부동산운도 매우 좋다. 귀인을 만나고 재물은 충만하다. 덕심이 있어 아랫사람이 잘 따르며 소원을 성취하는 달이다. 건강상으로는 귀, 신장, 요도기관 등이 튼튼해진다.

7월생의 월운길흉

■ 7월생에게 1월과 2월은 길하다.

1월과 2월은 희망운을 나타내는데 7월생에게는 길하다. 사업은 발전하고 계획한 일은 성사되며, 운수가 대통하여 기적같은 기쁜 일이 생긴다. 수족, 신경계통, 간장, 인후기관 등이 건강해진다.

■ 7월생에게 4월과 5월은 대길하다.

4월과 5월은 명예운을 나타내며 7월생에게는 대길하다. 신용과 명예를 얻어 사업은 크게 성공하고, 자손에게 큰 경사가 있는 달이다. 건강상으로는 머리, 눈, 심장 등이 튼튼해진다.

■ 7월생에게 3월, 6월, 9월, 12월은 흉하다.

3월, 6월, 9월, 12월은 애정운을 나타내지만 7월생에게는 흉하다. 재능운과 애정운과 재물운과 가족운이 모두 나빠진다. 권위와 인기를 잃고 아랫사람이 따르지 않으며 재산이 줄어드는 등 만사불통이다. 위장, 비장, 소화기관 등에 질병이 발생한다.

■ 7월생에게 7월과 8월은 대흉하다.

7월과 8월은 교제운을 나타내지만 7월생에게는 대흉하다. 이성간에 애정이 사라지며 대인관계도 불신이 심해진다. 사업은 실패하고 직장에서는 실직된다. 건강상으로는 폐, 치아, 생식기 등에 질병이 많이 발생한다.

■ 7월생에게 10월과 11월은 반길반흉하다.

10월과 11월은 주거운을 나타내지만 7월생에게는 반길반흉하다. 명예도 반길반흉, 성공도 반길반흉, 신용도 반길반흉, 대인관계도 반길반흉이라 큰 해로움은 없지만 크게 좋은 것도 없다. 건강상으로는 귀, 신장, 요도기관 등에 약간의 질병이 발생하나 쉽게 회복된다.

8월생의 월운길흉

■ 8월생에게 1월과 2월은 길하다.

1월과 2월은 희망운을 나타내며 8월생에게는 길하다. 사업이 발전하고 계획한 일은 성사되며, 재물이 불어나는 등 노력의 댓가를 얻는다. 건강상으로는 수족, 신경계통, 간장, 인후기관 등이 튼튼해진다.

■ 8월생에게 4월과 5월은 대길하다.

4월과 5월은 명예운을 나타내며 8월생에게는 대길하다. 신용과 명예를 얻어 사업이 크게 성공한다. 길한 것은 따르고 흉한 것은 피해가는 달이다. 건강상으로는 머리, 눈, 심장 등이 튼튼해진다.

■ 8월생에게 3월, 6월, 9월, 12월은 흉하다.

3월, 6월, 9월, 12월은 애정운을 나타내지만 8월생에게는 흉하다. 재능운과 애정운과 재물운과 가족운이 모두 나빠진다. 권위와 인기를 잃어 아랫사람이 따르지 않으며 재물이 줄어든다. 건강상으로는 위장, 비장, 소화기관 등에 질병이 발생한다.

■ 8월생에게 7월과 8월은 대흉하다.

7월과 8월은 교제운을 나타내지만 8월생에게는 대흉하다. 이성간에 애정이 사라지며 대인관계도 불신이 심해진다. 복락이 타락하여 빈천하며 고전을 당한다. 폐, 치아, 생식기 등에 질병이 많이 발생한다.

■ **8월생에게 10월과 11월은 반길반흉하다.**

10월과 11월은 주거운을 나타내지만 8월생에게는 반길반흉하다. 명예도 반길반흉, 성공도 반길반흉, 신용도 반길반흉, 대인관계도 반길반흉이라 큰 해로움은 없지만 크게 좋은 것도 없다. 건강상으로는 귀, 신장, 요도기관 등에 약간의 질병이 발생하나 쉽게 회복된다.

9월생의 월운길흉

■ **9월생에게 1월과 2월은 길하다.**

1월과 2월은 희망운을 나타내며 9월생에게는 길하다. 천지신명의 가호로 사업은 발전하고, 계획한 일은 성사되며 재물이 불어난다. 건강상으로는 수족, 신경계통, 간장, 인후기관 등이 튼튼해진다.

■ **9월생에게 4월과 5월은 길하다.**

4월과 5월은 명예운을 나타내며 9월생에게는 길하다. 신용과 명예를 얻어 사업이 크게 성공하고, 심신은 건강하며 부부는 화합한다. 건강상으로는 머리, 눈, 심장 등이 튼튼해진다.

■ **9월생에게 3월, 6월, 9월, 12월은 흉하다.**

3월, 6월, 9월, 12월은 애정운을 나타내지만 9월생에게는 흉하다. 재능운과 애정운과 재물운과 가족운이 모두 나빠진다. 권위와 인기를 잃어 아랫사람이 따르지 않고, 재물이 줄어들며 심한 우울증에 빠진다. 건강상으로는 위장, 비장, 소화기관 등에 질병이 발생한다.

■ **9월생에게 7월과 8월은 대흉하다.**

7월과 8월은 교제운을 나타내지만 9월생에게는 대흉하다. 이성간에 애정이 사라지며 대인관계에서도 불신이 심해진다. 사고로 중태에 빠지거나 사망할 수도 있는 운이다. 건강상으로는 폐, 치아, 생식기 등에 질병이 발생한다.

■ **9월생에게 10월과 11월은 반길반흉하다.**

10월과 11월은 주거운을 나타내지만 9월생에게는 반길반흉하다. 명예도 반길반흉, 성공도 반길반흉, 신용도 반길반흉, 대인관계도 반길반흉이라 큰 해로움은 없지만 크게 좋은 것도 없다. 건강상으로는 귀, 신장, 요도기관 등에 질병이 발생하나 쉽게 회복된다.

10월생의 월운길흉

■ **10월생에게 1월과 2월은 반길반흉하다.**

1월과 2월은 희망운을 나타내지만 10월생에게는 반길반흉하다. 명예도 반길반흉, 성공도 반길반흉, 신용도 반길반흉, 대인관계도 반길반흉이라 큰 해로움은 없지만 크게 좋은 것도 없다. 건강상으로는 수족, 신경계통, 간장, 인후기관 등에 약간의 질병이 따르지만 쉽게 회복된다.

■ **10월생에게 4월과 5월은 길하다.**

4월과 5월은 명예운을 나타내며 10월생에게는 대길하다. 신용과 명예를 얻어 사업이 크게 성공한다. 건강상으로는 머리, 눈, 심장 등이 튼튼해진다.

■ **10월생에게 3월과 6월과 9월과 12월 대길하다.**

3월, 6월, 9월, 12월은 애정운을 나타내며 10월생에게는 대길하다. 재능운과 애정운과 가족운이 모두 상승한다. 권위를 얻어 아랫사람을 통솔하고, 사업은 발전하며 직장에서는 승진하고 재산이 늘어난다. 건강상으로는 위장, 비장, 소화기관 등이 튼튼해진다.

■ **10월생에게 7월과 8월은 흉하다.**

7월과 8월은 교제운을 나타내지만 10월생에게는 흉하다. 이성간에 애정이 사라지며 대인관계에서도 불신이 심해진다. 사업은 실패하며 직장인은 실직된다. 건강상으로는 폐, 치아, 생식기 등에 질병이 발생한다.

■ **10월생에게 10월과 11월은 대흉하다.**

10월과 11월은 주거운을 나타내지만 10월생에게는 대흉하다. 부동산운이 나쁘고, 집을 팔아서 빚을 갚거나 작은 집으로 이사를 간다. 덕심이 없어 아랫사람이 따르지 않고 악연을 자주 만난다. 사고를 당하여 중태에 빠지거나 죽을 수도 있는 운이다. 건강상으로는 귀, 신장, 요도기관 등에 질병이 많이 발생한다.

11월생의 월운길흉

■ 11월생에게 1월과 2월은 반길반흉하다.

1월과 2월은 희망운을 나타내지만 11월생에게는 반길반흉하다. 명예도 반길반흉, 성공도 반길반흉, 신용도 반길반흉, 대인관계도 반길반흉이라 큰 해로움은 없지만 크게 좋은 것도 없다. 건강상으로는 수족, 신경계통, 간장, 인후기관 등에 질병이 따르나 쉽게 회복된다.

■ 11월생에게 4월과 5월은 길하다.

4월과 5월은 명예운을 나타내며 11월생에게는 길하다. 신용과 명예를 얻어 사업이 크게 성공한다. 길한 것은 따르고 흉한 것은 피해가는 달이다. 건강상으로는 머리, 눈, 심장 등이 튼튼해진다.

■ 11월생에게 3월, 6월, 9월, 12월은 대길하다.

3월, 6월, 9월, 12월은 애정운을 나타내며 11월생에게는 대길하다. 재능운과 애정운과 가족운이 모두 상승한다. 권위를 얻어 아랫사람을 통솔하고, 사업은 발전하며 직장에서는 승진하고, 재산도 늘어난다. 건강상으로는 위장, 비장, 소화기관 등이 튼튼해진다.

■ 11월생에게 7월과 8월은 흉하다.

7월과 8월은 교제운을 나타내지만 11월생에게는 대흉하다. 이성간에 애정이 사라지며 대인관계에서도 불신이 심해진다. 운수가 막혀 만사불통이다. 폐, 치아, 생식기 등에 질병이 발생한다.

■ **11월생에게 10월과 11월은 대흉하다.**

10월과 11월은 주거운을 나타내지만 11월생에게는 대흉하다. 집을 팔아서 빚을 갚거나 작은 집으로 이사를 가며, 부동산운도 나쁘다. 덕심이 없어 아랫사람이 따르지 않고, 악연을 자주 만나며 자손에게도 큰 재앙이 따른다. 건강상으로는 귀, 신장, 요도기관 등에 질병이 많이 발생한다.

12월생의 월운길흉

■ **12월생에게 1월과 2월은 반길반흉하다.**

1월과 2월은 희망운을 나타내지만 12월생에게는 반길반흉하다. 명예도 반길반흉, 성공도 반길반흉, 신용도 반길반흉, 대인관계도 반길반흉이라 큰 해로움은 없지만 크게 좋은 것도 없다. 건강상으로는 수족, 신경계통, 간장, 인후기관 등에 질병이 따르지만 쉽게 회복된다.

■ **12월생에게 4월과 5월은 길하다.**

4월과 5월은 명예운을 나타내며 12월생에게는 대길하다. 신용과 명예를 얻어 사업이 크게 성공하며, 부귀영화가 따르는 달이다. 건강상으로는 머리, 눈, 심장 등이 튼튼해진다.

■ **12월생에게 3월과 6월과 9월과 12월 대길하다.**

3월, 6월, 9월, 12월은 애정운을 나타내는데 12월생에게는 대길하다. 재능운과 애정운과 가족운이 모두 상승한다. 권위를 얻어 아랫사람을 통솔하고, 사업은 발전하고 직장에서는 승진하며 재산이 늘어난다. 건강상으로는 위장, 비장, 소화기관 등이 튼튼해진다.

■ 12월생에게 7월과 8월은 흉하다.

7월과 8월은 교제운을 나타내지만 12월생에게는 흉하다. 이성간에 애정이 사라지고 대인관계에서도 불신이 심하며, 재산손실이 많은 달이다. 건강상으로는 폐, 치아, 생식기 등에 질병이 발생한다.

■ 12월생에게 10월과 11월은 대흉하다.

10월과 11월은 주거운을 나타내지만 12월생에게는 대흉하다. 집을 팔아서 빚을 갚거나 작은 집으로 이사를 가며, 부동산운도 나쁘다. 덕심이 없어 아랫사람이 따르지 않고 악연을 자주 만난다. 흉한 것은 따르고 길한 것은 피해가는 달이다. 건강상으로는 귀, 신장, 요도기관 등에 질병이 많이 발생한다.

날짜길흉

흔히 일진(日辰)이라 부르고 일운(日運)이라고도 한다. 인묘일(寅卯日)은 희망운을 나타내고, 사오일(巳午日)은 명예운을 나타내고, 진술축미일(辰戌丑未日)은 애정운을 나타내고, 신유일(申酉日)은 교제운을 나타내고, 해자일(亥子日)은 주거운을 나타낸다. 날짜의 구분은 달력에서 날자 밑에 작은 글씨로 써놓은 것을 참고하면 된다.

그러나 누구에게나 똑같이 적용되는 것이 아니라, 태어난 달에 따라 길할 수도 있고 흉할 수도 있다. 다시 말해서 태어난 달에 따라 길한 날과 흉한 날이 따로 있다. 가족단위로 볼 때는 가정의 중심인 가장(家長)의 일운(日運)이 가장 중요하다.

일운(日運)으로 개운하는 방법은 자신에게 좋은 날은 적극적으로 활동하여 재능을 발휘하고, 나쁜 날은 자중하고 삼가하여 재앙을 피하면 된다. 누구나 자신에게 맞는 길일과 흉일을 구별하여 행동한다면 성공할 수 있을 것이다. 태어난 달은 음력을 기준으로 한다.

1월생의 날짜길흉

■ 1월생에게 인묘일(寅卯日)은 대흉하다.

인묘일(寅卯日)은 희망운을 나타내지만 1월생이 이 날짜에 활동하면 대흉하다. 건강상으로는 수족부상, 신경성질환, 간장, 인후염 등의 질병이 많이 발생한다. 1월생에게 인묘일(寅卯日)은 분쟁, 위험, 단명, 요절 등이 따르는 대흉한 날이다.

■ 1월생에게 사오일(巳午日)은 반길반흉하다.

사오일(巳午日)은 명예운을 나타내지만 1월생에게는 반길반흉하다. 명예도 반길반흉, 성공도 반길반흉, 신용도 반길반흉, 대인관계도 반길반흉이라 큰 해로움은 없지만 크게 좋은 것도 없다. 건강상으로는 머리, 눈, 심장 등에 약간의 질병이 따르나 쉽게 회복된다.

■ 1월생에게 진술축미일(辰戌丑未日)은 길하다.

진술축미일(辰戌丑未日)은 애정운을 나타내며 1월생이 이 날짜에 활동하면 길하다. 총명하여 권위를 얻고, 재물이 모이며 부부간에 화목하고 직장에서는 승진한다. 건강상으로는 기력이 왕성해지고 폐, 골격 등이 튼튼해진다. 1월생에게 진술축미일(辰戌丑未日)은 대범, 온화, 중립 등이 따르는 길한 날이다.

■ 1월생에게 신유일(申酉日)은 대길하다.

신유일(申酉日)은 교제운을 나타내는데 1월생이 이 날짜에 활동하면 대길하다. 교제운이 좋아 이성간에 좋은 인연을 만나고, 다른 사람의 도움을 많이 받는다. 사업은 크게 발전하며 자손은 번창한다. 폐, 기관지, 호흡기, 생식기 등이 건강해지고 장수한다.

■ 1월생에게 해자일(亥子日)은 흉하다.

해자일(亥子日)은 주거운을 나타내지만 1월생이 이 날짜에 활동하면 흉하다. 명예와 신용이 떨어져 무슨 일을 해도 실패하며, 자손에게도 해롭다. 건강상으로는 머리, 눈, 심장 등에 큰 질병이 발생한다. 1월생에게 해자일(亥子日)은 단명, 요절, 나태, 무정, 분노 등이 따르는 흉한 날이다.

2월생의 날짜길흉

■ 2월생에게 인묘일(寅卯日)은 대흉하다.

인묘일(寅卯日)은 희망운을 나타내지만 2월생이 이 날짜에 활동하면 대흉하다. 계획은 무산되고 사업적으로는 큰 손해를 보며, 부부간에 불화가 심하고 학생은 성적이 오르지 않는다. 건강상으로는 수족부상, 신경성질환, 간장, 인후염 등이 많이 발생한다. 2월생에게 인묘일(寅卯日)은 단명, 요절, 후퇴, 절망, 실패 등이 따른다.

■ 2월생에게 사오일(巳午日)은 반길반흉하다.

사오일(巳午日)은 명예운을 나타내지만 2월생에게는 반길반흉하다.

명예도 반길반흉, 성공도 반길반흉, 신용도 반길반흉, 대인관계도 반길반흉이라 큰 해로움은 없지만 크게 좋은 것도 없다. 건강상으로는 머리, 눈, 심장 등에 약간의 질병이 따르지만 쉽게 회복된다.

■ 2월생에게 진술축미일(辰戌丑未日)은 길하다.

진술축미일(辰戌丑未日)은 애정운을 나타내는데 2월생이 이 날짜에 활동하면 길하다. 총명하여 권위를 얻고, 재물이 모이며 부부간에 화목하고 직장에서는 승진한다. 건강상으로는 기력이 왕성해지고 폐, 골격 등이 튼튼해진다. 2월생에게 진술축미일(辰戌丑未日)은 대범, 온화, 중립 등이 따르는 길한 날이다.

■ 2월생에게 신유일(申酉日)은 대길하다.

신유일(申酉日)은 교제운을 나타내는데 2월생이 이 날짜에 활동하면 대길하다. 교제운이 좋아 이성간에 좋은 인연을 만나고, 다른 사람의 도움을 많이 받는다. 사업은 크게 발전하며 자손은 번창한다. 건강상으로는 폐, 기관지, 호흡기, 생식기 등이 튼튼해지고 장수한다. 2월생에게 신유일(申酉日)은 사교, 안전, 합격 등이 따른다.

■ 2월생에게 해자일(亥子日)은 흉하다.

해자일(亥子日)은 주거운을 나타내지만 2월생이 이 날짜에 활동하면 흉하다. 계획은 무산되고 사업은 고전하며, 심신에 질병이 따르고 부부간에 불화가 심하며 직장에서는 실직이나 좌천된다. 귀, 신장, 방광, 생식기 등에 질병이 따른다. 2월생에게 해자일(亥子日)은 후퇴, 절망, 실패, 단명, 요절 등이 따르는 흉한 날이다.

3월생의 날짜길흉

■ 3월생에게 인묘일(寅卯日)은 대길하다.

인묘일(寅卯日)은 희망운을 나타내는데 3월생이 이 날짜에 활동하면 대길하다. 총명한 지혜로 권위를 얻고, 직장에서는 승진하며 사업은 성공한다. 부부간에 화합하고 부모나 뜻밖의 귀인을 만나 재산을 상속 받는 등 재물이 늘어난다. 건강상으로는 기력이 왕성하고 폐, 골격 등이 튼튼해진다. 3월생에게 인묘일(寅卯日)은 대범, 온화, 중립 등이 따르는 대길한 날이다.

■ 3월생에게 사오일(巳午日)은 흉하다.

사오일(巳午日)은 명예운을 나타내지만 3월생이 이 날짜에 활동하면 흉하다. 절망적인 운세로 재능을 발휘하지 못하며, 통솔력이 떨어지고 빈천하다. 자손에게도 해로우며 이성관계도 실패한다. 건강상으로는 눈, 머리, 심장 등에 질병이 따른다. 3월생에게 사오일(巳午日)은 분쟁, 위험, 단명, 요절 등이 따르는 흉한 날이다.

■ 3월생에게 진술축미일(辰戌丑未日)은 대흉하다.

진술축미일(辰戌丑未日)은 애정운을 나타내지만 3월생이 이 날짜에 활동하면 대흉하다. 명예와 신용이 땅에 떨어져 무슨 일을 해도 실패하고, 자손에게도 해롭다. 건강상으로는 어깨, 손, 간장 등에 질병이 많이 발생한다. 3월생에게 진술축미일(辰戌丑未日)은 단명, 요절, 열등, 냉정, 편착 등이 따르는 대흉한 날이다.

■ 3월생에게 신유일(申酉日)은 반길반흉하다.

신유일(申酉日)은 교제운을 나타내지만 3월생에게는 반길반흉하다. 명예도 반길반흉, 성공도 반길반흉, 신용도 반길반흉, 대인관계도 반길반흉이라 큰 해로움은 없지만 크게 좋은 것도 없다. 건강상으로는 폐, 치아, 생식기 등에 약간의 질병이 따르지만 쉽게 회복된다.

■ 3월생에게 해자일(亥子日)은 길하다.

해자일(亥子日)은 주거운을 나타내는데 3월생이 이 날짜에 활동하면 길하다. 총명한 지혜로 권위를 얻고, 직장에서는 승진하며 사업은 성공한다. 부부간에 화합하며 귀인을 만나 재산을 상속 받는 등 재산이 늘어난다. 건강상으로는 기력이 왕성하고 폐, 치아, 생식기 등이 튼튼해진다. 3월생에게 해자일(亥子日)은 교제, 안전, 합격 등이 따르는 길한 날이다.

4월생의 날짜길흉

■ 4월생에게 인묘일(寅卯日)은 흉하다.

인묘일(寅卯日)은 희망운을 나타내지만 4월생이 이 날짜에 활동하면 흉하다. 재능을 발휘하지 못하며 사업은 실패한다. 통솔력이 떨어지고 항상 빈천하며 고전을 당한다. 자손에게도 해로우며 이성관계도 실패한다. 건강상으로는 간장, 담 등에 질병이 따른다. 4월생에게 인묘일(寅卯日)은 분쟁, 위험, 단명, 요절 등이 따르는 흉한 날이다.

■ 4월생에게 사오일(巳午日)은 대흉하다.

사오일(巳午日)은 명예운을 나타내지만 4월생이 이 날짜에 활동하면 대흉하다. 사업은 크게 실패하여 신용과 명예가 땅에 떨어지고 여러가지 재앙이 따른다. 건강상으로는 머리, 눈, 심장 등에 큰 질병이 많이 발생한다. 4월생에게 사오일(巳午日)은 나태, 무정, 분노, 단명, 요절 등이 따르는 대흉한 날이다.

■ 4월생에게 진술축미일(辰戌丑未日)은 반길반흉하다.

진술축미일(辰戌丑未日)은 애정운을 나타내지만 4월생에게는 반길반흉하다. 명예도 반길반흉, 성공도 반길반흉, 신용도 반길반흉, 대인관계도 반길반흉이라 큰 해로움은 없지만 크게 좋은 것도 없다. 건강상으로는 폐, 치아, 생식기 등에 약간의 질병이 따르나 쉽게 회복된다.

■ 4월생에게 신유일(申酉日)은 길하다.

신유일(申酉日)은 교제운을 나타내는데 4월생이 이 날짜에 활동하면 길하다. 총명하여 권위를 얻고, 부모나 뜻밖의 귀인을 만나 재산을 상속 받는 등 재물이 늘어난다. 부부간에 화합이 잘 되며 직장에서는 승진한다. 기력이 왕성해지며 폐, 대장 등이 건강해진다. 4월생에게 신유일(申酉日)은 결백, 명랑, 복락 등이 따르는 길한 날이다.

■ 4월생에게 해자일(亥子日)은 대길하다.

해자일(亥子日)은 주거운을 나타내는데 4월생이 이 날짜에 활동하면 대길하다. 덕망과 인덕이 있어 사업은 크게 발전하며, 자손이 번창하고 부동산운도 좋다. 건강상으로는 귀가 밝아지고 신장과 요도기관 등이 튼튼해지며 장수한다. 4월생에게 해자일(亥子日)은 기쁨, 희망, 과묵 등이 따르는 대길한 날이다.

5월생의 날짜길흉

■ 5월생에게 인묘일(寅卯日)은 흉하다.

인묘일(寅卯日)은 희망운을 나타내지만 5월생이 이 날짜에 활동하면 흉하다. 재능을 발휘하지 못하여 고전하고, 통솔력이 떨어지며 이성관계도 실패하고 자손에게도 해롭다. 건강상으로는 간장, 담 등에 질병이 발생한다. 5월생에게 인묘일(寅卯日)은 후퇴, 절망, 실패 등이 따르는 흉한 날이다.

■ 5월생에게 사오일(巳午日)은 대흉하다.

사오일(巳午日)은 명예운을 나타내지만 5월생이 이 날짜에 활동하면 대흉하다. 사업은 크게 실패하여 신용과 명예가 땅에 떨어지고,

여러가지 재앙이 따른다. 건강상으로는 머리, 눈, 심장 등에 큰 질병이 발생한다. 5월생에게 사오일(巳午日)은 나태, 무정, 분노, 단명, 요절 등이 따르는 대흉한 날이다.

■ 5월생에게 진술축미일(辰戌丑未日)은 반길반흉하다.

진술축미일(辰戌丑未日)은 애정운을 나타내지만 5월생에게는 반길반흉하다. 명예도 반길반흉, 성공도 반길반흉, 신용도 반길반흉, 대인관계도 반길반흉이라 큰 해로움은 없지만 크게 좋은 것도 없다. 위장, 비장, 소화기관 등에 약간의 질병이 따르나 쉽게 회복된다.

■ 5월생에게 신유일(申酉日)은 길하다.

신유일(申酉日)은 교제운을 나타내는데 5월생이 이 날짜에 활동하면 길하다. 총명하여 권위를 얻고, 부모나 뜻밖의 귀인을 만나 재산을 상속 받는 등 재물이 늘어난다. 부부화합이 잘 되며 직장에서는 승진한다. 기력이 왕성해지며 폐, 대장 등이 건강해진다. 5월생에게 신유일(申酉日)은 결백, 명랑, 복락 등이 따르는 길한 날이다.

■ 5월생에게 해자일(亥子日)은 대길하다.

해자일(亥子日)은 주거운을 나타내는데 5월생이 이 날짜에 활동하면 대길하다. 덕망과 인덕이 있어 사업이 크게 발전하고, 부동산운이 좋으며 자손이 번창한다. 건강상으로는 귀가 밝아지고 신장과 요도기관 등이 튼튼해지며 장수한다. 5월생에게 해자일(亥子日)은 지혜, 총명, 승리, 극복 등이 따르는 대길한 날이다.

6월생의 날짜길흉

■ 6월생에게 인묘일(寅卯日)은 반길반흉하다.

인묘일(寅卯日)은 희망운을 나타내지만 6월생에게는 반길반흉하다. 명예도 반길반흉, 성공도 반길반흉, 신용도 반길반흉, 대인관계도 반길반흉이라 큰 해로움은 없지만 크게 좋은 것도 없다. 건강상으로는 귀, 신장, 요도기관 등에 약간의 질병이 따르나 쉽게 회복된다.

■ 6월생에게 사오일(巳午日)은 흉하다.

사오일(巳午日)은 명예운을 나타내지만 6월생이 이 날짜에 활동하면 흉하다. 사업은 크게 실패하여 신용과 명예가 땅에 떨어지고, 여러가지 재앙이 따른다. 머리, 눈, 심장 등에 큰 질병이 발생한다. 6월생에게 사오일(巳午日)은 나태, 무정, 분노, 단명, 요절 등이 따른다.

■ 6월생에게 진술축미일(辰戌丑未日)은 대흉하다.

진술축미일(辰戌丑未日)은 애정운을 나타내지만 6월생이 이 날짜에 활동하면 대흉하다. 명예와 신용이 땅에 떨어져 무슨 일을 해도 실패하고, 자손에게도 해롭다. 건강상으로는 머리, 눈, 심장 등에 큰 질병이 발생한다. 6월생에게 진술축미일(辰戌丑未日)은 단명, 요절, 질투, 실패, 투쟁, 불화 등이 따르는 대흉한 날이다.

■ 6월생에게 신유일(申酉日)은 길하다.

신유일(申酉日)은 교제운을 나타내는데 6월생이 이 날짜에 활동하면 길하다. 총명하여 권위를 얻고, 부모나 뜻밖의 귀인을 만나 재산을 상속 받는 등 재물이 늘어난다. 부부화합이 잘 되며 직장에서는 승진한다. 기력이 왕성해지며 폐, 대장 등이 건강해진다. 6월생에게 신유일(申酉日)은 결백, 명랑, 복락 등이 따르는 길한 날이다.

■ 6월생에게 해자일(亥子日)은 대길하다.

해자일(亥子日)은 주거운을 나타내는데 6월생이 이 날짜에 활동하면 대길하다. 덕망과 인덕이 있어 사업은 크게 발전하고, 자손이 번창하며 부동산운이 좋다. 건강상으로는 귀가 밝아지고 신장과 요도기관 등이 튼튼해지며 장수한다. 6월생에게 해자일(亥子日)은 기쁨, 희망, 과묵 등이 따르는 대길한 날이다.

7월생의 날짜길흉

■ 7월생에게 인묘일(寅卯日)은 길하다.

인묘일(寅卯日)은 희망운을 나타내는데 7월생이 이 날짜에 활동하면 길하다. 총명한 지혜로 재능을 충분히 발휘하며, 직장에서는 승진하고 사업은 성공한다. 통솔력이 뛰어나 만인을 지휘하고, 부부간에 화목하며 이성간에도 좋은 인연을 만난다. 건강상으로는 간장, 담 등이 튼튼해진다. 7월생에게 인묘일(寅卯日)은 정열, 애정, 용기 등이 따르는 길한 날이다.

■ **7월생에게 사오일(巳午日)은 대길하다.**

사오일(巳午日)은 명예운을 나타내는데 7월생이 이 날짜에 활동하면 대길하다. 계획한 일은 모두 이루어지고, 사업은 크게 발전하며 자손은 번창한다. 수족에 행운이 따르고 심장, 소장 등이 건강해진다. 7월생에게 사오일(巳午日)은 평화, 안전, 장수 등이 따른다.

■ **7월생에게 진술축미일(辰戌丑未日)은 흉하다.**

진술축미일(辰戌丑未日)은 애정운을 나타내지만 7월생이 이 날짜에 활동하면 흉하다. 사업은 크게 실패하며 다른 사람의 도움이 없고, 이성간에도 좋은 인연을 만나지 못한다. 건강상으로는 폐, 기관지, 호흡기, 생식기 등에 질병이 발생한다. 7월생에게 진술축미일(辰戌丑未日)은 단명, 요절, 단절, 사고, 불합격 등이 따르는 흉한 날이다.

■ **7월생에게 신유일(申酉日)은 대흉하다.**

신유일(申酉日)은 교제운을 나타내지만 7월생이 이 날짜에 활동하면 대흉하다. 사업은 크게 실패하며, 특히 교제운이 나빠 다른 사람의 도움이 없고, 이성간에도 좋은 인연을 만나지 못한다. 건강상으로는 폐, 기관지, 호흡기, 생식기 등에 큰 질병이 발생한다. 7월생에게 신유일(申酉日)은 혼탁, 우울, 간사함 등이 따르는 대흉한 날이다.

■ **7월생에게 해자일(亥子日)은 반길반흉하다.**

해자일(亥子日)은 주거운을 나타내지만 7월생에게는 반길반흉하다. 명예도 반길반흉, 성공도 반길반흉, 신용도 반길반흉, 대인관계도 반길반흉이라 큰 해로움은 없지만 크게 좋은 것도 없다. 건강상으로는 귀, 신장, 요도기관 등에 약간의 질병이 따르나 쉽게 회복된다.

8월생의 날짜길흉

■ 8월생에게 인묘일(寅卯日)은 길하다.

인묘일(寅卯日)은 희망운을 나타내는데 8월생이 이 날짜에 활동하면 길하다. 총명한 지혜로 재능을 충분히 발휘하며, 직장에서는 승진하고 사업은 성공한다. 통솔력이 뛰어나 만인을 지휘하고, 부부간에 화목하며 이성간에도 좋은 인연을 만난다. 건강상으로는 간장, 담 등이 튼튼해진다. 8월생에게 인묘일(寅卯日)은 정열, 애정, 용기 등이 따르는 길한 날이다.

■ 8월생에게 사오일(巳午日)은 대길하다.

사오일(巳午日)은 명예운을 나타내는데 8월생이 이 날짜에 활동하면 대길하다. 계획한 일은 모두 이루어지고, 사업은 크게 발전하며 자손은 번창한다. 수족에 행운이 따르고 심장, 소장 등이 건강해진다. 8월생에게 사오일(巳午日)은 희망, 성공, 발전 등이 따른다.

■ 8월생에게 진술축미일(辰戌丑未日)은 흉하다.

진술축미일(辰戌丑未日)은 애정운을 나타내지만 8월생이 이 날짜에 활동하면 흉하다. 사업은 크게 실패하고, 교제운이 나빠져 다른 사람의 도움이 없고, 이성간에도 좋은 인연을 만나지 못한다. 건강상으로는 폐, 기관지, 호흡기, 생식기 등에 큰 질병이 발생한다. 8월생에게 진술축미일(辰戌丑未日)은 단명, 요절, 사고, 혼탁, 우울, 간사함 등이 따르는 흉한 날이다.

■ 8월생에게 신유일(申酉日)은 대흉하다.

신유일(申酉日)은 교제운을 나타내지만 8월생이 이 날짜에 활동하면 대흉하다. 사업은 크게 실패하고, 교제운이 나빠 다른 사람의 도움이 없고, 이성간에도 좋은 인연을 만나지 못한다. 건강상으로는 폐, 기관지, 호흡기, 생식기 등에 큰 질병이 발생한다. 8월생에게 신유일(申酉日)은 혼탁, 우울, 간사함 등이 따르는 대흉한 날이다.

■ 8월생에게 해자일(亥子日)은 반길반흉하다.

해자일(亥子日)은 주거운을 나타내지만 8월생에게는 반길반흉하다. 명예도 반길반흉, 성공도 반길반흉, 신용도 반길반흉, 대인관계도 반길반흉이라 큰 해로움은 없지만 크게 좋은 것도 없다. 건강상으로는 귀, 신장, 요도기관 등에 약간의 질병이 따르지만 쉽게 회복된다.

9월생의 날짜길흉

■ 9월생에게 인묘일(寅卯日)은 대길하다.

인묘일(寅卯日)은 희망운을 나타내는데 9월생이 이 날짜에 활동하면 대길하다. 무슨 일을 해도 성공하여 명예와 신용을 드높인다. 사업은 크게 발전하며 자손이 번창한다. 건강상으로는 간장, 담 등이 튼튼해지며 장수한다. 9월생에게 인묘일(寅卯日)은 자비, 성공, 평화, 화목 등이 따르는 대길한 날이다.

■ 9월생에게 사오일(巳午日)은 흉하다.

사오일(巳午日)은 명예운을 나타내지만 9월생이 이 날짜에 활동하면 흉하다. 권위를 잃고 건강이 나빠지며, 부모의 질병이나 뜻밖의 사고로 많은 재물을 잃는다. 항상 빈천하고 고전하며 자손에게도 해롭다. 건강상으로는 기력, 폐, 대장, 골격 등이 허약해진다. 9월생에게 사오일(巳午日)은 슬픔, 절망, 질병 등이 따르는 흉한 날이다.

■ 9월생에게 진술축미일(辰戌丑未日)은 대흉하다.

진술축미일(辰戌丑未日)은 애정운을 나타내지만 9월생이 이 날짜에 활동하면 대흉하다. 권위를 잃고 부모의 질병이나 뜻밖의 사고로 많은 재산을 잃는다. 빈천하여 고전을 면하지 못하며 자손에게도 해롭다. 건강상으로는 기력, 폐, 대장, 골격 등이 매우 허약해진다. 9월생에게 진술축미일(辰戌丑未日)은 불량, 질병, 빈천, 악연 등이 따르는 대흉한 날이다.

■ 9월생에게 신유일(申酉日)은 반길반흉하다.

신유일(申酉日)은 교제운을 나타내지만 9월생에게는 반길반흉하다. 명예도 반길반흉, 성공도 반길반흉, 신용도 반길반흉, 대인관계도 반길반흉이라 큰 해로움은 없지만 크게 좋은 것도 없다. 건강상으로는 폐, 치아 생식기 등에 약간의 질병이 따르지만 쉽게 회복된다.

■ 9월생에게 해자일(亥子日)은 길하다.

해자일(亥子日)은 주거운을 나타내는데 9월생이 이 날짜에 활동하면 길하다. 총명한 두뇌와 지혜로 재능을 충분히 발휘하며, 통솔력이 상승하여 만인을 지휘한다. 부부화합이 잘 되고 사업이 순조로우며, 이성간에도 좋은 인연을 만난다. 건강상으로는 어깨, 팔, 간장 등이 튼튼해진다. 9월생에게 해자일(亥子日)은 희망, 성공, 발전 등이 따르는 길한 날이다.

10월생의 날짜길흉

■ 10월생에게 인묘일(寅卯日)은 반길반흉하다.

인묘일(寅卯日)은 희망운을 나타내지만 10월생에게는 반길반흉하다. 명예도 반길반흉, 성공도 반길반흉, 신용도 반길반흉, 대인관계도 반길반흉이라 큰 해로움은 없지만 크게 좋은 것도 없다. 건강상으로는 간장, 담 등에 약간의 질병이 따르나 쉽게 회복된다.

■ 10월생에게 사오일(巳午日)은 길하다.

사오일(巳午日)은 명예운을 나타내는데 10월생이 이 날짜에 활동하면 길하다. 총명한 두뇌와 지혜로 재능을 충분히 발휘하며, 직장에서는 승진하고 사업은 성공한다. 통솔력이 상승하여 만인을 지휘하며, 부부화합이 잘 되고 이성간에도 좋은 인연을 만난다. 건강상으로는 심장, 소장 등이 튼튼해진다. 10월생에게 사오일(巳午日)은 대범, 온화, 중립 등이 따르는 길한 날이다.

■ **10월생에게 진술축미일(辰戌丑未日)은 대길하다.**

진술축미일(辰戌丑未日)은 애정운을 나타내는데 10월생이 이 날짜에 활동하면 대길하다. 사업은 크게 발전하여 명예와 신용을 드높이고, 무슨 일을 해도 성공하며 자손이 번창한다. 건강상으로는 위장, 비장 등이 튼튼해지고 장수한다. 10월생에게 진술축미일(辰戌丑未日)은 정열, 애정, 용기 등이 따르는 대길한 날이다.

■ **10월생에게 신유일(申酉日)은 흉하다.**

신유일(申酉日)은 교제운을 나타내지만 10월생이 이 날짜에 활동하면 흉하다. 권위를 잃고 건강이 나빠지며, 부모의 질병이나 뜻밖의 사고로 많은 재산을 잃는다. 항상 빈천하고 고전하며 자손에게도 해롭다. 기력, 폐, 대장, 골격 등이 허약해진다. 10월생에게 신유일(申酉日)은 단명, 요절, 혼탁, 우울, 간사함 등이 따르는 흉한 날이다.

■ **10월생에게 해자일(亥子日)은 대흉하다.**

해자일(亥子日)은 주거운을 나타내지만 10월생이 이 날짜에 활동하면 대흉하다. 무슨 일을 해도 이루어지지 않아 사업은 크게 실패하고, 인덕이 없어 아랫사람이 따르지 않으며 부동산운도 나쁘다. 귀가 어두워지고 신장, 요도기관 등에 큰 질병이 발생한다. 10월생에게 해자일(亥子日)은 경거망동, 무지, 타락, 좌절 등이 따른다.

11월생의 날짜길흉

■ 11월생에게 인묘일(寅卯日)은 반길반흉하다.

인묘일(寅卯日)은 희망운을 나타내지만 11월생에게는 반길반흉하다. 명예도 반길반흉, 성공도 반길반흉, 신용도 반길반흉, 대인관계도 반길반흉이라 큰 해로움은 없지만 크게 좋은 것도 없다. 건강상으로는 간장, 담 등에 약간의 질병이 따르나 쉽게 회복된다.

■ 11월생에게 사오일(巳午日)은 길하다.

사오일(巳午日)은 명예운을 나타내는데 11월생이 이 날짜에 활동하면 길하다. 총명한 두뇌와 지혜로 재능을 충분히 발휘하며, 직장에서는 승진하고 사업은 성공한다. 통솔력이 상승하여 만인을 지휘하며, 부부화합이 잘 되고 이성간에도 좋은 인연을 만난다. 건강상으로는 심장, 소장 등이 튼튼해진다. 11월생에게 사오일(巳午日)은 평화, 안전, 장수 등이 따르는 길한 날이다.

■ 11월생에게 진술축미일(辰戌丑未日)은 대길하다.

진술축미일(辰戌丑未日)은 애정운을 나타내는데 11월생이 이 날짜에 활동하면 대길하다. 사업은 크게 발전하여 명예와 신용을 드높이고, 무슨 일을 해도 성공하며 자손이 번창한다. 건강상으로는 위장, 비장 등이 튼튼해지고 장수한다. 11월생에게 진술축미일(辰戌丑未日)은 자비, 성공, 평화, 화목 등이 따르는 대길한 날이다.

■ 11월생에게 신유일(申酉日)은 흉하다.

신유일(申酉日)은 교제운을 나타내지만 11월생이 이 날짜에 활동하면 흉하다. 권위를 잃고 건강이 나빠지며, 부모의 질병이나 뜻밖의 사고로 많은 재산을 잃는다. 항상 빈천하고 고전하며 자손에게도 해롭다. 기력, 폐, 대장, 골격 등이 허약해진다. 11월생에게 신유일(申酉日)은 단명, 요절, 단절, 사고, 불합격 등이 따르는 흉한 날이다.

■ 11월생에게 해자일(亥子日)은 대흉하다.

해자일(亥子日)은 주거운을 나타내지만 11월생이 이 날짜에 활동하면 대흉하다. 무슨 일을 해도 이루어지지 않아 사업은 크게 실패하고, 인덕이 없어 아랫사람이 따르지 않고 부동산운도 불리하다. 귀가 어두워지고 신장, 요도기관 등에 큰 질병이 발생한다. 11월생에게 해자일(亥子日)은 슬픔, 절망, 질병 등이 따르는 대흉한 날이다.

12월생의 날짜길흉

■ 12월생에게 인묘일(寅卯日)은 길하다.

인묘일(寅卯日)은 희망운을 나타내는데 12월생이 이 날짜에 활동하면 길하다. 총명한 두뇌와 지혜로 재능을 충분히 발휘하며, 직장에서는 승진하고 사업은 성공한다. 통솔력이 상승하여 만인을 지휘하며, 부부화합이 잘 되고 이성간에도 좋은 인연을 만난다. 건강상으로는 간장, 담 등이 튼튼해진다. 12월생에게 인묘일(寅卯日)은 편화, 안전, 장수 등이 따르는 길한 날이다.

■ 12월생에게 사오일(巳午日)은 대길하다.

사오일(巳午日)은 명예운을 나타내는데 12월생이 이 날짜에 활동하면 대길하다. 무슨 일을 해도 성공하여 명예와 신용이 하늘 높이 오르고, 자손은 번창한다. 건강상으로는 머리, 눈, 심장 등이 튼튼해지고 장수한다. 12월생에게 사오일(巳午日)은 정열, 애정, 용기 등이 따르는 대길한 날이다.

■ 12월생에게 진술축미일(辰戌丑未日)은 반길반흉하다.

진술축미일(辰戌丑未日)은 애정운을 나타내지만 12월생에게는 반길반흉하다. 명예도 반길반흉, 성공도 반길반흉, 신용도 반길반흉, 대인관계도 반길반흉이라 큰 해로움은 없지만 크게 좋은 것도 없다. 건강상으로는 위장, 소화기관 등에 약간의 질병이 따르지만 쉽게 회복된다.

■ 12월생에게 신유일(申酉日)은 흉하다.

신유일(申酉日)은 교제운을 나타내지만 12월생이 이 날짜에 활동하면 흉하다. 절망적인 운세라 만사불통이다. 특히 교제운이 흉하여 대인관계도 원만하지 못하다. 건강상으로는 폐, 대장, 생식기 등에 질병이 발생한다. 12월생에게 신유일(申酉日)은 단명, 요절, 혼탁, 우울, 간사함 등이 따르는 흉한 날이다.

■ **12월생에게 해자일(亥子日)은 대흉하다.**

해자일(亥子日)은 주거운을 나타내지만 12월생이 이 날짜에 활동하면 대흉하다. 부모의 질병이나 뜻밖의 사고로 많은 재물을 잃고, 자손에게도 해로우며 권위가 떨어진다. 건강상으로는 기력이 허약해지고 신장, 요도기관 등에 큰 질병이 발생한다. 12월생에게 해자일(亥子日)은 경거망동,무지, 타락, 좌절, 단명, 요절 등이 따른다.

시간길흉

시간에도 각각 운이 다르고 길흉을 나타낸다. 인묘시(寅卯時)는 희망운을 나타내고, 사오시(巳午時)는 명예운을 나타내고, 진술축미시(辰戌丑未時)는 애정운을 나타내고, 신유시(申酉時)는 교제운을 나타내고, 해자시(亥子時)는 주거운을 나타낸다.

그러나 누구에게나 똑같이 적용되는 것이 아니라, 태어난 달에 따라 길할 수도 있고 흉할 수도 있다. 다시 말해서 태어난 달에 따라 길한 시간과 흉한 시간이 따로 있다. 가족단위로 볼 때는 가정의 중심인

寅時	새벽 3시~새벽 5시 전까지	申時	오후 3시~오후 5시 전까지
卯時	새벽 3시~아침 7시 전까지	酉時	오후 5시~오후 7시 전까지
辰時	아침7시~오전 9시 전까지	戌時	저녁 7시~밤 9시 전까지
巳時	오전 9시~오전 11시 전까지	亥時	밤 9시~밤 11시 전까지
午時	오전 11시~오후 1시 전까지	子時	밤 11시~밤 1시 전까지
未時	오후 1시~오후 3시 전까지	丑時	밤 1시~새벽 3시 전까지

가장(家長)의 시간이 가장 중요하다. 시간으로 개운하는 방법은 길한 시간에는 적극적으로 활동하고 재능을 발휘하여 명예와 재물을 얻고, 흉한 시간에는 자중하고 삼가하여 재앙을 피하면 된다. 태어난 달은 음력을 기준으로 하고, 시간의 구분은 148쪽에 나오는 도표를 참고하면 된다.

1월생의 시간길흉

■ 1월생에게 인묘시(寅卯時)는 대흉하다.

인묘시(寅卯時)는 희망운을 나타내지만 1월생이 이 시간에 활동하면 대흉하다. 건강상으로는 수족부상, 신경성질환, 간장, 인후염 등의 질병이 많이 발생한다. 1월생에게 인묘시(寅卯時)는 분쟁, 위험, 단명, 요절 등이 따르는 대흉한 시간이다.

■ 1월생에게 사오시(巳午時)는 반길반흉하다.

사오시(巳午時)는 명예운을 나타내지만 1월생에게는 반길반흉하다. 명예도 반길반흉, 성공도 반길반흉, 신용도 반길반흉, 대인관계도 반길반흉이라 큰 해로움은 없지만 크게 좋은 것도 없다. 건강상으로는 머리, 눈, 심장 등에 약간의 질병이 따르나 쉽게 회복된다.

■ 1월생에게 진술축미시(辰戌丑未時)는 길하다.

진술축미시(辰戌丑未時)는 애정운을 나타내는 시간으로 1월생이 이 시간에 활동하면 길하다. 총명하여 권위 얻고, 재물이 모이며 부부간에 화목하하고 직장에서는 승진한다. 건강상으로는 기력이 왕성해지고 폐, 골격 등이 튼튼해진다. 1월생에게 진술축미시(辰戌丑未時)는 대범, 온화, 중립 등이 따르는 길한 시간이다.

■ 1월생에게 신유시(申酉時)는 대길하다.

신유시(申酉時)는 교제운을 나타내는 시간으로 1월생이 이 시간에 활동하면 대길하다. 교제운이 좋아 이성간에 좋은 인연을 만나고, 다른 사람의 도움도 많이 받는다. 사업은 크게 발전하며 자손이 번창한다. 폐, 기관지, 호흡기, 생식기 등이 건강해지고 장수한다.

■ 1월생에게 해자시(亥子時)는 흉하다.

해자시(亥子時)는 주거운을 나타내지만 1월생이 이 시간에 활동하면 흉하다. 명예와 신용이 떨어져 무슨 일을 해도 실패하며, 자손에게도 해롭다. 건강상으로는 머리, 눈, 심장 등에 큰 질병이 발생한다. 1월생에게 해자시(亥子時)는 단명, 요절, 나태, 무정, 분노 등이 따르는 흉한 시간이다.

2월생의 시간길흉

■ 2월생에게 인묘시(寅卯時)는 대흉하다.

인묘시(寅卯時)는 희망운을 나타내는 시간이지만 2월생이 이 시간에 활동하면 대흉하다. 계획은 무산되고 사업적으로는 큰 손해를 보며, 부부간에 불화가 심하고 학생은 성적이 오르지 않는다. 건강상으로는 수족부상, 신경성질환, 간장, 인후염 등이 많이 발생한다. 2월생에게 인묘시(寅卯時)는 단명, 요절, 후퇴, 절망, 실패 등이 따르는 대흉한 시간이다.

■ **2월생에게 사오시(巳午時)는 반길반흉하다.**

사오시(巳午時)는 명예운을 나타내는 시간이지만 2월생에게는 반길반흉하다. 명예도 반길반흉, 성공도 반길반흉, 신용도 반길반흉, 대인관계도 반길반흉이라 큰 해로움은 없지만 크게 좋은 것도 없다. 건강상으로는 머리, 눈, 심장 등에 질병이 따르지만 쉽게 회복된다.

■ **2월생에게 진술축미시(辰戌丑未時)는 길하다.**

진술축미시(辰戌丑未時)는 애정운을 나타내는 시간으로 2월생이 이 시간에 활동하면 길하다. 총명하여 권위를 얻고, 재물이 모이며 부부간에 화목하고 직장에서는 승진한다. 건강상으로는 기력이 왕성해지고 폐, 골격 등이 튼튼해진다. 2월생에게 진술축미시(辰戌丑未時)는 대범, 온화, 중립 등이 따르는 길한 시간이다.

■ **2월생에게 신유시(申酉時)는 대길하다.**

신유시(申酉時)는 교제운을 나타내는 시간으로 2월생이 이 시간에 활동하면 대길하다. 교제운이 좋아 이성간에 좋은 인연을 만나고, 다른 사람의 도움을 많이 받는다. 사업은 크게 발전하며 자손이 번창한다. 건강상으로는 폐, 기관지, 호흡기, 생식기 등이 튼튼해지고 장수한다. 2월생에게 신유시(申酉時)는 사교, 안전, 합격 등이 따른다.

■ **2월생에게 해자시(亥子時)는 흉하다.**

해자시(亥子時)는 주거운을 나타내지만 2월생이 이 시간에 활동하면 흉하다. 계획은 무산되고 사업은 고전하며, 심신에 질병이 따르고 부부불화가 심하며 직장에서는 실직이나 좌천된다. 건강상으로는 귀, 신장, 방광, 생식기 등에 질병이 따른다. 2월생에게 해자시(亥子時)는 후퇴, 절망, 실패, 단명, 요절 등이 따르는 흉한 시간이다.

3월생의 시간길흉

■ **3월생에게 인묘시(寅卯時)는 대길하다.**

인묘시(寅卯時)는 희망운을 나타내는 시간으로 3월생이 이 시간에 활동하면 대길하다. 총명한 지혜로 권위를 얻고, 직장에서는 승진하며 사업은 성공하고 부부간에 화합한다. 부모나 뜻밖의 귀인을 만나 재산을 상속 받는 등 재물이 늘어난다. 건강상으로는 기력이 왕성하고 폐, 골격 등이 튼튼해진다. 3월생에게 인묘시(寅卯時)는 대범, 온화, 중립 등이 따르는 대길한 시간이다.

■ **3월생에게 사오시(巳午時)는 흉하다.**

사오시(巳午時)는 명예운을 나타내는 시간이지만 3월생이 이 시간에 활동하면 흉하다. 절망적인 운세라 재능을 발휘하지 못하며 통솔력이 떨어진다. 이성관계도 실패하며 빈천하고 자손에게도 해롭다. 건강상으로는 눈, 머리, 심장 등에 질병이 따른다. 3월생에게 사오시(巳午時)는 분쟁, 위험, 단명, 요절 등이 따르는 흉한 시간이다.

■ 3월생에게 진술축미시(辰戌丑未時)는 대흉하다.

진술축미시(辰戌丑未時)는 애정운을 나타내는 시간이지만 3월생이 이 시간에 활동하면 대흉하다. 무슨 일을 해도 실패하여 명예와 신용이 땅에 떨어지고, 자손에게도 해롭다. 건강상으로는 어깨, 손, 간장 등에 질병이 많이 발생한다. 3월생에게 진술축미시(辰戌丑未時)는 단명, 요절, 열등, 냉정, 편착 등이 따르는 대흉한 시간이다.

■ 3월생에게 신유시(申酉時)는 반길반흉하다.

신유시(申酉時)는 교제운을 나타내는 시간이지만 3월생에게는 반길반흉하다. 명예도 반길반흉, 성공도 반길반흉, 신용도 반길반흉, 대인관계도 반길반흉이라 큰 해로움은 없지만 크게 좋은 것도 없다. 건강상으로는 폐, 치아, 생식기 등에 질병이 따르지만 쉽게 회복된다.

■ 3월생에게 해자시(亥子時)는 길하다.

해자시(亥子時)는 주거운을 나타내는 시간으로 3월생이 이 시간에 활동하면 길하다. 총명한 지혜로 권위를 얻고, 직장에서는 승진하며 사업은 성공한다. 부부간에 화합하며 귀인을 만나 재산을 상속 받는 등 재산이 늘어난다. 기력이 왕성하고 폐, 치아, 생식기 등이 건강해진다. 3월생에게 해자시(亥子時)는 사고, 안전, 합격 등이 따른다.

4월생의 시간길흉

■ 4월생에게 인묘시(寅卯時)는 흉하다.

인묘시(寅卯時)는 희망운을 나타내는 시간이지만 4월생이 이 시간에 활동하면 흉하다. 재능을 발휘하지 못하여 사업은 실패하고, 통솔력이 떨어지고 자손에게도 해롭다. 이성관계도 실패하며 항상 빈천하다. 건강상으로는 간장, 담 등에 질병이 따른다. 4월생에게 인묘시(寅卯時)는 분쟁, 위험, 단명, 요절 등이 따르는 흉한 시간이다.

■ 4월생에게 사오시(巳午時)는 대흉하다.

사오시(巳午時)는 명예운을 나타내는 시간이지만 4월생이 이 시간에 활동하면 대흉하다. 사업은 크게 실패하여 신용과 명예가 땅에 떨어지고 여러가지 재앙이 따른다. 건강상으로는 머리, 눈, 심장 등에 큰 질병이 많이 발생한다. 4월생에게 사오시(巳午時)는 나태, 무정, 분노, 단명, 요절 등이 따르는 대흉한 시간이다.

■ 4월생에게 진술축미시(辰戌丑未時)는 반길반흉하다.

진술축미시(辰戌丑未時)는 애정운을 나타내는 시간이지만 4월생에게는 반길반흉하다. 명예도 반길반흉, 성공도 반길반흉, 신용도 반길반흉, 대인관계도 반길반흉이라 큰 해로움은 없지만 크게 좋은 것도 없다. 건강상으로는 폐, 치아, 생식기 등에 약간의 질병이 따르나 쉽게 회복된다.

■ 4월생에게 신유시(申酉時)는 길하다.

신유시(申酉時)는 교제운을 나타내는 시간으로 4월생이 이 시간에 활동하면 길하다. 총명하여 권위를 얻고, 부모나 뜻밖의 귀인을 만나 재산을 상속 받는 등 재물이 늘어난다. 부부화합이 잘 되며 직장에서는 승진한다. 기력이 왕성해지며 폐, 대장 등이 건강해진다. 4월생에게 신유시(申酉時)는 결백, 명랑, 복락 등이 따르는 길한 시간이다.

■ 4월생에게 해자시(亥子時)는 대길하다.

해자시(亥子時)는 주거운을 나타내는 시간으로 4월생이 이 시간에 활동하면 대길하다. 덕망과 인덕이 있어 사업은 크게 발전하고, 자손이 번창하며 부동산운도 좋다. 건강상으로는 귀가 밝아지고 신장과 요도기관 등이 튼튼해진다. 4월생에게 해자시(亥子時)는 기쁨, 희망, 과묵 등이 따르는 대길한 시간이다.

5월생의 시간길흉

■ 5월생에게 인묘시(寅卯時)는 흉하다.

인묘시(寅卯時)는 희망운을 나타내는 시간이지만 5월생이 이 시간에 활동하면 흉하다. 재능을 발휘하지 못하여 고전하고, 통솔력이 떨어지며 이성관계도 실패하고 자손에게도 해롭다. 건강상으로는 간장, 담 등에 질병이 발생한다. 5월생에게 인묘시(寅卯時)는 후퇴, 절망, 실패 등이 따르는 흉한 시간이다.

■ 5월생에게 사오시(巳午時)는 대흉하다.

사오시(巳午時)는 명예운을 나타내는 시간이지만 5월생이 이 시간에 활동하면 대흉하다. 사업은 크게 실패하여 신용과 명예가 땅에 떨어지고, 여러가지 재앙이 따른다. 건강상으로는 머리, 눈, 심장 등에 큰 질병이 발생한다. 5월생에게 사오시(巳午時)는 나태, 무정, 분노, 단명, 요절 등이 따르는 대흉한 시간이다.

■ 5월생에게 진술축미시(辰戌丑未時)는 반길반흉하다.

진술축미시(辰戌丑未時)는 애정운을 나타내는 시간이지만 5월생에게는 반길반흉하다. 명예도 반길반흉, 성공도 반길반흉, 신용도 반길반흉, 대인관계도 반길반흉이라 큰 해로움은 없지만 크게 좋은 것도 없다. 건강상으로는 위장, 비장, 소화기관 등에 약간의 질병이 따르나 쉽게 회복된다.

■ 5월생에게 신유시(申酉時)는 길하다.

신유시(申酉時)는 교제운을 나타내는 시간으로 5월생이 이 시간에 활동하면 길하다. 총명하여 권위를 얻고, 부모나 뜻밖의 귀인을 만나 재산을 상속 받는 등 재물이 늘어난다. 부부화합이 잘 되며 직장에서는 승진한다. 기력이 왕성해지며 폐, 대장 등이 튼튼해진다. 5월생에게 신유시(申酉時)는 결백, 명랑, 복락 등이 따른다.

■ **5월생에게 해자시(亥子時)는 대길하다.**

해자시(亥子時)는 주거운을 나타내는 시간으로 5월생이 이 시간에 활동하면 대길하다. 덕망과 인덕이 있어 사업은 크게 발전하고, 자손이 번창하며 부동산운이 좋다. 건강상으로는 귀가 밝아지고 신장과 요도기관 등이 튼튼해지며 장수한다. 5월생에게 해자시(亥子時)는 지혜, 총명, 승리, 극복 등이 따르는 대길한 시간이다.

6월생의 시간길흉

■ **6월생에게 인묘시(寅卯時)는 반길반흉하다.**

인묘시(寅卯時)는 희망운을 나타내지만 6월생에게는 반길반흉하다. 명예도 반길반흉, 성공도 반길반흉, 신용도 반길반흉, 대인관계도 반길반흉이라 큰 해로움은 없지만 크게 좋은 것도 없다. 건강상으로는 귀, 신장, 요도기관 등에 약간의 질병이 따르나 쉽게 회복된다.

■ **6월생에게 사오시(巳午時)는 흉하다.**

사오시(巳午時)는 명예운을 나타내는 시간이지만 6월생이 이 시간에 활동하면 흉하다. 사업은 크게 실패하여 신용과 명예가 땅에 떨어지고, 여러가지 재앙이 따른다. 건강상으로는 머리, 눈, 심장 등에 큰 질병이 발생한다. 6월생에게 사오시(巳午時)는 나태, 무정, 분노, 단명, 요절 등이 따르는 흉한 시간이다.

■ 6월생에게 진술축미시(辰戌丑未時)는 대흉하다.

진술축미시(辰戌丑未時)는 애정운을 나타내는 시간이지만 6월생이 이 시간에 활동하면 대흉하다. 무슨 일을 해도 실패하여 명예와 신용이 땅에 떨어지고, 자손에게도 해롭다. 건강상으로는 머리, 눈, 심장 등에 큰 질병이 발생한다. 6월생에게 진술축미시(辰戌丑未時)는 단명, 요절, 질투, 실패, 투쟁, 불화 등이 따르는 대흉한 시간이다.

■ 6월생에게 신유시(申酉時)는 길하다.

신유시(申酉時)는 교제운을 나타내는 시간으로 6월생이 이 시간에 활동하면 길하다. 총명하여 권위를 얻고, 부모나 뜻밖의 귀인을 만나 재산을 상속 받는 등 재물이 늘어난다. 부부간에 화합이 잘 되며 직장에서는 승진한다. 기력이 왕성해지며 폐, 대장 등이 건강해진다. 6월생에게 신유시(申酉時)는 결백, 명랑, 복락 등이 따른다.

■ 6월생에게 해자시(亥子時)는 대길하다.

해자시(亥子時)는 주거운을 나타내는 시간으로 6월생이 이 시간에 활동하면 대길하다. 덕망과 인덕이 있어 사업이 크게 발전하고, 자손이 번창하며 부동산운이 좋다. 건강상으로는 귀가 밝아지고 신장과 요도기관 등이 튼튼해지며 장수한다. 6월생에게 해자시(亥子時)는 기쁨, 희망, 과묵 등이 따르는 대길한 시간이다.

7월생의 시간길흉

■ **7월생에게 인묘시(寅卯時)는 길하다.**

인묘시(寅卯時)는 희망운을 나타내는 시간으로 7월생이 이 시간에 활동하면 길하다. 총명한 지혜로 재능을 충분히 발휘하며, 직장에서는 승진하고 사업은 성공한다. 통솔력이 뛰어나 만인을 지휘하고, 부부간에 화목하며 이성간에도 좋은 인연을 만난다. 건강상으로는 간장, 담 등이 튼튼해진다. 7월생에게 인묘시(寅卯時)는 정열, 애정, 용기 등이 따르는 길한 시간이다.

■ **7월생에게 사오시(巳午時)는 대길하다.**

사오시(巳午時)는 명예운을 나타내는 시간으로 7월생이 이 시간에 활동하면 대길하다. 계획한 일은 모두 이루어지며, 사업은 크게 발전하고 자손은 번창한다. 건강상으로는 수족에 행운이 따르고 심장, 소장 등이 튼튼해진다. 7월생에게 사오시(巳午時)는 평화, 안전, 장수 등이 따르는 대길한 시간이다.

■ **7월생에게 진술축미시(辰戌丑未時)는 흉하다.**

진술축미시(辰戌丑未時)는 애정운을 나타내는 시간이지만 7월생이 이 시간에 활동하면 흉하다. 사업은 크게 실패하며, 다른 사람의 도움이 없고 이성간에도 좋은 인연을 만나지 못한다. 건강상으로는 폐, 기관지, 호흡기, 생식기 등에 질병이 발생한다. 7월생에게 진술축미시(辰戌丑未時)는 단명, 요절, 단절, 사고, 불합격 등이 따른다.

■ 7월생에게 신유시(申酉時)는 대흉하다.

신유시(申酉時)는 교제운을 나타내는 시간이지만 7월생이 이 시간에 활동하면 대흉하다. 사업은 크게 실패하고, 특히 교제운이 나빠 다른 사람의 도움이 없고, 이성간에도 좋은 인연을 만나지 못한다. 건강상으로는 폐, 기관지, 호흡기, 생식기 등에 큰 질병이 발생한다. 7월생에게 신유시(申酉時)는 혼탁, 우울, 간사함 등이 따른다.

■ 7월생에게 해자시(亥子時)는 반길반흉하다.

해자시(亥子時)는 주거운을 나타내는 시간이지만 7월생에게는 반길반흉하다. 명예도 반길반흉, 성공도 반길반흉, 신용도 반길반흉, 대인관계도 반길반흉이라 큰 해로움은 없지만 크게 좋은 것도 없다. 건강상으로는 귀, 신장, 요도기관 등에 질병이 따르나 쉽게 회복된다.

8월생의 시간길흉

■ 8월생에게 인묘시(寅卯時)는 길하다.

인묘시(寅卯時)는 희망운을 나타내는 시간으로 8월생이 이 시간에 활동하면 길하다. 총명한 지혜로 재능을 충분히 발휘하며, 직장에서는 승진하고 사업은 성공한다. 통솔력이 뛰어나 만인을 지휘하고, 부부간에 화목하며 이성간에도 좋은 인연을 만난다. 건강상으로는 간장, 담 등이 튼튼해진다. 8월생에게 인묘시(寅卯時)는 정열, 애정, 용기 등이 따르는 길한 시간이다.

■ 8월생에게 사오시(巳午時)는 대길하다.

사오시(巳午時)는 명예운을 나타내는 시간으로 8월생이 이 시간에 활동하면 대길하다. 계획한 일은 모두 이루어지고 사업은 크게 발전하며, 자손은 번창한다. 건강상으로는 수족에 행운이 따르고 심장, 소장 등이 튼튼해진다. 8월생에게 사오시(巳午時)는 희망, 성공, 발전 등이 따르는 대길한 시간이다.

■ 8월생에게 진술축미시(辰戌丑未時)는 흉하다.

진술축미시(辰戌丑未時)는 애정운을 나타내는 시간이지만 8월생이 이 시간에 활동하면 흉하다. 사업은 크게 실패하고, 교제운이 나빠 다른 사람의 도움이 없고, 이성간에도 좋은 인연을 만나지 못한다. 건강상으로는 폐, 기관지, 호흡기, 생식기 등에 큰 질병이 발생한다. 8월생에게 진술축미시(辰戌丑未時)는 단명, 요절, 사고, 혼탁, 우울, 간사함 등이 따르는 흉한 시간이다.

■ 8월생에게 신유시(申酉時)는 대흉하다.

신유시(申酉時)는 교제운을 나타내지만 8월생이 이 시간에 활동하면 대흉하다. 사업은 크게 실패하고, 교제운이 나빠 다른 사람의 도움이 없고, 이성간에도 좋은 인연을 만나지 못한다. 건강상으로는 폐, 기관지, 호흡기, 생식기 등에 큰 질병이 발생한다. 8월생에게 신유시(申酉時)는 혼탁, 우울, 간사함 등이 따르는 대흉한 시간이다.

■ **8월생에게 해자시(亥子時)는 반길반흉하다.**

해자시(亥子時)는 주거운을 나타내는데 8월생에게는 반길반흉하다. 명예도 반길반흉, 성공도 반길반흉, 신용도 반길반흉, 대인관계도 반길반흉이라 큰 해로움은 없지만 크게 좋은 것도 없다. 건강상으로는 귀, 신장, 요도기관 등에 약간의 질병이 따르나 쉽게 회복된다.

9월생의 시간길흉

■ **9월생에게 인묘시(寅卯時)는 대길하다.**

인묘시(寅卯時)는 희망운을 나타내는 시간으로 9월생이 이 시간에 활동하면 대길하다. 무슨 일을 해도 성공하여 명예와 신용을 드높인다. 사업은 크게 발전하며 장수하고 자손도 번창한다. 건강상으로는 간장, 담 등이 튼튼해진다. 9월생에게 인묘시(寅卯時)는 자비, 성공, 평화, 화목 등이 따르는 대길한 시간이다.

■ **9월생에게 사오시(巳午時)는 흉하다.**

사오시(巳午時)는 명예운을 나타내는 시간이지만 9월생이 이 시간에 활동하면 흉하다. 권위를 잃고 건강이 나빠지며, 부모의 질병이나 뜻밖의 사고로 재물을 잃는다. 항상 빈천하고 고전하며 자손에게도 해롭다. 건강상으로는 기력, 폐, 대장, 골격 등이 허약해진다. 9월생에게 사오시(巳午時)는 슬픔, 절망, 질병 등이 따르는 흉한 시간이다.

■ **9월생에게 진술축미시(辰戌丑未時)는 대흉하다.**

진술축미시(辰戌丑未時)는 애정운을 나타내는 시간이지만 9월생이 이 시간에 활동하면 대흉하다. 부모의 질병이나 뜻밖의 사고로 많은 재산을 잃는다. 빈천하며 자손에게도 해롭고 권위가 떨어진다. 건강상으로는 기력, 폐, 대장, 골격 등이 매우 허약해진다. 9월생에게 진술축미시(辰戌丑未時)는 불량, 질병, 빈천, 악연 등이 따르는 대흉한 시간이다.

■ **9월생에게 신유시(申酉時)는 반길반흉하다.**

신유시(申酉時)는 교제운을 나타내는 시간이지만 9월생에게는 반길반흉하다. 명예도 반길반흉, 성공도 반길반흉, 신용도 반길반흉, 대인관계도 반길반흉이라 큰 해로움은 없지만 크게 좋은 것도 없다. 건강상으로는 폐, 치아 생식기 등에 질병이 따르지만 쉽게 회복된다.

■ **9월생에게 해자시(亥子時)는 길하다.**

해자시(亥子時)는 주거운을 나타내는 시간으로 9월생이 이 시간에 활동하면 길하다. 총명한 두뇌와 지혜로 재능을 충분히 발휘하며, 통솔력이 상승하여 만인을 지휘한다. 부부가 화합하고 사업은 순조로우며, 이성간에도 좋은 인연을 만난다. 건강상으로는 어깨, 팔, 간장 등이 튼튼해진다. 9월생에게 해자시(亥子時)는 희망, 성공, 발전 등이 따르는 길한 시간이다.

10월생의 시간길흉

■ 10월생에게 인묘시(寅卯時)는 반길반흉하다.

인묘시(寅卯時)는 희망운을 나타내는 시간이지만 10월생에게는 반길반흉하다. 명예도 반길반흉, 성공도 반길반흉, 신용도 반길반흉, 대인관계도 반길반흉이라 큰 해로움은 없지만 크게 좋은 것도 없다. 건강상으로는 간장, 담 등에 약간의 질병이 따르나 쉽게 회복된다.

■ 10월생에게 사오시(巳午時)는 길하다.

사오시(巳午時)는 명예운을 나타내는 시간으로 10월생이 이 시간에 활동하면 길하다. 총명한 두뇌와 지혜로 재능을 충분히 발휘하며, 직장에서는 승진하고 사업은 성공한다. 통솔력이 상승하여 만인을 지휘하며, 부부화합이 잘 되고 이성간에도 좋은 인연을 만난다. 건강상으로는 심장, 소장 등이 튼튼해진다. 10월생에게 사오시(巳午時)는 대범, 온화, 중립 등이 따르는 길한 시간이다.

■ 10월생에게 진술축미시(辰戌丑未時)는 대길하다.

진술축미시(辰戌丑未時)는 애정운을 나타내는 시간으로 10월생이 이 시간에 활동하면 대길하다. 사업은 크게 발전하여 명예와 신용을 드높이고, 무슨 일을 해도 성공하며 자손이 번창한다. 건강상으로는 위장과 비장이 튼튼해지고 장수한다. 10월생에게 진술축미시(辰戌丑未時)는 정열, 애정, 용기 등이 따르는 대길한 시간이다.

■ **10월생에게 신유시(申酉時)는 흉하다.**

신유시(申酉時)는 교제운을 나타내는 시간이지만 10월생이 이 시간에 활동하면 흉하다. 권위를 잃고 건강이 나빠지며, 부모의 질병이나 뜻밖의 사고로 많은 재산을 잃는다. 항상 빈천하고 고전하며 자손에게도 해롭다. 건강상으로는 기력, 폐, 대장, 골격 등이 허약해진다. 10월생에게 신유시(申酉時)는 단명, 요절, 혼탁, 우울, 간사함 등이 따르는 흉한 시간이다.

■ **10월생에게 해자시(亥子時)는 대흉하다.**

해자시(亥子時)는 주거운을 나타내는 시간이지만 10월생이 이 시간에 활동하면 대흉하다. 무슨 일을 해도 이루어지지 않아 사업은 크게 실패하고, 인덕이 없어 아랫사람이 따르지 않으며 부동산운도 불리하다. 건강상으로는 귀가 어두워지고 신장, 요도기관 등에 큰 질병이 발생한다. 10월생에게 해자시(亥子時)는 경거망동, 무지, 타락, 좌절 등이 따르는 대흉한 시간이다.

11월생의 시간길흉

■ **11월생에게 인묘시(寅卯時)는 반길반흉하다.**

인묘시(寅卯時)는 희망운을 나타내는 시간이지만 11월생에게는 반길반흉하다. 명예도 반길반흉, 성공도 반길반흉, 신용도 반길반흉, 대인관계도 반길반흉이라 큰 해로움은 없지만 크게 좋은 것도 없다.

건강상으로는 간장, 담 등에 약간의 질병이 따르나 쉽게 회복된다.

■ 11월생에게 사오시(巳午時)는 길하다.

사오시(巳午時)는 명예운을 나타내는 시간으로 11월생이 이 시간에 활동하면 길하다. 총명한 두뇌와 지혜로 재능을 충분히 발휘하며, 직장에서는 승진하고 사업은 성공한다. 통솔력이 상승하여 만인을 지휘하며, 부부화합이 잘 되고 이성간에도 좋은 인연을 만난다. 건강상으로는 심장, 소장 등이 튼튼해진다. 11월생에게 사오시(巳午時)는 평화, 안전, 장수 등이 따르는 길한 시간이다.

■ 11월생에게 진술축미시(辰戌丑未時)는 대길하다.

진술축미시(辰戌丑未時)는 애정운을 나타내는 시간으로 11월생이 이 시간에 활동하면 대길하다. 사업은 크게 발전하여 명예와 신용을 드높이고, 무슨 일을 해도 성공하며 자손이 번창한다. 건강상으로는 위장, 비장 등이 튼튼해지고 장수한다. 11월생에게 진술축미시(辰戌丑未時)는 자비, 성공, 평화, 화목 등이 따르는 대길한 시간이다.

■ 11월생에게 신유시(申酉時)는 흉하다.

신유시(申酉時)는 교제운을 나타내는 시간이지만 11월생이 이 시간에 활동하면 흉하다. 권위를 잃고 건강이 나빠지며, 부모의 질병이나 뜻밖의 사고로 재산을 잃는다. 항상 빈천하고 고전하며 자손에게도 해롭다. 건강상으로는 기력, 폐, 대장, 골격 등이 허약해진다. 11월생에게 신유시(申酉時)는 단명, 요절, 단절, 사고, 불합격 등이 따른다.

■ **11월생에게 해자시(亥子時)는 대흉하다.**

해자시(亥子時)는 주거운을 나타내는 시간이지만 11월생이 이 시간에 활동하면 대흉하다. 무슨 일을 해도 이루어지지 않아 사업은 크게 실패하고, 인덕이 없어 아랫사람이 따르지 않으며 부동산운도 불리하다. 건강상으로는 귀가 어두워지고 신장, 요도기관 등에 큰 질병이 발생한다. 11월생에게 해자시(亥子時)는 슬픔, 절망, 질병 등이 따르는 대흉한 시간이다.

12월생의 시간길흉

■ **12월생에게 인묘시(寅卯時)는 길하다.**

인묘시(寅卯時)는 희망운을 나타내는 시간으로 12월생이 이 시간에 활동하면 길하다. 총명한 두뇌와 지혜로 재능을 충분히 발휘하며, 직장에서는 승진하고 사업은 성공한다. 통솔력이 상승하여 만인을 지휘하며, 부부화합이 잘 되고 이성간에도 좋은 인연을 만난다. 건강상으로는 간장, 담 등이 튼튼해진다. 12월생에게 인묘시(寅卯時)는 평화, 안전, 장수 등이 따르는 길한 시간이다.

■ **12월생에게 사오시(巳午時)는 대길하다.**

사오시(巳午時)는 명예운을 나타내는 시간으로 12월생이 이 시간에 활동하면 대길하다. 무슨 일을 해도 성공하여 명예와 신용이 하늘 높이 오르고 자손은 번창한다. 건강상으로는 머리, 눈, 심장 등이 튼튼해지고 장수한다. 12월생에게 사오시(巳午時)는 정열, 애정, 용기 등이 따르는 대길한 시간이다.

■ 12월생에게 진술축미시(辰戌丑未時)는 반길반흉하다.

진술축미시(辰戌丑未時)는 애정운을 나타내는 시간이지만 12월생에게는 반길반흉하다. 명예도 반길반흉, 성공도 반길반흉, 신용도 반길반흉, 대인관계도 반길반흉이라 큰 해로움은 없지만 크게 좋은 것도 없다. 위장, 소화기관 등에 약간의 질병이 따르나 쉽게 회복된다.

■ 12월생에게 신유시(申酉時)는 흉하다.

신유시(申酉時)는 교제운을 나타내는 시간이지만 12월생이 이 시간에 활동하면 흉하다. 절망적인 운세라 만사불통이다. 특히 교제운이 흉하여 대인관계가 원만하지 못하다. 건강상으로는 폐, 대장, 생식기 등에 질병이 발생한다. 12월생에게 신유시(申酉時)는 단명, 요절, 혼탁, 우울, 간사함 등이 따르는 흉한 시간이다.

■ 12월생에게 해자시(亥子時)는 대흉하다.

해자시(亥子時)는 주거운을 나타내는 시간이지만 12월생이 이 시간에 활동하면 대흉하다. 부모의 질병이나 뜻밖의 사고로 많은 재물을 잃고, 자손에게도 해로우며 권위가 떨어진다. 건강상으로는 기력이 허약해지고 신장, 요도기관 등에 큰 질병이 발생한다. 12월생에게 해자시(亥子時)는 경거망동,무지, 타락, 좌절, 단명, 요절 등이 따르는 대흉한 시간이다.

궁합길흉

많은 사람들이 궁합을 결혼하기 전에 남녀의 사주를 대조해 보는 것으로만 알고 있다. 그러나 궁합은 부부사이 뿐 아니라 부모나 형제, 자식, 대인관계에서도 매우 중요한 작용을 한다. 그러나 이 책에서는 남녀의 궁합만을 설명하기로 한다. 결혼생활에서 궁합은 자식운은 물론 사업의 성패, 집안의 번영, 건강, 행복까지 좌우한다. 궁합의 중요성을 깨닫고 나쁜 궁합을 좋은 방향으로 유도하는 지혜가 필요하다. 우선 궁합은 음양(陰陽)과 오행(五行)과 십간십이지(十干十二支)가 중심이 되기 때문에 간단하게 설명하기로 한다.

십간십이지(十干十二支)

간지(干支)는 천간(天干)인 십간(十干)과 지지(地支)인 십이지(十二支)로 구분된다. 간(干)은 양(陽)이며 하늘이고, 지(支)는 음(陰)

이며 땅이다. 십간(十干)은 갑을병정무기경신임계(甲乙丙丁戊己庚辛壬癸)로 이루어졌으며, 지지(地支)는 자축인묘진사오미신유술해(子丑寅卯辰巳午未申酉戌亥)로 이루어졌다. 이 십간(十干)과 십이지(十二支)를 합하여 육십갑자(六十甲子)라고 하는 것이다.

음양(陰陽)

음양(陰陽)은 우주의 운행법칙이고, 이 음양(陰陽)의 조화로 인하여 만물이 생성된다. 우주의 본체가 되는 것을 태극(太極)이라 하며, 태극(太極)은 음양(陰陽)으로 양분되고, 음양(陰陽)은 다시 사상(四象)으로 화하며, 사상(四象)은 다시 팔괘(八卦)로 나뉘어진다. 이와같은 순서로 만물이 성립되는데, 이 모든 것은 상대성원리로 이루어진다. 예를 들면 하늘과 땅, 낮과 밤, 밝음과 어둠, 남자와 여자, 높음과 낮음, 더위와 추위, 강과 약, 물과 불 등이다. 양(陽)의 성질은 동적이고 강하며 적극적이고, 음(陰)의 성질은 정적이며 약하고 소극적이다. 음기(陰氣)는 여성의 도(道)요, 양기(陽氣)는 남성의 도(道)다. 이 음(陰)과 양(陽)의 이기(二氣)가 서로 교감하여 만물이 생성된다.

오행(五行)

오행(五行)이란 목(木), 화(火), 토(土), 금(金), 수(水)를 말하고 이

오행(五行)은 서로 상생상극(相生相剋)한다. 상생(相生)에는 목생화(木生火), 화생토(火生土), 토생금(土生金), 금생수(金生水), 수생목(水生木)이 있고, 상극(相剋)에는 금극목(金剋木), 목극토(木剋土), 토극수(土剋水), 수극화(水剋火), 화극금(火剋金)이 있다.

목(木)이 화(火)를 생하나 화(火)가 너무 많으면 나무가 타고, 화(火)가 토(土)를 생하나 흙이 너무 많으면 불이 꺼지고, 토(土)가 금(金)을 생하나 금(金)이 너무 많으면 토(土)를 쓸 수 없고, 금(金)이 수(水)를 생하나 수(水)가 너무 많으면 금(金)이 물에 가라앉고, 수(水)가 목(木)을 생하나 목(木)이 너무 많으면 물이 말라버린다.

금(金)이 목(木)을 극하나 목(木)이 너무 강하면 금(金)이 일그러져 마모되고, 목(木)이 토(土)를 극하나 흙이 많으면 목(木)이 꺾어지고, 토(土)가 수(水)를 극하나 수(水)가 많으면 흙이 무너져 흩어지고, 수(水)가 화(火)를 극하나 화(火)가 강하면 물이 말라버리고, 화(火)가 금(金)을 극하나 금(金)이 강하면 불이 꺼진다.

금(金)이 약한데 왕한 화(火)를 만나면 금(金)이 녹아버리고, 화(火)가 약한데 왕한 수(水)를 만나면 불이 꺼지고, 수(水)가 약한데 왕한 토(土)를 만나면 물이 흙에 흡수되어 버리고, 토(土)가 약한데 왕한 목(木)을 만나면 흙이 무너지고, 목(木)이 약한데 강한 금(金)을 만나면 나무가 꺾어지거나 쪼개진다.

왕한 금(金)이 수(水)를 만나면 강한 것을 설기해주니 좋고, 왕한 수(水)가 목(木)을 만나면 세력을 설기하여 좋고, 강한 목(木)이 화(火)를 만나면 활력을 주니 좋고, 왕한 화(火)가 토(土)를 만나면 열기를 통제하니 좋고, 왕한 토(土)가 금(金)을 만나면 좋은 전답이 되어 좋다.

목(木)이 왕한데 금(金)을 만나면 좋은 재목이 되고, 화(火)가 왕한데 수(水)를 만나면 조화가 잘 되어 공을 얻고, 토(土)가 왕한데 목(木)을 만나면 좋은 물품이 이루어지고, 수(水)가 왕하여 물결치며 흐를 때 토(土)를 만나면 연못, 저수지, 댐 등을 이루어 공을 얻는다.

■ 목(木)

1월과 2월은 목(木)에 해당하고, 입춘부터 경칩을 지나 청명 전까지로 봄을 말한다. 목(木)과 양(陽)의 기운이 왕하여 생명이 준비하는 때다. 목(木)이 왕하면 금(金)으로 용신(用神)을 삼아 억제하면 길하고, 목(木)이 약하면 수(水)를 만나 수생목(水生木)하여 나무를 키워주어야 한다. 목(木)의 본성은 인(仁)으로 사주에 목(木)이 왕하여 중화를 이루면 성품이 인자하고 동정심이 많으며 자비심이 넘친다. 그러나 지나치게 왕하면 마음이 좁아 어질지 못하고, 시기와 질투가 많으며 변덕이 심하다. 반대로 목(木)이 너무 적으면 마음이 부정하고 절도가 없으며 인색하다.

■ 화(火)

4월과 5월은 화(火)에 해당하고, 입하부터 망종을 지나 입추 전까지로 여름을 말한다. 화(火)와 양(陽)의 기운이 가장 왕하여 만물이 무성하게 자라는 계절이다. 화(火)의 본성은 예(禮)로 사주에 화(火)가 왕하면, 예의가 바르고 민첩하며 명랑하고 화려함을 좋아한다. 그러나 지나치게 많으면 급하고 냉혹하며 변덕이 심하다. 반대로 화(火)

가 부족하면 예의바르고 말솜씨는 좋으나, 마음이 바르지 못하고 잔꾀가 많으며 결단력이 부족하다.

■ 토(土)

3월, 6월, 9월, 12월은 토(土)에 해당한다. 계절의 중앙이라 사계절 모두 골고루 포함하고 있다. 토(土)의 본성은 신(信)으로 사주에 토(土)가 왕하면 신의, 책임감, 충성심, 효심이 강하고 중후하며 고요하다. 그러나 지나치게 많으면 순박하지만 사리판단이 현명하지 못하고, 고지식하며 고집불통이다. 반대로 토(土)가 부족하면 싸움을 좋아하고 인색하며 변덕이 심하다.

■ 금(金)

7월과 8월은 금(金)에 해당하고, 음양(陰陽)이 절반씩 중화되어 있는 가을이다. 금(金)의 본성은 의리와 용기다. 사주에 금(金)이 왕하여 중화를 이루면 명예를 중요하게 여기고, 정의에 용감하며 위엄이 있고 결단력이 강하다. 그러나 지나치게 많으면 용감하지만 욕심이 많고, 잔인하며 무모하고 무례하다. 반대로 금(金)이 부족하면 생각과 계획이 많아도 결단력이 부족하여 실천에 옮기지 못하며, 시비를 좋아하고 말도 많고 겁도 많다.

■ 수(水)

10월과 11월은 수(水)에 해당하고 겨울을 말한다. 수(水)의 본성은 지(智)다. 사주에 수(水)가 왕하고 중화를 이루면 지혜가 넘치고 총명하며 계교가 많다. 그러나 지나치게 많으면 음란하고 무례하며 재주가 있으나, 오히려 그 재주 때문에 말썽이 많이 생긴다. 반대로 수(水)가 부족하면 어리석고 둔하며 용기가 없다.

오행	木	火	土	金	水
출생월	1, 2월	4, 5월	3, 6, 9, 12월	7, 8월	10, 11월

남자를 중심으로 보는 궁합

남자가 목(木)일 때

■ 남자가 목(木)인데 목(木)인 여자를 만나면 길연이다.

남자가 목(木)인데 목(木)인 여자를 만나면 길연이다. 아내는 인자하고 자비심이 많으며, 책임감이 강하고 성실하며 남편에게 헌신적이다. 부부금슬이 좋고 의식주가 풍부하며 건강하다. 부부간에 상부상조가 잘 되어 무슨 일을 하더라도 성공한다.

■ 남자가 목(木)인데 화(火)인 여자를 만나면 평연이다.

남자가 목(木)인데 화(火)인 여자를 만나면 평연이다. 아내는 남편의 방패가 되며 예의범절이 바르지만, 자존심과 자기주장이 강하여 남편을 무시하는 경향이 있어 부부간에 언쟁이 자주 일어난다. 부부간에 조금씩 양보하면 백년해로 할 수 있으니 서로 노력해야 한다.

■ **남자가 목(木)인데 토(土)인 여자를 만나면 악연이다.**

남자가 목(木)인데 토(土)인 여자를 만나면 목극토(木剋土)하니 악연이다. 부부가 대적하며 불화하고, 서로 의심하며 미워한다. 무슨 일을 해도 실패하며 백년해로하기 어렵다. 그러나 끝없이 인내하면 이별은 면할 수 있다.

■ **남자가 목(木)인데 금(金)인 여자를 만나면 악연이다.**

남자가 목(木)인데 금(金)인 여자를 만나면 금극목(金剋木)하니 악연이다. 여자가 칼을 들고 남편에게 덤비는 형상으로 마치 원수가 한 집에서 살아가는 격이다. 아내는 난폭하며 고집이 강하고 신경적이다. 두 사람 중에 한 사람이 죽거나 집을 나가거나 병석에 눕게 된다.

■ **남자가 목(木)인데 수(水)인 여자를 만나면 길연이다.**

남자가 목(木)인데 수(水)인 여자를 만나면 수생목(水生木)하므로 길연이다. 궁합이 매우 좋으니 부부금슬이 좋고, 별 어려움없이 백년해로한다. 아내는 내조를 잘 하며 지혜롭고, 경제적인 면에 재능이 있으며 효심과 책임감이 강하다.

남자가 화(火)일때

■ **남자가 화(火)인데 목(木)인 여자를 만나면 길연이다.**

남자가 화(火)인데 목(木)인 여자를 만나면 수생화(水生火)하므로 길연이다. 궁합이 대길하니 부부가 상부상조하고, 아내의 도움으로 크게 출세하며 백년해로한다. 아내는 열심히 내조하며, 부부가 이상과 취미가 같아 다정하게 살아간다.

■ 남자가 화(火)인데 화(火)인 여자를 만나면 길연이다.

남자가 화(火)인데 화(火)인 여자를 만나면 상생(相生)되므로 길연이다. 궁합이 대길하니 아내의 도움으로 크게 발전하고, 부부금슬이 좋으며 건강하고 만사형통한다. 부부간에 상부상조가 잘 되고, 서로 보호자 역할을 해주며 행복을 만끽한다.

■ 남자가 화(火)인데 토(土)인 여자를 만나면 평연이다.

남자가 화(火)인데 토(土)인 여자를 만나면 평연이다. 궁합이 반길반흉이라 부부가 상부상조하기도 하고, 이상과 취미가 다르니 다투기도 한다. 싸우면서 살지만 서로 양보하면 백년해로한다.

■ 남자가 화(火)인데 금(金)인 여자를 만나면 악연이다.

남자가 화(火)인데 금(金)인 여자를 만나면 화극금(火剋金)하니 악연이다. 부부가 이상이나 취미가 상반되고, 의견이 일치되지 않아 항상 싸운다. 서로 미워하고 원망하는 마음이 깊어 백년해로하기 어렵지만, 작은 일에도 감사하며 인내하면 흉이 조금은 감소한다.

■ 남자가 화(火)인데 수(水)인 여자를 만나면 악연이다.

남자가 화(火)인데 수(水)인 여자를 만나면 수극화(水剋火)하니 악연이다. 부부가 서로 의심하고 미워하며 대적하니 무슨 일을 해도 실패하기 쉽다. 끝없이 인내하고 양보해야 한다.

남자가 토(土)일 때

■ 남자가 토(土)인데 목(木)인 여자를 만나면 악연이다.

남자가 토(土)인데 목(木)인 여자를 만나면 목극토(木剋土)하니 악연이다. 마치 원수가 한 집에 사는 형상이라 부부싸움이 그칠 날이 없다. 부부가 서로 의심하고 미워하며 대적하니 무슨 일을 해도 실패하기 쉽다. 끝없이 인내하고 양보해야 한다.

■ 남자가 토(土)인데 화(火)인 여자를 만나면 길연이다.

남자가 토(土)인데 화(火)인 여자를 만나면 길연이다. 궁합이 대길하니 부부금슬이 좋고 의식주가 풍부하며, 건강하고 만사형통한다. 아내는 지혜와 덕망이 있고 책임감과 효심이 강하다. 의리있고 용감하며 매력이 넘치는 여성이다.

■ 남자가 토(土)인데 토(土)인 여자를 만나면 길연이다.

남자가 토(土)인데 토(土)인 여자를 만나면 길연이다. 궁합이 대길하니 상부상조가 잘 되며 무슨 일을 해도 성공한다. 아내는 효심이 깊고 책임감이 강하며, 의리있고 용감하며 노력을 많이 한다. 아내의 도움으로 사업이 크게 발전하여 의식주가 풍부하다.

■ 남자가 토(土)인데 금(金)인 여자를 만나면 평연이다.

남자가 토(土)인데 금(金)인 여자를 만나면 평연이라 반길반흉의 만남이다. 아내는 지혜와 의리와 신용이 있고, 책임감이 강하며 사업적인 기질이 뛰어나지만, 냉정하고 고집이 강하여 종종 충돌이 일어난다. 그러나 악연은 아니니 서로 양보하면 백년해로한다.

■ 남자가 토(土)인데 수(水)인 여자를 만나면 악연이다.

남자가 토(土)인데 수(水)인 여자를 만나면 토극수(土剋水)하니 악연이다. 마치 원수가 한 집에 사는 형상이라 부부싸움이 그칠 날이 없다. 부부가 서로 미워하고 의심하며 대적하니 무슨 일을 해도 실패하기 쉽다. 서로 끝없이 인내하고 양보해야 한다.

남자가 금(金)일 때

■ 남자가 금(金)인데 목(木)인 여자를 만나면 악연이다.

남자가 금(金)인데 목(木)인 여자를 만나면 금극목(金剋木)하니 악연이다. 마치 원수가 한 집에 사는 형상으라 부부싸움이 그칠 날이 없다. 부부가 서로 의심하고 미워하며 대적한다. 한 사람이 죽거나 집을 나가게 되며, 자식운도 불길하여 병약하거나 불효한다.

■ 남자가 금(金)인데 화(火)인 여자를 만나면 악연이다.

남자가 금(金)인데 화(火)인 여자를 만나면 화극금(火剋金)하니 악연이다. 마치 원수가 한 집에 사는 형상이라 부부싸움이 그칠 날이 없다. 부부가 서로 의심하고 미워하며 대적한다. 한 사람이 죽거나 집을 나가게 된다.

■ 남자가 금(金)인데 토(土)인 여자를 만나면 길연이다.

남자가 금(金)인데 토(土)인 여자를 만나면 토생금(土生金)하므로 길연이다. 천생연분이라 무슨 일을 해도 성공하며 의식주가 풍부하다. 아내는 열심히 내조하며 책임감과 효심이 강하고, 부부가 이상과 취미가 같으니 상부상조하며 다정하게 살아간다.

■ 남자가 금(金)인데 금(金)인 여자를 만나면 길연이다.

남자가 금(金)인데 금(金)인 여자를 만나면 길연이다. 천생연분이라 부부금슬이 좋고 의식주가 풍부하며 건강하고 만사형통한다. 아내는 내조를 잘 하고 효심과 책임감과 의리가 강하고 용감하다.

■ 남자가 금(金)인데 수(水)인 여자를 만나면 평연이다.

남자가 금(金)인데 수(水)인 여자를 만나면, 여자가 남자의 기운을 설기하여 불리하지만 그래도 상생(相生)이라 평연이다. 아내는 지혜는 있으나 의리는 없고, 신용은 있으나 예의가 없다. 그러나 속으로는 애정이 있고 악연은 아니니 서로 노력하면 백년해로한다. 자식운도 반길반흉하다.

남자가 수(水)일 때

■ **남자가 수(水)인데 목(木)인 여자를 만나면 평연이다.**

남자가 수(水)인데 목(木)인 여자를 만나면, 여자가 남자의 기운을 설기시켜 불리하나 수생목(水生木)하여 반길반흉하다. 아내는 아름답고 인자하지만 신용과 책임감이 없고, 고집이 강하며 질투가 많다. 그러나 부부간에 애정은 있으니 인내하면 백년해로한다. 자식운도 반길반흉하다.

■ **남자가 수(水)인데 화(火)인 여자를 만나면 악연이다.**

남자가 수(水)인데 화(火)인 여자를 만나면 수극화(水剋火)하니 큰 악연이다. 아내가 칼을 들고 덤벼드는 형상이다. 아내는 성격이 불같이 급하고 난폭하며 무례하다. 한 사람이 죽거나 집을 나가게 된다.

■ **남자가 수(水)인데 토(土)인 여자를 만나면 악연이다.**

남자가 수(水)인데 토(土)인 여자를 만나면 토극수(土剋水)하니 악연이다. 궁합이 워낙 상극이라 아무리 노력해도 백년해로하기 힘들다. 아내는 책임감이 없고 고집이 강하며, 자식운도 불리하여 병약하거나 불효한다.

■ **남자가 수(水)인데 금(金)인 여자를 만나면 길연이다.**

남자가 수(水)인데 금(金)인 여자를 만나면 금생수(金生水)하여 길연이다. 궁합이 좋으니 부부금슬이 좋고, 의식주가 풍부하며 건강하다. 아내는 내조를 잘 하고 의리가 있으며, 용감하고 사업적인 재능이 뛰어나다. 부부가 이상과 취미가 같아 다정하게 살아가며, 자식운도 대길하다.

■ 남자가 수(水)인데 수(水)인 여자를 만나면 길연이다.

남자가 수(水)인데 수(水)인 여자를 만나면 길연이다. 궁합이 좋으니 부부금슬이 좋고, 상부상조하여 의식주가 풍부하고 건강하다. 아내는 지혜가 많고 사업적인 기질이 뛰어나며 내조를 잘한다. 부부가 이상이나 취미가 같아 다정하게 살아가며, 자식운도 대길하다.

여자를 중심으로 보는 궁합

여자가 목(木)일 때

■ 여자가 목(木)인데 목(木)인 남자를 만나면 길연이다.

여자가 목(木)인데 목(木)인 남자를 만나면 길연이다. 궁합이 좋으니 부부금슬이 좋고, 부부간에 상부상조가 잘 되어 무슨 일을 하더라도 성공하며, 의식주가 풍부하고 건강하다. 남편은 아내에게 헌신적이고, 인자하며 자비심이 많고 책임감이 강하며 성실하다.

■ 여자가 목(木)인데 화(火)인 남자를 만나면 평연이다.

여자가 목(木)인데 화(火)인 남자를 만나면 평연이다. 남편은 아내의 방패가 되며 예의범절이 바르지만, 자존심과 자기주장이 강하여 아내를 무시하는 경향이 있어 언쟁이 자주 일어난다. 그러나 악연이 아니니 조금씩 양보하면 백년해로 할 수 있다.

■ 여자가 목(木)인데 토(土)인 남자를 만나면 악연이다.

여자가 목(木)인데 토(土)인 남자를 만나면 목극토(木剋土)하니 악연이다. 부부가 서로 미워하고 의심하며 대적하니 무슨 일을 해도 실패하기 쉽다. 백년해로하기 어렵지만 끝없이 인내하면 이별은 피할 수 있다.

■ 여자가 목(木)인데 금(金인 남자를 만나면 악연이다.

여자가 목(木)인데 금(金인 남자를 만나면 금극목(金剋木)하니 악연이다. 남편이 칼을 들고 덤비는 형상이다. 남편은 난폭하며 고집이 세고 신경적이다. 두 사람 중에 한 사람이 죽거나 집을 나가거나 병석에 눕게 된다.

■ 여자가 목(木)인데 수(水)인 남자를 만나면 길연이다.

여자가 목(木)이고 남자가 수(水)이면 수생목(水生木)하므로 길연이다. 궁합이 대길하니 부부금슬이 좋고, 별 어려움없이 백년해로한다. 남편은 지혜롭고 효심과 책임감이 강하며, 아내를 잘 도와주고 경제적인 면에 재능이 뛰어나다.

여자가 화(火)일 때

■ 여자가 화(火)인데 목(木)인 남자를 만나면 길연이다.

여자가 화(火)인데 목(木)인 남자를 만나면 수생화(水生火)하므로 길연이다. 궁합이 대길하니 부부금슬이 좋고, 상부상조하며 이상과 취미가 같아 다정하게 살아간다. 남편의 도움으로 크게 출세하며 백년해로한다.

■ 여자가 화(火)인데 화(火)인 남자를 만나면 길연이다.

여자가 화(火)인데 화(火)인 남자를 만나면 상생(相生)되어 길연이다. 궁합이 좋으니 부부금슬이 좋고, 상부상조가 잘 되어 만사형통하며 건강하다. 남편의 도움으로 크게 발전하며, 부부간에 서로 보호자 역할을 해주며 행복을 만끽한다.

■ 여자가 화(火)인데 토(土)인 남자를 만나면 평연이다.

여자가 화(火)인데 토(土)인 남자를 만나면 평연이다. 궁합이 반길반흉이라 부부가 상부상조하기도 하고 다투기도 한다. 싸우면서 살아가지만 악연이 아니니 서로 양보하면 백년해로한다.

■ 여자가 화(火)인데 금(金)인 남자를 만나면 악연이다.

여자가 화(火)인데 금(金)인 남자를 만나면 화극금(火剋金)하니 악연이다. 부부가 이상과 취미가 상반되며, 의견이 일치되지 않아 항상 싸운다. 서로 미워하고 원망하는 마음이 깊지만, 작은 일에도 감사하며 인내하면 흉이 조금은 감소한다.

■ 여자가 화(火)인데 수(水)인 남자를 만나면 악연이다.

여자가 화(火)인데 수(水)인 남자를 만나면 수극화(水剋火)하니 악연이다. 부부가 서로 의심하고 미워하며 대적하니, 무슨 일을 해도 실패하기 쉽고 백년해로하기 어렵다.

여자가 토(土)일 때

■ 여자가 토(土)인데 목(木)인 남자를 만나면 악연이다.

여자가 토(土)인데 목(木)인 남자를 만나면 목극토(木剋土)하니 악연이다. 마치 원수가 한 집에 사는 형상이라 부부싸움이 그칠 날이 없다. 부부가 서로 의심하고 미워하며 대적하니 무슨 일을 해도 실패하기 쉽다. 백년해로하기 어렵지만 끝없이 인내한다면 이별은 피할 수 있다.

■ 여자가 토(土)인데 화(火)인 남자를 만나면 길연이다.

여자가 토(土)인데 화(火)인 남자를 만나면 길연이다. 궁합이 대길하니 부부금슬이 좋고, 의식주가 풍부하며 건강하고 만사형통한다. 남편은 책임감과 효심이 강하고, 지혜와 덕망이 있으며 인자하다. 의리있고 용감하며 매력이 넘친다.

■ 여자가 토(土)인데 토(土)인 남자를 만나면 길연이다.

여자가 토(土)인데 토(土)인 남자를 만나면 길연이다. 궁합이 좋으니 부부금슬이 좋고, 상부상조가 잘 되어 무슨 일을 해도 성공한다. 남편은 효심과 책임감이 강하고, 의리와 용기가 있으며 노력을 많이 한다. 남편의 도움으로 사업이 크게 발전하여 의식주가 풍부하다.

■ 여자가 토(土)인데 금(金)인 남자를 만나면 평연이다.

여자가 토(土)인데 금(金)인 남자를 만나면 평연이라 반길반흉하다. 남편은 지혜와 의리와 신용이 있고, 책임감이 강하며 사업적인 기질이 뛰어나지만, 냉정하고 고집이 강하여 충돌이 종종 일어난다. 그러나 악연이 아니니 서로 양보하면 백년해로한다.

■ 여자가 토(土)인데 수(水)인 남자를 만나면 악연이다.

여자가 토(土)인데 수(水)인 남자를 만나면 토극수(土剋水)되니 악연이다. 마치 원수가 한 집에 사는 형상이라 부부싸움이 그칠 날이 없다. 부부가 서로 미워하고 의심하며 대적하니 무슨 일을 해도 실패하기 쉽다. 백년해로하기 어려우니 끝없이 인내하고 양보해야 한다.

여자가 금(金)일 때

■ 여자가 금(金)인데 목(木)인 남자를 만나면 악연이다.

여자가 금(金)인데 목(木)인 남자를 만나면 금극목(金剋木)하니 악연이다. 마치 원수가 한집에 사는 형상이라 부부싸움이 그칠 날이 없다. 부부가 서로 의심하고 미워하며 대적한다. 한 사람이 죽거나 집을 나가게 되며, 자식운도 불리하여 병약하거나 불효한다.

■ 여자가 금(金)인데 화(火)인 남자를 만나면 악연이다.

여자가 금(金)인데 화(火)인 남자를 만나면 화극금(火剋金)하니 악연이다. 마치 원수가 한 집에 사는 형상이라 부부싸움이 그칠 날이 없다. 부부가 서로 괴롭히며 대적한다. 한 사람이 죽거나 집을 나가게 되며 백년해로하기 어렵다.

■ 여자가 금(金)인데 토(土)인 남자를 만나면 길연이다.

여자가 금(金)인데 토(土)인 남자를 만나면 토생금(土生金)하니 길연이다. 천생연분이라 부부금슬이 좋고, 상부상조가 잘 되어 무슨 일을 해도 성공하여 의식주가 풍부하다. 남편은 아내를 열심히 도와주며, 책임감과 효심이 강하다. 이상과 취미가 같아 다정하게 산다.

■ 여자가 금(金)인데 금(金)인 남자를 만나면 길연이다.

여자가 금(金)인데 금(金)인 남자를 만나면 길연이다. 천생연분이라 부부금슬이 좋고, 만사형통하여 의식주가 풍부하고 건강하다. 남편은 아내를 잘 도와주고, 효심과 책임감과 의리가 강하며 용감하다.

■ 여자가 금(金)인데 수(水)인 남자를 만나면 평연이다.

여자가 금(金)인데 수(水)인 남자를 만나면, 남편이 아내의 기운을 설기시켜 불리하지만 상생(相生)이라 평연이다. 남편은 지혜와 신용은 있으나 의리와 예의가 없다. 그러나 속으로는 애정이 있고 악연이 아니니 서로 노력하면 백년해로한다. 자식운도 반길반흉하다.

여자가 수(水)일 때

■ 여자가 수(水)인데 목(木)인 남자를 만나면 평연이다.

여자가 수(水)인데 목(木)인 남자를 만나면, 남편이 아내의 기운을 설기시켜 불리하나 수생목(水生木)하므로 평연이다. 남편은 미남이고 인자하지만, 신용과 책임감이 없고 고집이 강하며 질투가 많다. 그러나 부부간에 애정이 있고 악연이 아니니 서로 노력하면 백년해한다. 자식운도 반길반흉하다.

■ 여자가 수(水)인데 화(火))인 남자를 만나면 악연이다.

여자가 수(水)인데 화(火))인 남자를 만나면 수극화(水剋火)하니 큰 악연이다. 남편이 칼을 들고 덤벼드는 형상이다. 남편은 성격이 불같이 급하고 난폭하며 무례하다. 한 사람이 죽거나 집을 나가야 하니 백년해로하기 어렵다.

■ 여자가 수(水)인데 토(土)인 남자를 만나면 악연이다.

여자가 수(水)인데 토(土)인 남자를 만나면 토극수(土剋水)하니 악연이다. 궁합이 워낙 상극이라 아무리 노력해도 백년해로하기 힘들다. 남편은 책임감이 없고 고집이 강하며, 자식운도 불리하여 병약하거나 불효한다.

■ 여자가 수(水)인데 금(金)인 남자를 만나면 길연이다.

여자가 수(水)인데 금(金)인 남자를 만나면 금생수(金生水)하여 길연이다. 궁합이 좋으니 부부금슬이 좋고, 의식주가 풍부하며 건강하다. 남편은 의리가 있고 용감하며, 내조를 잘 하고 사업적인 재능도 뛰어나다. 부부가 이상과 취미가 같아 다정하게 살아가며, 자식운도 대길하다.

■ 여자가 수(水)인데 수(水)인 남자를 만나면 길연이다.

여자가 수(水)인데 수(水)인 남자를 만나면 길연이다. 궁합이 좋으니 부부금슬이 좋고, 상부상조가 잘되어 의식주가 풍부하고 건강하다. 남편은 아내를 잘 도와주고, 지혜가 많으며 사업적인 능력이 탁월하다. 이상과 취미가 같아 다정하게 살아가며, 자식운도 대길하다.

이름길흉

우주만물은 모두 이름이 있으며, 그 이름에는 고유의 뜻과 기운이 있어 여러가지 작용을 한다. 이름을 제2의 자신이라 하며 중요시 하는 이유는, 이름 속에 생명영동(生命靈動)이 있기 때문이다. 생명은 움직이는 것이기 때문에 성음(聲音)이 발하면 반사작용이 생겨 신명(身命)의 안위와 이해득실관계에 중대한 역할을 한다. 그러므로 잘못 지어진 이름은 부르면 부를수록 불행을 부르고, 좋은 이름은 부르면 부를수록 행복을 부른다.

이름에 사용하는 한문이 중요한 것은, 한문의 글자 속에는 뜻과 기운 있기 때문이다. 글자 하나 하나가 상생(相生)하는 기운이 들어 있어야 길한 이름이다. 서로 해치는 기운이 있으면 흉한 이름이 된다. 이름으로 개운하는 방법은 자신에게 길한 글자를 사용해서 이름을 지으면 된다. 그러나 이름을 바꾸었다고 해서 효과가 바로 나타나는 것은 아니라, 바꾼 이름을 일년 이상 사용해야 한다. 왜냐하면 이미 불러온 이름의 기운이 계속 작용하기 때문이다. 이름을 바꾸는 것을 번거롭게 생각할지 모르지만, 굳이 호적을 고치지 않아도 되고, 자(字)나 호(號)를 만들어 보충해 주어도 충분히 효과를 볼 수 있다.

이름에 대한 설명은 별도로 다루어야 하지만 이 책에서는 월별로 길한 글자만을 간단하게 수록한다. 작명학에 대해서 자세하게 공부하고 싶은 사람은 삼한출판사에서 발행한 〈이름이 운명을 만든다 : 역산성명학 〉나 〈작명해명 : 이름속에 운명을 바꾸는 비결이 있다〉를 보면 체계적으로 공부할 수 있을 것이다.

1월생의 이름에 길한 글자

金(쇠금:8) 釜(가마부:10) 釣(낚시조:11) 銃(창윤:12) 鉛(납연:13) 鈺(보배옥:13) 鉉(솥귀현:13) 鉢(바릿대발:13) 銅(구리동:14) 銘(새길명:14) 銀(은은:14) 銓(저울전:14) 鋒(칼날봉:15) 銳(날샐예:15) 鋌(쇠덩이정:15) 錢(돈전:16) 錫(백철석:16) 錠(촛대정:16) 錦(비단금:16) 錯(썩일착:16) 錘(저울눈추:16) 鋼(강철강:16) 錡(가마기:16) 鍾(쇠북종:17) 鍊(쇠불릴련:17) 鍵(열쇠건:17) 鍛(쇠불릴단:17) 鍈(방울소리영:17) 鎬(남비호:18) 鎭(누를진:18) 鏡(거울경:19) 鐸(요령탁:20) 鐵(쇠철:20) 鑽(송곳찬:27) 土(흙토:3) 地(땅지:6) 在(있을재:6) 坐(앉을좌:7) 坊(막을방:7) 坎(구덩이감:7) 坂(언덕판:7) 均(고를균:7) 坤(땅곤:8) 垂(드릴수:8) 坪(벌판평:8) 坦(평탄탄:8) 垠(언덕은:9) 垣(담원:9) 型(본보기형:9) 城(재성:10) 埈(높을

준:10) 基(터기:11) 執(잡을집:11) 域(지경역:11) 埴(진흙식:11) 培(북돋을배:11) 堅(굳을견:11) 堂(집당:11) 堤(막을제:12) 堯(요임금요:12) 報(갚을보:12) 場(마당장:12) 塞(변방새:13) 塗(진흙도:13) 境(지경경:14) 塵(티끌진:14) 塾(글방숙:14) 增(더할증:15) 壁(담장벽:16) 墻(담장장:16) 壓(누를압:17)

2월생의 이름에 길한 글자

金(쇠금:8) 釜(가마부:10) 釣(낚시조:11) 鈗(창윤:12) 鉛(납연:13) 鈺(보배옥:13) 鉉(솥귀현:13) 鉢(바릿대발:13) 銅(구리동:14) 銘(새길명:14) 銀(은은:14) 銓(저울전:14) 鋒(칼날봉:15) 銳(날샐예:15) 鋌(쇠덩이정:15) 錢(돈전:16) 錫(백철석:16) 錠(촛대정:16) 錦(비단금:16) 錯(썩일착:16) 錘(저울눈추:16) 鋼(강철강:16) 錡(가마기:16) 鍾(쇠북종:17) 鍊(쇠불릴련:17) 鍵(열쇠건:17) 鍛(쇠불릴단:17) 鍈(방울소리영:17) 鎬(남비호:18) 鎭(누를진:18) 鏡(거울경:19) 鐸(요령탁:20) 鐵(쇠철:20) 鑽(송곳찬:27) 土(흙토:3) 地(땅지:6) 在(있을재:6) 坐(앉을좌:7) 坊(막을방:7) 坎(구덩이감:7) 坂(언덕판:7) 均(고를균:7) 坤(땅곤:8) 垂(드릴수:8) 坪(벌판평:8) 坦(평탄탄:8) 垠(언덕은:9) 垣(담원:9) 型(본보기형:9) 城(재성:10) 埈(높을준:10) 基(터기:11) 執(잡을집:11) 域(지경역:11) 埴(진흙

식:11) 培(북돋을배:11) 堅(굳을건:11) 堂(집당:11) 堤(막을제:12) 堯(요임금요:12) 報(갚을보:12) 場(마당장:12) 塞(변방새:13) 塗(진흙도:13) 境(지경경:14) 塵(티끌진:14) 塾(글방숙:14) 增(더할증:15) 壁(담장벽:16) 墻(담장장:16) 壓(누를압:17)

3월생의 이름에 길한 글자

木(나무목:4) 未(아닐미:5) 末(끝말:5) 本(근본본:5) 札(편지찰:5) 朱(붉을주:6) 朴(나무박:6) 李(오얏이:7) 杞(구기자기:7) 杜(막을두:7) 村(마을촌:7) 材(목재재:7) 杓(북두자루표:7) 杏(살구행:7) 林(수풀림:8) 東(동녘동:8) 松(소나무송:8) 枝(가지지:8) 果(과실과:8) 析(나눌석:8) 枯(마른나무고:9) 柱(기둥주:9) 柄(자루병:9) 柏(잣나무백:9) 根(뿌리근:10) 栗(밤율:10) 核(씨핵:10) 格(격식격:10) 梧(오동오:11) 梅(매화매:11) 條(조목조:11) 梁(들보양:11) 植(심을식:12) 棟(들보동:12) 森(수풀삼:12) 棉(솜면:12) 楷(본보기해:13) 楚(초나라초:13) 楔(문설주설:13) 槃(쟁반반:14) 榮(영화영:14) 構(집세울구:14) 模(본뜰모:15) 槿(무궁화근:15) 標(표할표:15) 樂(즐거울락:15) 樣(모양양:15) 機(베틀기:16) 樺(벗나무화:16) 樸(순박할박:16) 權(권세권:22) 水(물수:4) 永(길영:5) 求(구할구:6) 江(강강:7) 池(못지:7) 沁(물적실심:8) 沐(목욕할목:8) 決(결단할결:8) 治

(다스릴치:9) 注(물댈주:9) 泰(클태:9) 泉(샘천:9) 沿(못연:9) 沼(못소:9) 河(물하:9) 泫(물깊을현:9) 泓(물깊을홍:9) 泂(차가울형:9) 泳(수영할영:9) 油(기름유:9) 泊(쉴박:9) 法(법법:9) 活(살활:10) 洙(물가수:10) 洗(씻을세:10) 洞(골동:10) 洪(클홍:10) 津(나루진:10) 洋(큰바다양:10) 洲(섬주:10) 洛(낙수낙:10) 流(흐를류:11) 海(바다해:11) 浚(물깊을준:11) 浣(빨래할완:11) 消(꺼질소:11) 浩(넓을호:11) 涇(통할경:11) 浮(뜰부:11) 涉(물건널섭:11) 涯(물가애:12) 淳(순박할순:12) 凉(서늘량:12) 淸(맑을청:12) 淨(맑을정:12) 淵(못연:12) 淑(맑을숙:12) 湖(호수호:13) 渡(건널도:13) 渙(물흐를환:13) 渤(안개발:13) 溫(따뜻할온:13) 渶(물맑을영:13) 準(법준:14) 源(근원원:14) 溝(개천구:14) 溟(바다명:14) 溢(넘칠일:14) 漫(아득할만:15) 漸(점차점:15) 演(연극연:15) 潤(윤택할윤:16) 潼(물결높을동:16) 潮(조수조:16) 潭(못담:16) 澤(못택:17) 濯(씻을탁:18) 濬(깊을준:18) 濱(물가빈:18) 灌(물댈관:22) 灣(구비만:26)

4월생의 이름에 길한 글자

水(물수:4) 永(길영:5) 求(구할구:6) 江(강강:7) 池(못지:7) 沁(물적실심:8) 沐(목욕할목:8) 決(결단할결:8) 治(다스릴치:9) 注(물댈주:9) 泰(클태:9) 泉(샘천:9) 沿(못연:9) 沼(못소:9) 河

(물하:9) 泫(물깊을현:9) 泓(물깊을홍:9) 泂(차가울형:9) 泳(수영할영:9) 油(기름유:9) 泊(쉴박:9) 法(법법:9) 活(살활:10) 洙(물가수:10) 洗(씻을세:10) 洞(골동:10) 洪(클홍:10) 津(나루진:10) 洋(큰바다양:10) 洲(섬주:10) 洛(낙수낙:10) 流(흐를류:11) 海(바다해:11) 浚(물깊을준:11) 浣(빨래할완:11) 消(꺼질소:11) 浩(넓을호:11) 涇(통할경:11) 浮(뜰부:11) 涉(물건널섭:11) 涯(물가애:12) 淳(순박할순:12) 涼(서늘량:12) 淸(맑을청:12) 淨(맑을정:12) 淵(못연:12) 淑(맑을숙:12) 湖(호수호:13) 渡(건널도:13) 渙(물흐를환:13) 渤(안개발:13) 溫(따뜻할온:13) 渶(물맑을영:13) 準(법준:14) 源(근원원:14) 溝(개천구:14) 溟(바다명:14) 溢(넘칠일:14) 漫(아득할만:15) 漸(점차점:15) 演(연극연:15) 潤(윤택할윤:16) 潼(물결높을동:16) 潮(조수조:16) 潭(못담:16) 澤(못택:17) 濯(씻을탁:18) 濬(깊을준:18) 濱(물가빈:18) 灌(물댈관:22) 灣(구비만:26) 金(쇠금:8) 釜(가마부:10) 釣(낚시조:11) 鈗(창윤:12) 鉛(납연:13) 鈺(보배옥:13) 鉉(솥귀현:13) 鉢(바릿대발:13) 銅(구리동:14) 銘(새길명:14) 銀(은은:14) 銓(저울전:14) 鋒(칼날봉:15) 銳(날샐예:15) 鋌(쇠덩이정:15) 錢(돈전:16) 錫(백철석:16) 錠(촛대정:16) 錦(비단금:16) 錯(썩일착:16) 錘(저울눈추:16) 鋼(강철강:16) 錡(가마기:16) 鍾(쇠북종:17) 鍊(쇠불릴련:17) 鍵(열쇠건:17) 鍛(쇠불릴단:17) 鍈(방울소리영:17) 鎬(남비호:18) 鎭(누를진:18) 鏡(거울경:19) 鐸(요령탁:20) 鐵(쇠철:20) 鑽(송곳찬:27)

5월생의 이름에 길한 글자

水(물수:4) 永(길영:5) 求(구할구:6) 江(강강:7) 池(못지:7) 沁(물적실심:8) 沐(목욕할목:8) 決(결단할결:8) 治(다스릴치:9) 注(물댈주:9) 泰(클태:9) 泉(샘천:9) 沿(못연:9) 沼(못소:9) 河(물하:9) 泫(물깊을현:9) 泓(물깊을홍:9) 泂(차가울형:9) 泳(수영할영:9) 油(기름유:9) 泊(쉴박:9) 法(법법:9) 活(살활:10) 洙(물가수:10) 洗(씻을세:10) 洞(골동:10) 洪(클홍:10) 津(나루진:10) 洋(큰바다양:10) 洲(섬주:10) 洛(낙수낙:10) 流(흐를류:11) 海(바다해:11) 浚(물깊을준:11) 浣(빨래할완:11) 消(꺼질소:11) 浩(넓을호:11) 涇(통할경:11) 浮(뜰부:11) 涉(물건널섭:11) 涯(물가애:12) 淳(순박할순:12) 凉(서늘량:12) 淸(맑을청:12) 淨(맑을정:12) 淵(못연:12) 淑(맑을숙:12) 湖(호수호:13) 渡(건널도:13) 渙(물흐를환:13) 渤(안개발:13) 溫(따뜻할온:13) 渶(물맑을영:13) 準(법준:14) 源(근원원:14) 溝(개천구:14) 溟(바다명:14) 溢(넘칠일:14) 漫(아득할만:15) 漸(점차점:15) 演(연극연:15) 潤(윤택할윤:16) 潼(물결높을동:16) 潮(조수조:16) 潭(못담:16) 澤(못택:17) 濯(씻을탁:18) 濬(깊을준:18) 濱(물가빈:18) 灌(물댈관:22) 灣(구비만:26) 金(쇠금:8) 釜(가마부:10) 釣(낚시조:11) 鈗(창윤:12) 鉛(납연:13) 鈺(보배옥:13) 鉉(솥귀현:13) 鉢(바릿대발:13) 銅(구리동:14) 銘(새길명:14) 銀(은은:14) 銓(저울전:14) 鋒(칼날봉:15) 銳(날샐예:15) 鋌(쇠덩이정:15) 錢(돈전:16) 錫(백철석:16) 錠(촛대

정:16) 錦(비단금:16) 錯(썩일착:16) 錘(저울눈추:16) 鋼(강철강:16) 錡(가마기:16) 鍾(쇠북종:17) 鍊(쇠불릴련:17) 鍵(열쇠건:17) 鍛(쇠불릴단:17) 鍈(방울소리영:17) 鎬(남비호:18) 鎮(누를진:18) 鏡(거울경:19) 鐸(요령탁:20) 鐵(쇠철:20) 鑽(송곳찬:27)

6월생의 이름에 길한 글자

水(물수:4) 永(길영:5) 求(구할구:6) 江(강강:7) 池(못지:7) 沁(물적실심:8) 沐(목욕할목:8) 決(결단할결:8) 治(다스릴치:9) 注(물댈주:9) 泰(클태:9) 泉(샘천:9) 沿(못연:9) 沼(못소:9) 河(물하:9) 泫(물깊을현:9) 泓(물깊을홍:9) 泂(차가울형:9) 泳(수영할영:9) 油(기름유:9) 泊(쉴박:9) 法(법법:9) 活(살활:10) 洙(물가수:10) 洗(씻을세:10) 洞(골동:10) 洪(클홍:10) 津(나루진:10) 洋(큰바다양:10) 洲(섬주:10) 洛(낙수낙:10) 流(흐를류:11) 海(바다해:11) 浚(물깊을준:11) 浣(빨래할완:11) 消(꺼질소:11) 浩(넓을호:11) 涇(통할경:11) 浮(뜰부:11) 涉(물건널섭:11) 涯(물가애:12) 淳(순박할순:12) 凉(서늘량:12) 淸(맑을청:12) 淨(맑을정:12) 淵(못연:12) 淑(맑을숙:12) 湖(호수호:13) 渡(건널도:13) 渙(물흐를환:13) 渤(안개발:13) 溫(따뜻할온:13) 渶(물맑을영:13) 準(법준:14) 源(근원원:14) 溝(개천구:14) 溟(바다명:14) 溢(넘칠일:14) 漫(아득할만:15) 漸(점차

점:15) 演(연극연:15) 潤(윤택할윤:16) 潼(물결높을동:16) 潮(조수조:16) 潭(못담:16) 澤(못택:17) 擢(씻을탁:18) 濬(깊을준:18) 濱(물가빈:18) 灌(물댈관:22) 灣(구비만:26) 木(나무목:4) 未(아닐미:5) 末(끝말:5) 本(근본본:5) 札(편지찰:5) 朱(붉을주:6) 朴(나무박:6) 李(오얏이:7) 杞(구기자기:7) 杜(막을두:7) 村(마을촌:7) 材(목재재:7) 杓(북두자루표:7) 杏(살구행:7) 林(수풀림:8) 東(동녘동:8) 松(소나무송:8) 枝(가지지:8) 果(과실과:8) 析(나눌석:8) 枯(마른나무고:9) 柱(기둥주:9) 柄(자루병:9) 柏(잣나무백:9) 根(뿌리근:10) 栗(밤율:10) 核(씨핵:10) 格(격식격:10) 梧(오동오:11) 梅(매화매:11) 條(조목조:11) 梁(들보양:11) 植(심을식:12) 棟(들보동:12) 森(수풀삼:12) 棉(솜면:12) 楷(본보기해:13) 楚(초나라초:13) 楔(문설주설:13) 槃(쟁반반:14) 榮(영화영:14) 構(집세울구:14) 模(본뜰모:15) 槿(무궁화근:15) 標(표할표:15) 樂(즐거울락:15) 樣(모양양:15) 機(베틀기:16) 樺(벗나무화:16) 樸(순박할박:16) 權(권세권:22) 金(쇠금:8) 釜(가마부:10) 釣(낚시조:11) 銃(창윤:12) 鉛(납연:13) 鈺(보배옥:13) 鉉(솥귀현:13) 鉢(바릿대발:13) 銅(구리동:14) 銘(새길명:14) 銀(은은:14) 銓(저울전:14) 鋒(칼날봉:15) 銳(날샐예:15) 鋌(쇠덩이정:15) 錢(돈전:16) 錫(백철석:16) 錠(촛대정:16) 錦(비단금:16) 錯(썩일착:16) 錘(저울눈추:16) 鋼(강철강:16) 錡(가마기:16) 鍾(쇠북종:17) 鍊(쇠불릴련:17) 鍵(열쇠건:17) 鍛(쇠불릴단:17) 鍈(방울소리영:17) 鎬(남비호:18) 鎭(누를진:18) 鏡(거울경:19) 鐸(요

령타:20) 鐵(쇠철:20) 鑽(송곳찬:27)

7월생의 이름에 길한 글자

火(불화:4) 灰(재회:6) 炅(빛날경:8) 炎(무더울염:8) 炷(심지주:9) 炫(밝을현:9) 炳(빛날병:9) 炯(빛날형:9) 烏(까마귀오:10) 烈(더울열:10) 烽(봉화봉:11) 焌(불꽃준:11) 焉(어디언:11) 無(없을무:12) 然(그를연:12) 焦(불탈초:12) 煕(빛날희:13) 煙(연기연:13) 煥(빛날환:13) 照(비칠조:13) 煌(불꽃황:13) 煜(빛날욱:13) 熊(곰웅:14) 熏(훈기훈:14) 熟(익을숙:15) 熱(더울열:15) 燕(연나라연:16) 燈(등잔등:16) 燥(말릴조:17) 燮(화할섭:17) 營(경영할영:17) 燦(빛날찬:17) 爀(빛날혁:18) 木(나무목:4) 未(아닐미:5) 末(끝말:5) 本(근본본:5) 札(편지찰:5) 朱(붉을주:6) 朴(나무박:6) 李(오얏이:7) 杞(구기자기:7) 杜(막을두:7) 村(마을촌:7) 材(목재재:7) 杓(북두자루표:7) 杏(살구행:7) 林(수풀림:8) 東(동녘동:8) 松(소나무송:8) 枝(가지지:8) 果(과실과:8) 析(나눌석:8) 枯(마른나무고:9) 柱(기둥주:9) 柄(자루병:9) 柏(잣나무백:9) 根(뿌리근:10) 栗(밤율:10) 核(씨핵:10) 格(격식격:10) 梧(오동오:11) 梅(매화매:11) 條(조목조:11) 梁(들보양:11) 植(심을식:12) 棟(들보동:12) 森(수풀삼:12) 棉(솜면:12) 楷(본보기해:13) 楚(초나라초:13) 楔(문설주설:13) 槃(쟁반반:14) 榮(영화영:14) 構(집세

울구:14) 模(본뜰모:15) 槿(무궁화근:15) 標(표할표:15) 樂(즐거울락:15) 樣(모양양:15) 機(베틀기:16) 樺(벗나무화:16) 樸(순박할박:16) 權(권세권:22)

8월생의 이름에 길한 글자

火(불화:4) 灰(재회:6) 炅(빛날경:8) 炎(무더울염:8) 炷(심지주:9) 炫(밝을현:9) 炳(빛날병:9) 炯(빛날형:9) 烏(까마귀오:10) 烈(더울열:10) 烽(봉화봉:11) 焌(불꽃준:11) 焉(어디언:11) 無(없을무:12) 然(그를연:12) 焦(불탈초:12) 熙(빛날희:13) 煙(연기연:13) 煥(빛날환:13) 照(비칠조:13) 煌(불꽃황:13) 煜(빛날욱:13) 熊(곰웅:14) 熏(훈기훈:14) 熟(익을숙:15) 熱(더울열:15) 燕(연나라연:16) 燈(등잔등:16) 燥(말릴조:17) 燮(화할섭:17) 營(경영할영:17) 燦(빛날찬:17) 爀(빛날혁:18) 木(나무목:4) 未(아닐미:5) 末(끝말:5) 本(근본본:5) 札(편지찰:5) 朱(붉을주:6) 朴(나무박:6) 李(오얏이:7) 杞(구기자기:7) 杜(막을두:7) 村(마을촌:7) 材(목재재:7) 杓(북두자루표:7) 杏(살구행:7) 林(수풀림:8) 東(동녘동:8) 松(소나무송:8) 枝(가지지:8) 果(과실과:8) 析(나눌석:8) 枯(마른나무고:9) 柱(기둥주:9) 柄(자루병:9) 柏(잣나무백:9) 根(뿌리근:10) 栗(밤율:10) 核(씨핵:10) 格(격식격:10) 梧(오동오:11) 梅(매화매:11) 條(조목조:11) 梁(들보양:11) 植(심을식:12) 棟(들보

동:12) 森(수풀삼:12) 棉(솜면:12) 楷(본보기해:13) 楚(초나라초:13) 楔(문설주설:13) 槃(쟁반반:14) 榮(영화영:14) 構(집세울구:14) 模(본뜰모:15) 槿(무궁화근:15) 標(표할표:15) 樂(즐거울락:15) 樣(모양양:15) 機(베틀기:16) 樺(벗나무화:16) 樸(순박할박:16) 權(권세권:22)

9월생의 이름에 길한 글자

木(나무목:4) 未(아닐미:5) 末(끝말:5) 本(근본본:5) 札(편지찰:5) 朱(붉을주:6) 朴(나무박:6) 李(오얏이:7) 杞(구기자기:7) 杜(막을두:7) 村(마을촌:7) 材(목재재:7) 杓(북두자루표:7) 杏(살구행:7) 林(수풀림:8) 東(동녘동:8) 松(소나무송:8) 枝(가지지:8) 果(과실과:8) 析(나눌석:8) 枯(마른나무고:9) 柱(기둥주:9) 柄(자루병:9) 柏(잣나무백:9) 根(뿌리근:10) 栗(밤율:10) 核(씨핵:10) 格(격식격:10) 梧(오동오:11) 梅(매화매:11) 條(조목조:11) 梁(들보양:11) 植(심을식:12) 棟(들보동:12) 森(수풀삼:12) 棉(솜면:12) 楷(본보기해:13) 楚(초나라초:13) 楔(문설주설:13) 槃(쟁반반:14) 榮(영화영:14) 構(집세울구:14) 模(본뜰모:15) 槿(무궁화근:15) 標(표할표:15) 樂(즐거울락:15) 樣(모양양:15) 機(베틀기:16) 樺(벗나무화:16) 樸(순박할박:16) 權(권세권:22) 火(불화:4) 灰(재회:6) 炅(빛날경:8) 炎(무더울염:8) 炷(심지주:9) 炫(밝을현:9) 炳(빛날병:9) 炯(빛날형:9)

烏(까마귀오:10) 烈(더울열:10) 烽(봉화봉:11) 焌(불꽃준:11) 焉(어디언:11) 無(없을무:12) 然(그를연:12) 焦(불탈초:12) 熙(빛날희:13) 煙(연기연:13) 煥(빛날환:13) 照(비칠조:13) 煌(불꽃황:13) 煜(빛날욱:13) 熊(곰웅:14) 熏(훈기훈:14) 熟(익을숙:15) 熱(더울열:15) 燕(연나라연:16) 燈(등잔등:16) 燥(말릴조:17) 燮(화할섭:17) 營(경영할영:17) 燦(빛날찬:17) 爀(빛날혁:18)

10월생의 이름에 길한 글자

土(흙토:3) 地(땅지:6) 在(있을재:6) 坐(앉을좌:7) 坊(막을방:7) 坎(구덩이감:7) 坂(언덕판:7) 均(고를균:7) 坤(땅곤:8) 垂(드릴수:8) 坪(벌판평:8) 坦(평탄탄:8) 垠(언덕은:9) 垣(담원:9) 型(본보기형:9) 城(재성:10) 埈(높을준:10) 基(터기:11) 執(잡을집:11) 域(지경역:11) 埴(진흙식:11) 培(북돋을배:11) 堅(굳을견:11) 堂(집당:11) 堤(막을제:12) 堯(요임금요:12) 報(갚을보:12) 場(마당장:12) 塞(변방새:13) 塗(진흙도:13) 境(지경경:14) 塵(티끌진:14) 塾(글방숙:14) 增(더할증:15) 壁(담장벽:16) 墻(담장장:16) 壓(누를압:17) 火(불화:4) 灰(재회:6) 炅(빛날경:8) 炎(무더울염:8) 炷(심지주:9) 炫(밝을현:9) 炳(빛날병:9) 炯(빛날형:9) 烏(까마귀오:10) 烈(더울열:10) 烽(봉화봉:11) 焌(불꽃준:11) 焉(어디언:11) 無(없을무:12) 然(그를

연:12) 焦(불탈초:12) 熙(빛날희:13) 煙(연기연:13) 煥(빛날환:13) 照(비칠조:13) 煌(불꽃황:13) 煜(빛날욱:13) 熊(곰웅:14) 熏(훈기훈:14) 熟(익을숙:15) 熱(더울열:15) 燕(연나라연:16) 燈(등잔등:16) 燥(말릴조:17) 燮(화할섭:17) 營(경영할영:17) 燦(빛날찬:17) 爀(빛날혁:18)

11월생의 이름에 길한 글자

土(흙토:3) 地(땅지:6) 在(있을재:6) 坐(앉을좌:7) 坊(막을방:7) 坎(구덩이감:7) 坂(언덕판:7) 均(고를균:7) 坤(땅곤:8) 垂(드릴수:8) 坪(벌판평:8) 坦(평탄탄:8) 垠(언덕은:9) 垣(담원:9) 型(본보기형:9) 城(재성:10) 埈(높을준:10) 基(터기:11) 執(잡을집:11) 域(지경역:11) 埴(진흙식:11) 培(북돋을배:11) 堅(굳을견:11) 堂(집당:11) 堤(막을제:12) 堯(요임금요:12) 報(갚을보:12) 場(마당장:12) 塞(변방새:13) 塗(진흙도:13) 境(지경경:14) 塵(티끌진:14) 塾(글방숙:14) 增(더할증:15) 壁(담장벽:16) 墻(담장장:16) 壓(누를압:17) 火(불화:4) 灰(재회:6) 炅(빛날경:8) 炎(무더울염:8) 炷(심지주:9) 炫(밝을현:9) 炳(빛날병:9) 炯(빛날형:9) 烏(까마귀오:10) 烈(더울열:10) 烽(봉화봉:11) 焌(불꽃준:11) 焉(어디언:11) 無(없을무:12) 然(그를연:12) 焦(불탈초:12) 熙(빛날희:13) 煙(연기연:13) 煥(빛날환:13) 照(비칠조:13) 煌(불꽃황:13) 煜(빛날욱:13) 熊(곰

웅:14) 熏(훈기훈:14) 熟(익을숙:15) 熱(더울열:15) 燕(연나라 연:16) 燈(등잔등:16) 燥(말릴조:17) 燮(화할섭:17) 營(경영할 영:17) 燦(빛날찬:17) 爀(빛날혁:18)

12월생의 이름에 길한 글자

木(나무목:4) 未(아닐미:5) 末(끝말:5) 本(근본본:5) 札(편지 찰:5) 朱(붉을주:6) 朴(나무박:6) 李(오얏이:7) 杞(구기자기:7) 杜(막을두:7) 村(마을촌:7) 材(목재재:7) 杓(북두자루표:7) 杏(살구행:7) 林(수풀림:8) 東(동녘동:8) 松(소나무송:8) 枝(가지 지:8) 果(과실과:8) 析(나눌석:8) 枯(마른나무고:9) 柱(기둥 주:9) 柄(자루병:9) 柏(잣나무백:9) 根(뿌리근:10) 栗(밤율:10) 核(씨핵:10) 格(격식격:10) 梧(오동오:11) 梅(매화매:11) 條(조목조:11) 梁(들보양:11) 植(심을식:12) 棟(들보동:12) 森(수풀 삼:12) 棉(솜면:12) 楷(본보기해:13) 楚(초나라초:13) 楔(문설주설:13) 槃(쟁반반:14) 榮(영화영:14) 構(집세울구:14) 模(본뜰모:15) 槿(무궁화근:15) 標(표할표:15) 樂(즐거울락:15) 樣(모양양:15) 機(베틀기:16) 樺(벗나무화:16) 樸(순박할박:16) 權(권세권:22) 火(불화:4) 灰(재회:6) 炅(빛날경:8) 炎(무더울 염:8) 炷(심지주:9) 炫(밝을현:9) 炳(빛날병:9) 炯(빛날형:9) 烏(까마귀오:10) 烈(더울열:10) 烽(봉화봉:11) 焌(불꽃준:11) 焉(어디언:11) 無(없을무:12) 然(그를연:12) 焦(불탈초:12) 熙

(빛날희:13) 煙(연기연:13) 煥(빛날환:13) 照(비칠조:13) 煌(불꽃황:13) 煜(빛날욱:13) 熊(곰웅:14) 熏(훈기훈:14) 熟(익을숙:15) 熱(더울열:15) 燕(연나라연:16) 燈(등잔등:16) 燥(말릴조:17) 燮(화할섭:17) 營(경영할영:17) 燦(빛날찬:17) 爀(빛날혁:18)

직업길흉

■ 1월생에게 길한 직업

1월생은 이동이 많은 영업직이나 군인, 무관, 금은보석, 시계, 기계, 공업, 철물, 조선소, 자동차, 중장비, 보일러, 총포상, 침구업, 기원, 철공업, 금융업, 공구상, 카센타, 기계수리 등이 길하다.

■ 2월생에게 길한 직업

2월생은 관리, 교육, 기획, 연구 등과 왕성한 기운을 펼치는 직업이 길하다. 군인, 금은보석, 시계, 기계, 공업, 철물, 조선소, 자동차, 중장비, 보일러, 총포상, 침구업, 기원, 철공업, 금융업, 공구상, 카센타, 기계수리 등이 길하다.

■ 3월생에게 길한 직업

3월생은 연구, 기획 등 이동이 적은 직업이 길하다. 의류, 포목, 디자이너, 교육, 침구, 지물포, 지압, 바느질, 조각, 미용, 예술, 승려, 화장품, 타자, 음악가, 가구점, 악기점, 서점, 문방구, 신문사, 당구장, 야채, 청과물, 한약, 주유소, 곡물상, 화원, 식물원, 산림업, 의상실, 양복점, 방직, 가수 등이 길하다.

■ 4월생에게 길한 직업

4월생은 이동이 많은 영업직이 길하며 해운, 선박, 요식, 다방, 레스토랑, 카페, 목욕탕, 중개업, 무역, 의사, 약사, 교사, 여관, 장의사, 식품, 수도, 술집, 양어장, 유통, 수산업 등이 길하다.

■ 5월생에게 길한 직업

5월생은 관리, 교육, 기획, 연구 등과 왕성한 기운을 펼치는 직업이 길하다. 해운, 선박, 요식, 다방, 레스토랑, 카페, 목욕탕, 중개업, 무역, 의사, 약사, 교사, 여관, 장의사, 식품, 수도, 술집, 양어장, 유통, 수산업 등이 길하다.

■ 6월생에게 길한 직업

6월생은 연구, 기획 등 이동이 적은 직업이 길하다. 의류, 포목, 디자이너, 교육, 침구, 지물포, 지압, 바느질, 조각, 미용, 예술, 승려, 화장품, 타자, 음악가, 가구점, 악기점, 서점, 문방구, 신문사, 당구장, 야채, 청과물, 한약, 주유소, 곡물상, 화원, 식물원, 산림업, 의상실, 양복점, 방직, 가수 등이 길하다.

■ 7월생에게 길한 직업

7월생은 이동이 많은 영업직이 길하며 전자제품, 보일러, 건축, 외교관, 교사, 아나운서, 연예인, 군인, 의사, 법관, 정치인, 봉사직, 역술가, 극장업, 통신업, 사진관, 양품점, 화장품, 광고업, 화공약품, 예식장, 학원, 조명기구, 교육, 언론기관, 기자, 안경점, 전화상, 이발소, 미용실 등이 길하다.

■ 8월생에게 길한 직업

8월생은 관리, 교육, 기획, 연구 등과 왕성한 기운을 펼치는 직업이 길하다. 전자제품, 보일러, 건축, 외교관, 교사, 아나운서, 연예인, 군인, 의사, 법관, 정치인, 봉사직, 역술가, 극장업, 통신업, 사진관, 양품점, 화장품, 광고업, 화공약품, 예식장, 학원, 조명기구, 교육, 언론기관, 기자, 안경점, 전화상, 이발소, 미용실 등이 길하다.

■ 9월생에게 길한 직업

9월생은 연구, 기획 등 이동이 적은 직업이 길하며 전자제품, 보일러, 건축, 외교관, 교사, 아나운서, 연예인, 군인, 의사, 법관, 정치인, 봉사직, 역술가, 극장업, 통신업, 사진관, 양품점, 화장품, 광고업, 화공약품, 예식장, 학원, 조명기구,교육, 언론기관, 기자, 안경점, 전화상, 이발소, 미용실 등이 길하다.

■ 10월생에게 길한 직업

이동이 많은 영업직이 길하며 부동산, 중개업, 분식업, 정육점, 토건업, 운동선수, 군인, 안마사,산림, 인쇄, 외교, 하숙, 여관업, 도예, 골통품, 극장, 묘지, 독서실, 유통, 농업, 목장, 과수원 등이 길하다.

■ 11월생에게 길한 직업

11월생은 관리, 교육, 기획, 연구 등과 왕성한 기운을 펼치는 직업이 길하다. 부동산, 중개업, 분식업, 정육점, 토건업, 운동선수, 군인, 안마사, 산림, 인쇄, 외교, 하숙, 숙박업, 도예, 골통품, 극장, 묘지, 독서실, 유통, 땅장사, 농업, 목장, 과수원 등이 길하다.

■ 12월생에게 길한 직업

12월생은 연구, 기획 등으로 이동이 적은 직업이 길하다. 전자제품, 보일러, 건축, 외교관, 교사, 아나운서, 연예인, 군인, 의사, 법관, 정치인, 봉사직, 역술가, 극장업, 통신업, 사진관, 양품점, 화장품, 광고업, 화공약품, 예식장, 학원, 조명기구,교육, 언론기관, 기자, 안경점, 전화상, 이발소, 미용실 등이 길하다.

물건길흉

■ **1월생에게 길한 물건**

1월생은 흙, 화분, 벽돌, 금속, 기계, 칼, 망치, 숫가락, 젓가락, 연장, 시계, 선풍기, 반지, 열쇠, 차, 금, 은, 보석 등이 길하다.

■ **2월생에게 길한 물건**

2월생에게 길한 물건은 흙, 화분, 벽돌, 금속, 시계, 선풍기, 반지, 신발, 기계, 칼, 송곳, 연장, 망치, 열쇠, 차, 금, 은, 보석 등이다.

■ **3월생에게 길한 물건**

3월생에게 길한 물건은 나무, 가구, 거울, 나무책상, 책꽂이, 가방, 책, 꽃, 어항, 강, 바다, 수족관, 냉장고, 목욕탕 등이다.

■ **4월생에게 길한 물건**

4월생에게 길한 물건은 금속, 시계, 선풍기, 반지, 열쇠, 차, 금, 은,

보석, 냉장고, 물, 목욕탕, 세면기, 화장실, 음료수, 어항, 연못, 호수, 강, 바다, 수족관 등이다.

■ 5월생에게 길한 물건

5월생에게 길한 물건은 금속, 시계, 선풍기, 반지, 열쇠, 차, 금, 은, 보석, 냉장고, 물, 음료수, 목욕탕, 세면기, 화장실, 어항, 수족관, 바다, 강, 호수 등이다.

■ 6월생에게 길한 물건

6월생에게 길한 물건은 나무, 가구, 나무책상, 목재, 책꽂이, 책, 꽃, 어항, 수족관, 물, 음료수, 화장실, 냉장고, 목욕탕 등이다.

■ 7월생에게 길한 물건

7월생에게 길한 물건은 나무, 가구, 목재, 나무책상, 책꽂이, 책, 조명, 전기, 가스렌지, 촛불, 난로, 태양, 연필, 옷, 화장지 등이다.

■ 8월생에게 길한 물건

8월생에게 길한 물건은 나무, 가구, 목재, 나무책상, 조명, 전기, 가스렌지, 촛불, 난로, 태양, 연필, 옷, 장갑, 화장지 등이다.

■ 9월생에게 길한 물건

9월생에게 길한 물건은 물건은 나무, 가구, 목재, 나무책상, 조명, 전기, 가스렌지, 촛불, 난로, 태양, 연필, 옷, 장갑, 화장지 등이다.

■ **10월생에게 길한 물건**

10월생에게 길한 물건은 흙, 화분, 벽돌, 난로, 조명, 전기, 화장지, 연필, 촛불, 부동산, 대지 등이다.

■ **11월생에게 길한 물건**

11월생에게 길한 물건은 흙, 화분, 벽돌, 난로, 조명, 전기, 화장지, 촛불, 전기장판, 부동산, 대지 등이다.

■ **12월생에게 길한 물건**

12월생에게 길한 물건은 나무, 가구, 장롱, 연필, 화장지, 촛불, 목재, 난로, 조명, 전기, 부동산, 대지 등이다.

보석길흉

생월과 보석운

- 1월생은 가닛이 가장 대길하다. 다음은 토파즈, 터키석, 자수정, 산호, 아콰마린 순이다.
- 2월생은 자수정이 가장 대길하다. 다음은 터키석, 가닛, 산호, 아콰마린, 다이아몬드 순이다.
- 3월생은 산호와 아콰마린이 가장 대길하다. 다음은 가닛, 자수정, 다이아몬드, 비취, 에메랄드 순이다.
- 4월생은 다이아몬드가 가장 대길하다. 다음은 자수정, 산호, 아콰마린, 비취, 에메랄드, 진주 순이다.
- 5월생은 비취와 에메랄드가 가장 대길하다. 다음은 산호, 아콰마린, 다이아몬드, 진주, 루비 순이다.
- 6월생은 진주가 가장 대길하다. 다음은 다이아몬드, 비취, 에메랄드, 루비, 페리도트 순이다.

- 7월생은 루비가 가장 대길하다. 다음은 비취, 에메랄드, 진주, 페리도트, 블루사파이어 순이다.
- 8월생은 페리도트가 가장 대길하다. 다음은 진주, 루비, 블루사파이어, 오팔 순이다.
- 9월생은 블루사파이어가 가장 대길하다. 다음은 루비, 페리도트, 오팔, 토파즈 순이다.
- 10월생은 오팔이 가장 대길하다. 다음은 페리도트, 블루사파이어, 토파즈, 터키석 순이다.
- 11월생은 토바즈가 가장 대길하다. 다음은 블루사파이어, 토파즈, 가닛, 터키석 순이다.
- 12월생은 터키석이 가장 대길하다. 다음은 오팔, 토파즈, 가닛, 자수정 순이다.

보석이 담고 있는 행운

- 가닛은 정조, 우애, 진실, 자손번창, 희망, 발전, 실천 등의 행운을 나타낸다.
- 자수정은 성실, 평화, 희망, 신의 가호, 발전, 실천 등의 행운을 나타낸다.
- 산호와 아콰마린은 침착, 총명, 용기, 재능, 인기, 통솔력, 원만한 이성관계 등의 행운을 나타낸다.
- 다이아몬드는 청정한 마음, 사랑, 소원성취, 신의 가호, 명예, 성

공, 신용 등의 행운을 나타낸다.

- 비취와 에메랄드는 행운, 행복, 부귀영화, 운수대통, 경사, 명예, 성공, 신용 등의 행운을 나타낸다.
- 진주는 건강, 장수, 부귀, 화해, 재물, 부부금슬, 결혼, 인품, 직업 등의 행운을 나타낸다.
- 루비는 정열, 인자, 덕망, 위엄, 사교, 좋은 인연, 음덕 등의 행운을 나타낸다.
- 페리도트는 행복, 부부화합, 선연상봉, 사교, 좋은 인연, 음덕 등의 행운을 나타낸다.
- 블루사파이어는 자애, 성실, 덕망, 재물, 건강, 승진, 권위 등의 행운을 나타낸다.
- 오팔은 환희, 안락, 인내, 극복, 안정, 부동산, 인자, 덕심, 부하 등의 행운을 나타낸다.
- 토파즈는 우정, 희망, 결백, 행운, 안정, 부동산, 인자, 덕심, 부하 등의 행운을 나타낸다.
- 터키석은 성공, 승리, 합격, 발전, 승진, 화목, 득자, 사랑, 효심, 우애 등의 행운을 나타낸다.

보석과 건강

- 가닛을 지니면 수족, 신경계통, 간장, 인후기관 등이 건강해진다.
- 자수정은 수족, 신경계통, 간장, 인후기관 등이 건강해진다.

■ 산호를 지니면 간장, 손, 어깨 등이 건강해진다.
■ 다이아몬드를 지니면 머리, 눈, 심장 등이 건강해진다.
■ 비취나 에메랄드를 지니면 머리, 눈, 심장 등이 건강해진다.
■ 진주를 지니면 복부, 위장, 소화기관 등이 건강해진다.
■ 루비를 지니면 폐, 치아, 생식기 등이 건강해진다.
■ 페리도트를 지니면 폐, 치아, 생식기 등이 건강해진다.
■ 블루사파이어를 지니면 기력이 넘치고 폐, 골격 등이 건강해진다.
■ 오팔을 지니면 귀, 신장, 요도기관 등이 건강해진다.
■ 토파즈를 지니면 귀, 신장, 요도기관 등이 건강해진다.
■ 터키석을 지니면 관절, 코, 간장 등이 건강해진다.

보석을 선물할 때

■ 정조를 지키라는 뜻으로는 가닛이나 다이아몬드를 선물한다.
■ 우애있게 지내라는 뜻으로는 가닛이나 토파즈를 선물한다.
■ 진실한 사람이 되라는 뜻으로는 가닛이나 토파즈를 선물한다.
■ 충실하라는 뜻으로는 가닛, 자수정, 블루사파이어를 선물한다.
■ 마음의 평화를 바라는 뜻으로는 자수정이나 오팔을 선물한다.
■ 침착과 총명하라는 뜻으로는 산호를 선물한다.
■ 용감하라는 뜻으로는 산호, 터키석, 루비를 선물한다.
■ 청정하기를 바라는 뜻으로는 다이아몬드나 토파즈를 선물한다.
■ 사랑을 받아 주기를 바라는 뜻으로는 다이아몬드, 가닛, 루비를

선물한다.

- 행운을 바라는 뜻으로는 비취, 에메랄드, 토파즈를 선물한다.
- 행복하라는 뜻으로는 비취, 에메랄드, 페리도트를 선물한다.
- 건강과 부유하기를 바라는 뜻으로는 진주를 선물한다.
- 화해를 바라는 뜻으로는 진주, 페리도트, 다이아몬드를 선물한다.
- 뜨거운 사랑을 바라는 뜻으로는 루비, 다이아몬드, 페리도트를 선물한다.
- 위엄과 권위를 얻기를 바라는 뜻으로는 루비를 선물한다.
- 덕망을 바라는 뜻으로는 블루사파이어를 선물한다.
- 인내심을 바라는 뜻으로는 오팔이나 터키석을 선물한다.
- 역경을 극복하라는 뜻으로는 오팔, 산호, 터키석을 선물한다.
- 진실한 우정을 바라는 뜻으로는 토파즈를 선물한다.
- 희망을 가지라는 뜻으로는 토파즈나 비취를 선물한다.
- 결백하라는 뜻으로는 토파즈나 가닛을 선물한다.
- 성공하기를 바라는 뜻으로는 터키석을 선물한다.
- 승리하라는 뜻으로는 터키석이나 다이아몬드를 선물한다.
- 합격하라는 뜻으로는 터키석, 비취, 에메랄드를 선물한다.

맛과 건강

1월생의 맛과 건강

- 1월생이 신맛이 나는 음식을 많이 먹으면 수족, 신경계통, 간장, 담, 인후기관 등에 질병이 따른다.
- 1월생이 쓴맛이 나는 음식을 많이 먹으면 수족, 신경계통, 간장, 담, 인후기관 등에 질병이 따르나 쉽게 회복된다.
- 1월생이 단맛이 나는 음식을 많이 먹으면 복부, 위장, 비장, 소화기관 등이 건강해진다.
- 1월생이 매운맛이 나는 음식을 많이 먹으면 폐, 치아, 생식기, 대장 등이 건강해진다.
- 1월생이 짠맛이 나는 음식을 많이 먹으면 귀, 신장, 요도기관, 방광 등에 질병이 발생한다.

2월생의 맛과 건강

- 2월생이 신맛이 나는 음식을 많이 먹으면 수족, 신경계통, 간장, 담, 인후기관 등에 질병이 발생한다.
- 2월생이 쓴맛이 나는 음식을 많이 먹으면 수족, 신경계통, 간장, 담, 인후기관 등에 질병이 따르나 쉽게 회복된다.
- 2월생이 단맛이 나는 음식을 많이 먹으면 복부, 위장, 비장, 소화기관 등이 건강해진다.
- 2월생이 매운맛이 나는 음식을 많이 먹으면 폐, 치아, 생식기, 대장 등이 건강해진다.
- 2월생이 짠맛이 나는 음식을 많이 먹으면 귀, 신장, 요도기관, 방광 등에 질병이 발생한다.

3월생의 맛과 건강

- 3월생이 신맛이 나는 음식을 많이 먹으면 수족, 신경계통, 간장, 담, 인후기관 등에 질병이 따르나 쉽게 회복된다.
- 3월생이 쓴맛이 나는 음식을 많이 먹으면 머리, 눈, 심장, 소장 등에 질병이 발생한다.
- 3월생이 단맛이 나는 음식을 많이 먹으면 복부, 위장, 비장, 소화기관 등에 질병이 발생한다.
- 3월생이 매운맛이 나는 음식을 많이 먹으면 폐, 치아, 생식기, 대

장 등이 건강해진다.

- 3월생이 짠맛이 나는 음식을 많이 먹으면 귀, 신장, 요도기관, 방광 등이 건강해진다.

4월생의 맛과 건강

- 4월생이 신맛이 나는 음식을 많이 먹으면 수족, 신경계통, 간장, 담, 인후기관 등에 질병이 발생한다.
- 4월생이 쓴맛이 나는 음식을 많이 먹으면 머리, 눈, 심장, 소장 등에 질병이 발생한다.
- 4월생이 단맛이 나는 음식을 많이 먹으면 복부, 위장, 비장, 소화기관 등에 질병이 따르나 쉽게 회복된다.
- 4월생이 매운맛이 나는 음식을 많이 먹으면 폐, 치아, 생식기 대장 등이 건강해진다.
- 4월생이 짠맛이 나는 음식을 많이 먹으면 귀, 신장, 요도기관, 방광 등이 건강해진다.

5월생의 맛과 건강

- 5월생이 신맛이 나는 음식을 많이 먹으면 수족, 신경계통, 간장, 담, 인후기관 등에 질병이 발생한다.

■ 5월생이 쓴맛이 나는 음식을 많이 먹으면 머리, 눈, 심장, 소장 등에 질병이 발생한다.
■ 5월생이 단맛이 나는 음식을 많이 먹으면 복부, 위장, 비장, 소화기관 등에 질병이 따르나 쉽게 회복된다.
■ 5월생이 매운맛이 나는 음식을 많이 먹으면 폐, 치아, 생식기, 대장 등이 건강해진다.
■ 5월생이 짠맛이 나는 음식을 많이 먹으면 귀, 신장, 요도기관, 방광 등이 건강해진다.

6월생의 맛과 건강

■ 6월생이 신맛이 나는 음식을 많이 먹으면 수족, 신경계통, 간장, 담, 인후기관 등에 질병이 발생한다.
■ 6월생이 쓴맛이 나는 음식을 많이 먹으면 머리, 눈, 심장, 소장 등에 질병이 발생한다.
■ 6월생이 단맛이 나는 음식을 많이 먹으면 복부, 위장, 비장, 소화기관 등에 질병이 따르나 쉽게 회복된다.
■ 6월생이 매운맛이 나는 음식을 많이 먹으면 폐, 치아, 생식기, 대장 등이 건강해진다.
■ 6월생이 짠맛이 나는 음식을 많이 먹으면 귀, 신장, 요도기관, 방광 등이 건강해진다.

7월생의 맛과 건강

- 7월생이 신맛이 나는 음식을 많이 먹으면 수족, 신경계통, 간장, 담, 인후기관 등이 건강해진다.
- 7월생이 쓴맛이 나는 음식을 많이 먹으면 머리, 눈, 심장, 소장 등에 질병이 발생한다.
- 7월생이 단맛이 나는 음식을 많이 먹으면 복부, 위장, 비장, 소화기관 등에 질병이 발생한다.
- 7월생이 매운맛이 나는 음식을 많이 먹으면 폐, 치아, 생식기, 대장 등에 질병이 발생한다.
- 7월생이 짠맛이 나는 음식을 많이 먹으면 귀, 신장, 요도기관, 방광 등에 질병이 따르나 쉽게 회복된다.

8월생의 맛과 건강

- 8월생이 신맛이 나는 음식을 많이 먹으면 수족, 신경계통, 간장, 담, 인후기관 등이 건강해진다.
- 8월생이 쓴맛이 나는 음식을 많이 먹으면 머리, 눈, 심장, 소장 등이 건강해진다.
- 8월생이 단맛이 나는 음식을 많이 먹으면 복부, 위장, 비장, 소화기관 등에 질병이 발생한다.
- 8월생이 매운맛이 나는 음식을 많이 먹으면 폐, 치아, 생식기, 대

장 등에 질병이 발생한다.

■ 8월생이 짠맛이 나는 음식을 많이 먹으면 귀, 신장, 요도기관, 방광 등에 질병이 따르나 쉽게 회복된다.

9월생의 맛과 건강

■ 9월생이 신맛이 나는 음식을 많이 먹으면 수족, 신경계통, 간장, 담, 인후기관 등이 건강해진다.

■ 9월생이 쓴맛이 나는 음식을 많이 먹으면 머리와 눈, 심장, 소장 등이 건강해진다.

■ 9월생이 단맛이 나는 음식을 많이 먹으면 복부, 위장, 비장, 소화기관 등에 질병이 발생한다.

■ 9월생이 매운맛이 나는 음식을 많이 먹으면 폐, 치아, 생식기, 대장 등에 질병이 발생한다.

■ 9월생이 짠맛이 나는 음식을 많이 먹으면 귀, 신장, 요도기관, 방광 등에 질병이 따르나 쉽게 회복된다.

10월생의 맛과 건강

■ 10월생이 신맛이 나는 음식을 많이 먹으면 수족, 신경계통, 간장, 담, 인후기관 등에 질병이 따르나 쉽게 회복된다.

■ 10월생이 쓴맛이 나는 음식을 많이 먹으면 머리, 눈, 심장, 소장 등이 건강해진다.
■ 10월생이 단맛이 나는 음식을 많이 먹으면 복부, 위장, 비장, 소화기관 등이 건강해진다.
■ 10월생이 매운맛이 나는 음식을 많이 먹으면 폐, 치아, 생식기, 대장 등에 질병이 발생한다.
■ 10월생이 짠맛이 나는 음식을 많이 먹으면 귀, 신장, 요도기관, 방광 등에 질병이 발생한다.

11월생의 맛과 건강

■ 11월생이 신맛이 나는 음식을 많이 먹으면 수족, 신경계통, 간장, 담, 인후기관 등에 질병이 따르나 쉽게 회복된다.
■ 11월생이 쓴맛이 나는 음식을 많이 먹으면 머리, 눈, 심장, 소장 등이 건강해진다.
■ 11월생이 단맛이 나는 음식을 많이 먹으면 복부, 위장, 비장, 소화기관 등이 건강해진다.
■ 11월생이 매운맛이 나는 음식을 많이 먹으면 폐, 치아, 생식기, 대장 등에 질병이 발생한다.
■ 11월생이 짠맛이 나는 음식을 많이 먹으면 귀, 신장, 요도기관, 방광 등에 질병이 발생한다.

12월생의 맛과 건강

- 12월생이 신맛이 나는 음식을 많이 먹으면 수족, 신경계통, 간장, 담, 인후기관 등에 질병이 따르나 쉽게 회복된다.
- 12월생이 쓴맛이 나는 음식을 많이 먹으면 머리, 눈, 심장, 소장 등이 건강해진다.
- 12월생이 단맛이 나는 음식을 많이 먹으면 복부, 위장, 비장, 소화기관 등이 건강해진다.
- 12월생이 매운맛이 나는 음식을 많이 먹으면 폐, 치아, 생식기, 대장 등에 질병이 발생한다.
- 12월생이 짠맛이 나는 음식을 많이 먹으면 귀, 신장, 요도기관, 방광 등에 질병이 발생한다.

과일과 건강

1월생의 과일과 건강

- 1월생이 오이를 많이 먹으면 수족, 신경, 간장, 인후기관 등에 질병이 발생한다.
- 1월생이 살구를 많이 먹으면 머리, 눈, 심장 등에 질병이 따르나 쉽게 회복된다.
- 1월생이 대추를 많이 먹으면 복부, 위장, 소화기관 등이 건강하게 된다.
- 1월생이 복숭아를 많이 먹으면 폐, 치아, 생식기 등이 건강하게 된다.
- 1월생이 밤을 많이 먹으면 귀, 신장, 요도기관 등에 병이 따른다.

2월생의 과일과 건강

- 2월생이 오이를 많이 먹으면 수족, 신경, 간장, 인후기관 등에 질병이 발생한다.
- 2월생이 살구를 많이 먹으면 머리, 눈, 심장 등에 질병이 따르나 쉽게 회복된다.
- 2월생이 대추를 많이 먹으면 복부, 위장, 소화기관 등이 건강하게 된다.
- 2월생이 복숭아를 많이 먹으면 폐, 치아, 생식기 등이 건강하게 된다.
- 2월생이 밤을 많이 먹으면 귀, 신장, 요도기관 등에 병이 따른다.

3월생의 과일과 건강

- 3월생이 오이를 많이 먹으면 수족, 신경계통, 간장, 인후기관 등이 건강해진다.
- 3월생이 살구를 많이 먹으면 머리, 눈, 심장 등에 질병이 따른다.
- 3월생이 대추를 많이 먹으면 복부, 위장, 소화기관 등에 질병이 발생한다.
- 3월생이 복숭아를 많이 먹으면 폐, 치아, 생식기 등에 질병이 따르나 쉽게 회복된다.
- 3월생이 밤을 많이 먹으면 귀, 신장, 요도기관 등이 건강해진다.

4월생의 과일과 건강

- 4월생이 오이를 많이 먹으면 수족, 신경, 간장, 인후기관 등에 질병이 발생한다.
- 4월생이 살구를 많이 먹으면 머리, 눈, 심장 등에 질병이 따른다.
- 4월생이 대추를 많이 먹으면 복부, 위장, 소화기관 등에 질병이 발생하나 쉽게 회복된다.
- 4월생이 복숭아를 많이 먹으면 폐, 치아, 생식기 등이 건강하다.
- 4월생이 밤을 많이 먹으면 귀, 신장, 요도기관 등이 건강해진다.

5월생의 과일과 건강

- 5월생이 오이를 많이 먹으면 수족, 신경, 간장, 인후기관 등에 질병이 발생한다.
- 5월생이 살구를 많이 먹으면 머리, 눈, 심장 등에 질병이 따른다.
- 5월생이 대추를 많이 먹으면 복부, 위장, 소화기관 등에 질병이 발생하나 쉽게 회복된다.
- 5월생이 복숭아를 많이 먹으면 폐, 치아, 생식기 등이 건강하게 된다.
- 5월생이 밤을 많이 먹으면 귀, 신장, 요도기관 등이 건강해진다.

6월생의 과일과 건강

- 6월생이 오이를 많이 먹으면 수족, 신경계통, 간장, 인후기관 등이 건강해진다.
- 6월생이 살구를 많이 먹으면 머리, 눈, 심장 등에 질병이 따른다.
- 6월생이 대추를 많이 먹으면 복부, 위장, 소화기관 등에 질병이 발생한다.
- 6월생이 복숭아를 많이 먹으면 폐, 치아, 생식기 등에 질병이 발생하나 쉽게 회복된다.
- 6월생이 밤을 많이 먹으면 귀, 신장, 요도기관 등이 건강해진다.

7월생의 과일과 건강

- 7월생이 오이를 많이 먹으면 수족, 신경계통, 간장, 인후기관 등이 건강해진다.
- 7월생이 살구를 많이 먹으면 머리, 눈, 심장 등에 질병이 따른다.
- 7월생이 대추를 많이 먹으면 복부, 위장, 소화기관 등에 질병이 발생한다.
- 7월생이 복숭아를 많이 먹으면 폐, 치아, 생식기 등에 질병이 발생하나 쉽게 회복된다.
- 7월생이 밤을 많이 먹으면 귀, 신장, 요도기관 등이 건강해진다.

8월생의 과일과 건강

- 8월생이 오이를 많이 먹으면 수족, 신경계통, 간장, 인후기관 등이 건강해진다.
- 8월생이 살구를 많이 먹으면 머리, 눈, 심장 등에 질병이 따른다.
- 8월생이 대추를 많이 먹으면 복부, 위장, 소화기관 등에 질병이 발생한다.
- 8월생이 복숭아를 많이 먹으면 폐, 치아, 생식기 등에 질병이 발생하나 쉽게 회복된다.
- 8월생이 밤을 많이 먹으면 귀, 신장, 요도기관 등이 건강해진다.

9월생의 과일과 건강

- 9월생이 오이를 많이 먹으면 수족, 신경계통, 간장, 인후기관 등이 건강해진다.
- 9월생이 살구를 많이 먹으면 머리, 눈, 심장 등에 질병이 따른다.
- 9월생이 대추를 많이 먹으면 복부, 위장, 소화기관 등에 질병이 발생한다.
- 9월생이 복숭아를 많이 먹으면 폐, 치아, 생식기 등에 질병이 발생하나 쉽게 회복된다.
- 9월생이 밤을 많이 먹으면 귀, 신장, 요도기관 등이 건강해진다.

10월생의 과일과 건강

- 10월생이 오이를 많이 먹으면 수족, 신경계통, 간장, 인후기관 등에 질병이 따르나 쉽게 회복된다.
- 10월생이 살구를 많이 먹으면 머리, 눈, 심장 등이 건강해진다.
- 10월생이 대추를 많이 먹으면 복부, 위장, 소화기관 등이 건강해진다.
- 10월생이 복숭아를 많이 먹으면 폐, 치아, 생식기 등에 질병이 발생한다.
- 10월생이 밤을 많이 먹으면 귀, 신장, 요도기관 등에 질병이 발생한다.

11월생의 과일과 건강

- 11월생이 오이를 많이 먹으면 수족, 신경, 간장, 인후기관 등에 질병이 따르나 쉽게 회복된다.
- 11월생이 살구를 많이 먹으면 머리, 눈, 심장 등이 건강해진다.
- 11월생이 대추를 많이 먹으면 복부, 위장, 소화기관 등이 건강해진다.
- 11월생이 복숭아를 많이 먹으면 폐, 치아, 생식기 등에 질병이 발생한다.
- 11월생이 밤을 많이 먹으면 귀, 신장, 요도기관 등에 질병이 발생한다.

12월생의 과일과 건강

- 12월생이 오이를 많이 먹으면 수족, 신경, 간장, 인후기관 등이 건강해진다.
- 12월생이 살구를 많이 먹으면 머리, 눈, 심장 등에 질병이 따른다.
- 12월생이 대추를 많이 먹으면 복부, 위장, 소화기관 등에 질병이 발생한다.
- 12월생이 복숭아를 많이 먹으면 폐, 치아, 생식기 등에 질병이 발생하나 쉽게 회복된다.
- 12월생이 밤을 많이 먹으면 귀, 신장, 요도기관 등이 건강해진다.

기운길흉

우주에는 오행(五行)에 따라 다섯가지의 기운이 흐르는데 풍열습조한(風熱濕燥寒)이 그것이다. 일반적으로 풍(風)은 바람기운으로 희망운을 나타내고, 열(熱)은 더운기운으로 명예운을 나타내고, 습(濕)은 습한기운으로 애정운을 나타내고, 조(燥)는 건조한 기운으로 교제운을 나타내고, 한(寒)은 찬기운으로 주거운을 나타낸다.

그러나 누구에게나 똑같이 적용되는 것이 아니라, 태어난 달에 따라 길할 수도 있고 흉할 수도 있다. 다시 말해서 태어난 달에 따라 좋은 기운과 나쁜 기운이 따로 있다. 기운의 길흉에 따라 심성이나 성격이 달라지고 발전할 수도 있고 실패할 수도 있다. 가족단위로 볼 때는 가정의 중심인 가장(家長)의 기운이 가장 중요하다. 기운으로 개운하는 방법은 자신에게 흉한 기운은 피하고, 길한 기운을 많이 받는 것이다. 태어난 달은 음력을 기준으로 한다.

1월생의 기운길흉

■ **1월생에게 바람기운은 대흉하다.**

바람기운은 희망운을 나타내지만 1월생에게는 절망운으로 나타나 대흉하다. 장애가 많아 계획은 무산되고 사업은 후퇴한다. 건강상으로는 수족, 신경계통, 간장, 인후기관 등에 질병이 많이 발생한다.

■ **1월생에게 더운기운은 반길반흉하다.**

더운기운은 명예운을 나타내지만 1월생에게는 반길반흉하다. 명예도 반길반흉, 성공도 반길반흉, 신용도 반길반흉, 대인관계도 반길반흉이라 큰 해로움은 없지만 크게 좋은 것도 없다. 건강상으로는 머리, 눈, 심장 등에 질병이 따르나 쉽게 회복된다.

■ **1월생에게 습한기운은 길하다.**

습한기운은 애정운을 나타내며 1월생에게는 길하다. 인품이 높아져 직장에서 신임을 얻고, 경사가 생기며 결혼운이 찾아온다. 건강상으로는 복부, 위장, 소화기관 등이 건강해진다.

■ **1월생에게 건조한 기운은 대길하다.**

건조한 기운은 교제운을 나타내며 1월생에게는 대길하다. 사교가 좋으니 대인관계가 원만하고, 이성간에도 좋은 인연을 만난다. 건강상으로는 폐, 치아, 생식기 등이 건강해진다.

■ **1월생에게 찬기운은 흉하다.**

찬기운은 주거운을 나타내지만 1월생에게는 대흉하다. 주거운이 따르지 않으니 부동산운도 나쁘다. 찬기운은 덕망운도 나타내는데 덕망이 없으니 인덕도 없다. 귀, 신장, 요도기관 등에 질병이 따른다.

2월생의 기운길흉

■ **2월생에게 바람기운은 대흉하다.**

바람기운은 희망운을 나타내지만 2월생에게는 절망운으로 나타나 대흉하다. 장애가 많아 계획은 무산되고 사업은 후퇴한다. 건강상으로는 수족, 신경계통, 간장, 인후기관 등에 질병이 많이 발생한다.

■ **2월생에게 더운기운은 반길반흉하다.**

더운기운은 명예운을 나타내지만 2월생에게는 반길반흉하다. 명예도 반길반흉, 성공도 반길반흉, 신용도 반길반흉, 대인관계도 반길반흉이라 큰 해로움은 없지만 크게 좋은 것도 없다. 건강상으로는 머리, 눈, 심장 등에 질병이 따르나 쉽게 회복된다.

■ **2월생에게 습한 기운은 길하다.**

습한기운은 애정운을 나타내며 2월생에게는 길하다. 인품이 높아져 직장에서 신임을 얻고, 경사가 생기며 결혼운이 찾아온다. 건강상으로는 복부, 위장, 소화기관 등이 튼튼해진다.

■ **2월생에게 건조한 기운은 대길하다.**

건조한 기운은 교제운을 나타내며 2월생에게는 대길하다. 사교가 좋으니 대인관계가 원만하고, 이성간에도 좋은 인연을 만난다. 건강상으로는 폐, 치아, 생식기 등이 튼튼해진다.

■ **2월생에게 찬기운은 흉하다.**

찬기운은 주거운을 나타내지만 2월생에게는 흉하다. 주거운이 따르지 않으니 부동산운도 나쁘다. 찬기운은 덕망운도 나타내는데 덕망이 없으니 인덕도 없다. 건강상으로는 귀, 신장, 요도기관 등에 질병이 발생한다.

3월생의 기운길흉

■ **3월생에게 바람기운은 반길반흉하다.**

바람기운은 희망운을 나타내지만 3월생에게는 반길반흉하다. 명예도 반길반흉, 성공도 반길반흉, 신용도 반길반흉, 대인관계도 반길반흉이라 큰 해로움은 없지만 크게 좋은 것도 없다. 건강상으로는 수족, 신경계통, 간장, 인후기관 등에 질병이 따르나 쉽게 회복된다.

■ **3월생에게 더운기운은 흉하다.**

더운기운은 명예운을 나타내지만 3월생에게는 흉하다. 명예운이 따르지 않으니 신용을 얻지 못하여 실패한다. 건강상으로는 머리, 눈,

심장 등에 질병이 발생한다.

■ 3월생에게 습한기운은 대흉하다.

습한기운은 애정운을 나타내지만 3월생에게는 대흉하다. 인품이 타락하여 신용을 얻지 못하니 직장이나 사업에서 불상사가 생긴다. 미혼자는 배우자를 만나지 못하여 애를 태운다. 건강상으로는 복부, 위장, 소화기관 등에 질병이 발생한다.

■ 3월생에게 건조한 기운은 길하다.

건조한 기운은 교제운을 나타내며 3월생에게는 길하다. 사교가 좋아 대인관계가 원만하고, 이성간에도 좋은 인연을 만난다. 건강상으로는 폐, 치아, 생식기 등이 튼튼해진다.

■ 3월생에게 찬기운은 대길하다.

찬기운은 주거운을 나타내며 3월생에게는 대길하다. 주거운이 따르니 부동산운도 좋다. 찬기운은 덕망운도 나타내는데 덕망이 있으니 인덕도 있다. 건강상으로는 귀, 신장, 요도기관 등이 튼튼해진다.

4월생의 기운길흉

■ 4월생에게 바람기운은 흉하다.

바람기운은 희망운을 나타내지만 4월생에게는 절망운으로 나타나 흉하다. 장애가 많아 계획은 무산되고 사업은 후퇴한다. 건강상으로는 수족, 신경계통, 간장, 인후기관 등에 질병이 발생한다.

■ 4월생에게 더운기운은 대흉하다.

더운기운은 명예운을 나타내지만 4월생에게는 대흉하다. 명예운이 따르지 않으니 신용을 얻지 못하고 실패한다. 건강상으로는 머리, 눈, 심장 등에 질병이 많이 발생한다.

■ 4월생에게 습한기운은 반길반흉하다.

습한기운은 애정운을 나타내지만 4월생에게는 반길반흉하다. 명예도 반길반흉, 성공도 반길반흉, 신용도 반길반흉, 대인관계도 반길반흉이라 큰 해로움은 없지만 크게 좋은 것도 없다. 복부, 위장, 소화기관 등에 질병이 따르나 쉽게 회복된다.

■ 4월생에게 건조한 기운은 길하다.

건조한 기운은 교제운을 나타내며 4월생에게는 길하다. 사교가 좋으니 대인관계가 원만하며 이성간에도 좋은 인연을 만난다. 건강상으로는 폐, 치아, 생식기 등이 튼튼해진다.

■ 4월생에게 찬기운은 대길하다.

찬기운은 주거운을 나타내며 4월생에게는 대길하다. 주거운이 따르니 부동산운도 좋다. 찬기운은 덕망운도 나타내는데 덕망이 있으니 인덕도 있다. 건강상으로는 귀, 신장, 요도기관 등이 튼튼해진다.

5월생의 기운길흉

■ 5월생에게 바람기운은 흉하다.

바람기운은 희망운을 나타내지만 5월생에게는 절망운으로 나타나 흉하다. 장애가 많아 계획은 무산되고 사업은 후퇴한다. 건강상으로는 수족, 신경계통, 간장, 인후기관 등에 질병이 발생한다.

■ 5월생에게 더운기운은 대흉하다.

더운기운은 명예운을 나타내지만 5월생에게는 대흉하다. 명예운이 따르지 않으니 신용을 얻지 못하고 실패한다. 건강상으로는 머리, 눈, 심장 등에 질병이 많이 발생한다.

■ 5월생에게 습한기운은 반길반흉하다.

습한기운은 애정운을 나타내지만 5월생에게는 반길반흉하다. 명예도 반길반흉, 성공도 반길반흉, 신용도 반길반흉, 대인관계도 반길반흉이라 큰 해로움은 없지만 크게 좋은 것도 없다. 건강상으로는 복부, 위장, 소화기관 등에 질병이 따르나 쉽게 회복된다.

■ 5월생에게 건조한 기운은 길하다.

건조한 기운은 교제운을 나타내며 5월생에게는 길하다. 사교가 좋으니 대인관계가 원만하고, 이성간에도 좋은 인연을 만난다. 건강상으로는 폐, 치아, 생식기 등이 튼튼해진다.

■ **5월생에게 찬기운은 대길하다.**

찬기운은 주거운을 나타내며 5월생에게는 대길하다. 주거운이 따르니 부동산운도 좋다. 찬기운은 덕망운도 나타내는데 덕망이 있으니 인덕도 있다. 건강상으로는 귀, 신장, 요도기관 등이 튼튼해진다.

6월생의 기운길흉

■ **6월생에게 바람기운은 반길반흉하다.**

바람기운은 희망운을 나타내지만 6월생에게는 반길반흉하다. 명예도 반길반흉, 성공도 반길반흉, 신용도 반길반흉, 대인관계도 반길반흉이라 큰 해로움은 없지만 크게 좋은 것도 없다. 건강상으로는 수족, 신경계통, 간장 인후기관 등에 질병이 따르나 쉽게 회복된다.

■ **6월생에게 더운기운은 흉하다.**

더운기운은 명예운을 나타내지만 6월생에게는 흉하다. 명예운이 따르지 않으니 신용을 얻지 못하여 실패한다. 건강상으로는 머리, 눈, 심장 등에 질병이 발생한다.

■ **6월생에게 습한기운은 대흉하다.**

습한기운은 애정운을 나타내지만 6월생에게는 대흉하다. 인품이 타락하여 신용을 얻지 못하니 직장이나 사업에서 불상사가 생긴다. 미혼자는 배우자를 만나지 못하여 애를 태운다. 건강상으로는 복부, 위장, 소화기관 등에 질병이 많이 발생한다.

■ 6월생에게 건조한 기운은 길하다.

건조한 기운은 교제운을 나타내며 6월생에게는 길하다. 사교가 좋으니 대인관계가 원만하고, 이성간에도 좋은 인연을 만난다. 건강상으로는 폐, 치아, 생식기 등이 튼튼해진다.

■ 6월생에게 찬기운은 대길하다.

찬기운은 주거운을 나타내며 6월생에게는 대길하다. 주거운이 따르니 부동산운도 좋다. 찬기운은 덕망운도 나타내는데 덕망이 있으니 인덕도 있다. 건강상으로는 귀, 신장, 요도기관 등이 튼튼해진다.

7월생의 기운길흉

■ 7월생에게 바람기운은 길하다.

바람기운은 희망운을 나타내며 7월생에게는 대길하다. 사업은 발전하고 모든 일이 순조롭다. 건강상으로는 수족, 신경계통, 간장, 인후기관 등이 튼튼해진다.

■ 7월생에게 더운기운은 대길하다.

더운기운은 명예운을 나타내며 7월생에게는 대길하다. 명예운이 따르니 신용을 얻어 성공한다. 머리, 눈, 심장 등이 건강해진다.

■ **7월생에게 습한기운은 흉하다.**

습한기운은 애정운을 나타내지만 7월생에게는 흉하다. 인품이 타락하여 신용을 얻지 못하니 직장이나 사업에서 불상사가 생긴다. 미혼자는 배우자를 만나지 못하여 애를 태운다. 건강상으로는 복부, 위장, 소화기관 등에 질병이 발생한다.

■ **7월생에게 건조한 기운은 대흉하다.**

건조한 기운은 교제운을 나타내지만 7월생에게는 대흉하다. 교제가 원만하지 않으니 대인관계나 이성관계에서 나쁜 결과를 가져온다. 건강상으로는 폐, 치아, 생식기 등에 질병이 많이 발생한다.

■ **7월생에게 찬기운은 반길반흉하다.**

찬기운은 주거운을 나타내지만 7월생에게는 반길반흉하다. 명예도 반길반흉, 성공도 반길반흉, 신용도 반길반흉, 대인관계도 반길반흉이라 큰 해로움은 없지만 크게 좋은 것도 없다. 건강상으로는 귀, 신장, 요도기관 등에 질병이 따르나 쉽게 회복된다.

8월생의 기운길흉

■ **8월생에게 바람기운은 길하다.**

바람기운은 희망운을 나타내며 8월생에게는 길하다. 사업은 발전하고 매사가 순조롭다. 건강상으로는 수족, 신경계통, 간장, 인후기관 등이 튼튼해진다.

■ 8월생에게 더운기운은 대길하다.

더운기운은 명예운을 나타내며 8월생에게는 대길하다. 명예운이 따르니 신용을 얻어 성공한다. 건강상으로는 머리, 눈, 심장 등이 튼튼해진다.

■ 8월생에게 습한기운은 흉하다.

습한기운은 애정운을 나타내지만 8월생에게는 흉하다. 인품이 타락하여 신용을 얻지 못하니 직장이나 사업에서 불상사가 생긴다. 미혼자는 배우자를 만나지 못하여 애를 태운다. 건강상으로는 복부, 위장, 소화기관 등에 질병이 발생한다.

■ 8월생에게 건조한 기운은 대흉하다.

건조한 기운은 교제운을 나타내지만 8월생에게는 대흉하다. 교제가 원만하지 않으니 대인관계나 이성관계에서 나쁜 결과를 가져온다. 건강상으로는 폐, 치아, 생식기 등에 질병이 많이 발생한다.

■ 8월생에게 찬기운은 반길반흉하다.

찬기운은 주거운을 나타내지만 8월생에게는 반길반흉하다. 명예도 반길반흉, 성공도 반길반흉, 신용도 반길반흉, 대인관계도 반길반흉이라 큰 해로움은 없지만 크게 좋은 것도 없다. 건강상으로는 귀, 신장, 요도기관 등에 질병이 따르나 쉽게 회복된다.

9월생의 기운길흉

■ 9월생에게 바람기운은 대길하다.

바람기운은 희망운을 나타내며 9월생에게는 대길하다. 사업은 발전하고 매사가 순조롭다. 건강상으로는 수족, 신경계통, 간장, 인후기관 등이 튼튼해진다.

■ 9월생에게 더운기운은 길하다.

더운기운은 명예운을 나타내며 9월생에게는 길하다. 명예운이 따르니 신용을 얻어 성공한다. 건강상으로는 머리, 눈, 심장 등이 튼튼해진다.

■ 9월생에게 습한기운은 대흉하다.

습한기운은 애정운을 나타내지만 9월생에게는 대흉하다. 인품이 타락하여 신용을 얻지 못하니 직장이나 사업에서 불상사가 생긴다. 미혼자는 배우자를 만나지 못하여 애를 태운다. 건강상으로는 복부, 위장, 소화기관 등에 질병이 많이 발생한다.

■ 9월생에게 건조한 기운은 흉하다.

건조한 기운은 교제운을 나타내지만 9월생에게는 흉하다. 교제가 원만하지 않으니 대인관계나 이성관계에서 나쁜 결과를 가져온다. 건강상으로는 폐, 치아, 생식기 등에 질병이 발생한다.

■ **9월생에게 찬기운은 반길반흉하다.**

찬기운은 주거운을 나타내지만 9월생에게는 반길반흉하다. 명예도 반길반흉, 성공도 반길반흉, 신용도 반길반흉, 대인관계도 반길반흉이라 큰 해로움은 없지만 크게 좋은 것도 없다. 건강상으로는 귀, 신장, 요도기관 등에 질병이 따르나 쉽게 회복된다.

10월생의 기운길흉

■ **10월생에게 바람기운은 반길반흉하다.**

바람기운은 희망운을 나타내지만 10월생에게는 반길반흉하다. 명예도 반길반흉, 성공도 반길반흉, 신용도 반길반흉, 대인관계도 반길반흉이라 큰 해로움은 없지만 크게 좋은 것도 없다. 건강상으로는 수족, 신경계통, 간장, 인후기관 등에 질병이 따르나 쉽게 회복된다.

■ **10월생에게 더운기운은 길하다.**

더운기운은 명예운을 나타내며 10월생에게는 길하다. 명예운이 따르니 신용을 얻어 성공한다. 건강상으로는 머리, 눈, 심장 등이 튼튼해진다.

■ **10월생에게 습한기운은 대길하다.**

습한기운은 애정운을 나타내며 10월생에게는 대길하다. 인품이 높아져 직장에서 신임을 얻고, 경사가 생기며 결혼운이 찾아온다. 건강상으로는 복부, 위장, 소화기관 등이 튼튼해진다.

■ 10월생에게 건조한 기운은 흉하다.

건조한 기운은 교제운을 나타내지만 10월생에게는 흉하다. 교제가 원만하지 않으니 대인관계나 이성관계에서 나쁜 결과를 가져온다. 건강상으로는 폐, 치아, 생식기 등에 질병이 발생한다.

■ 10월생에게 찬기운은 대흉하다.

찬기운은 주거운을 나타내지만 10월생에게는 대흉하다. 주거운이 따르지 않으니 부동산운도 나쁘다. 찬기운은 덕망운도 나타내는데 덕망이 없으니 인덕도 없다. 귀, 신장, 요도기관 등에 질병이 따른다.

11월생의 기운길흉

■ 11월생에게 바람기운은 반길반흉하다.

바람기운은 희망운을 나타내지만 11월생에게는 반길반흉하다. 명예도 반길반흉, 성공도 반길반흉, 신용도 반길반흉, 대인관계도 반길반흉이라 큰 해로움은 없지만 크게 좋은 것도 없다. 건강상으로는 수족, 신경계통, 간장, 인후기관 등에 질병이 따르나 쉽게 회복된다.

■ 11월생에게 더운기운은 길하다.

더운기운은 명예운을 나타내며 11월생에게는 길하다. 명예운이 따르니 신용을 얻어 성공한다. 머리, 눈, 심장 등이 건강해진다.

■ 11월생에게 습한기운은 대길하다.

습한기운은 애정운을 나타내며 11월생에게는 대길하다. 인품이 높아져 직장에서 신임을 얻고, 경사가 생기며 결혼운이 찾아온다. 건강상으로는 복부, 위장, 소화기관 등이 튼튼해진다.

■ 11월생에게 건조한 기운은 흉하다.

건조한 기운은 교제운을 나타내지만 11월생에게는 흉하다. 교제가 원만하지 않으니 대인관계나 이성관계에서 나쁜 결과를 가져온다. 건강상으로는 폐, 치아, 생식기 등에 질병이 발생한다.

■ 11월생에게 찬기운은 대흉하다.

찬기운은 주거운을 나타내지만 11월생에게는 대흉하다. 주거운이 따르지 않으니 부동산운도 나쁘다. 찬기운은 덕망운도 나타내는데 덕망이 없으니 인덕도 없다. 건강상으로는 귀, 신장, 요도기관 등에 질병이 많이 발생한다.

12월생의 기운길흉

■ 12월생에게 바람기운은 길하다.

바람기운은 희망운을 나타내며 12월생에게는 길하다. 사업은 발전하고 모든 일이 순조롭다. 건강상으로는 수족, 신경계통, 간장, 인후기관 등이 튼튼해진다.

■ **12월생에게 더운기운은 대길하다.**

더운기운은 명예운을 나타내며 12월생에게는 대길하다. 명예운이 따르니 신용을 얻어 성공한다. 머리, 눈, 심장 등이 건강해진다.

■ **12월생에게 습한기운은 반길반흉하다.**

습한기운은 애정운을 나타내지만 12월생에게는 반길반흉하다. 명예도 반길반흉, 성공도 반길반흉, 신용도 반길반흉, 대인관계도 반길반흉이라 큰 해로움은 없지만 크게 좋은 것도 없다. 건강상으로는 복부, 위장, 소화기관 등에 질병이 따르나 쉽게 회복된다.

■ **12월생에게 건조한 기운은 흉하다.**

건조한 기운은 교제운을 나타내지만 12월생에게는 흉하다. 교제가 원만하지 않으니 대인관계나 이성관계에서 나쁜 결과를 가져온다. 건강상으로는 폐, 치아, 생식기 등에 질병이 발생한다.

■ **12월생에게 찬기운은 대흉하다.**

찬기운은 주거운을 나타내지만 12월생에게는 대흉하다. 주거운이 따르지 않으니 부동산운도 나쁘다. 찬기운은 덕망운도 나타내는데 덕망이 없으니 인덕도 없다. 건강상으로는 귀, 신장, 요도기관 등에 질병이 많이 발생한다.

마을길흉

마을에도 각각 길흉이 있다. 마을의 길흉에 따라 심성이나 성격이 달라지고, 개인이나 가정이 번영하거나 몰락할 수도 있다. 가족단위로 볼 때는 가정의 중심인 가장(家長)의 기운이 가장 중요하다. 마을로 개운하는 방법은 자신에게 길한 마을을 선택해서 살면 된다. 태어난 달은 음력을 기준으로 한다.

1월생의 마을길흉

- 1월생은 마을의 첫글자가 ㄱ, ㅋ, ㄲ이면 대흉하다.
- 1월생은 마을의 첫글자가 ㄴ, ㄷ, ㄹ, ㅌ, ㄸ이면 길하다.
- 1월생은 마을의 첫글자가 ㅇ, ㅎ이면 반길반흉하다.
- 1월생은 마을의 첫글자가 ㅅ, ㅈ, ㅊ, ㅆ, ㅉ이면 대길하다.
- 1월생은 마을의 첫글자가 ㅁ, ㅂ, ㅃ, ㅍ이면 대흉하다.

2월생의 마을길흉

- 2월생은 마을의 첫글자가 ㄱ, ㅋ, ㄲ이면 대흉하다.
- 2월생은 마을의 첫글자가 ㄴ, ㄷ, ㄹ, ㅌ, ㄸ이면 길하다.
- 2월생은 마을의 첫글자가 ㅇ, ㅎ이면 반길반흉하다.
- 2월생은 마을의 첫글자가 ㅅ, ㅈ, ㅊ, ㅆ, ㅉ이면 대길하다.
- 2월생은 마을의 첫글자가 ㅁ, ㅂ, ㅃ, ㅍ이면 흉하다.

3월생의 마을길흉

- 3월생은 마을의 첫글자가 ㄱ, ㅋ, ㄲ이면 대길하다.
- 3월생은 마을의 첫글자가 ㄴ, ㄷ, ㄹ, ㅌ, ㄸ이면 흉하다.
- 3월생은 마을의 첫글자가 ㅇ, ㅎ이면 대흉하다.
- 3월생은 마을의 첫글자가 ㅅ, ㅈ, ㅊ, ㅆ, ㅉ이면 반길반흉하다.
- 3월생은 마을의 첫글자가 ㅁ, ㅂ, ㅃ, ㅍ이면 길하다.

4월생의 마을길흉

- 4월생은 마을의 첫글자가 ㄱ, ㅋ, ㄲ이면 흉하다.
- 4월생은 마을의 첫글자가 ㄴ, ㄷ, ㄹ, ㅌ, ㄸ이면 대흉하다.
- 4월생은 마을의 첫글자가 ㅇ, ㅎ이면 반길반흉하다.
- 4월생은 마을의 첫글자가 ㅅ, ㅈ, ㅊ, ㅆ, ㅉ이면 길하다.
- 4월생은 마을의 첫글자가 ㅁ, ㅂ, ㅃ, ㅍ이면 대길하다.

5월생의 마을길흉

- 5월생은 마을의 첫글자가 ㄱ, ㅋ, ㄲ이면 흉하다.
- 5월생은 마을의 첫글자가 ㄴ, ㄷ, ㄹ, ㅌ, ㄸ이면 대흉하다.
- 5월생은 마을의 첫글자가 ㅇ, ㅎ이면 반길반흉하다.
- 5월생은 마을의 첫글자가 ㅅ, ㅈ, ㅊ, ㅆ, ㅉ이면 길하다.
- 5월생은 마을의 첫글자가 ㅁ, ㅂ, ㅃ, ㅍ이면 대길하다.

6월생의 마을길흉

- 6월생은 마을의 첫글자가 ㄱ, ㅋ, ㄲ이면 대길하다.
- 6월생은 마을의 첫글자가 ㄴ, ㄷ, ㄹ, ㅌ, ㄸ이면 흉하다.
- 6월생은 마을의 첫글자가 ㅇ, ㅎ이면 대흉하다.
- 6월생은 마을의 첫글자가 ㅅ, ㅈ, ㅊ, ㅆ, ㅉ이면 반길반흉하다.
- 6월생은 마을의 첫글자가 ㅁ, ㅂ, ㅃ, ㅍ이면 길하다.

7월생의 마을길흉

- 7월생은 마을의 첫글자가 ㄱ, ㅋ, ㄲ이면 길하다.
- 7월생은 마을의 첫글자가 ㄴ, ㄷ, ㄹ, ㅌ, ㄸ이면 대길하다.
- 7월생은 마을의 첫글자가 ㅇ, ㅎ이면 흉하다.
- 7월생은 마을의 첫글자가 ㅅ, ㅈ, ㅊ, ㅆ, ㅉ이면 대흉하다.
- 7월생은 마을의 첫글자가 ㅁ, ㅂ, ㅃ, ㅍ이면 반길반흉하다.

8월생의 마을길흉

- 8월생은 마을의 첫글자가 ㄱ, ㅋ, ㄲ이면 길하다.
- 8월생은 마을의 첫글자가 ㄴ, ㄷ, ㄹ, ㅌ, ㄸ이면 대길하다.
- 8월생은 마을의 첫글자가 ㅇ, ㅎ이면 흉하다.
- 8월생은 마을의 첫글자가 ㅅ, ㅈ, ㅊ, ㅆ, ㅉ이면 대흉하다.
- 8월생은 마을의 첫글자가 ㅁ, ㅂ, ㅃ, ㅍ이면 반길반흉하다.

9월생의 마을길흉

- 9월생은 마을의 첫글자가 ㄱ, ㅋ, ㄲ이면 길하다.
- 9월생은 마을의 첫글자가 ㄴ, ㄷ, ㄹ, ㅌ, ㄸ이면 흉하다.
- 9월생은 마을의 첫글자가 ㅇ, ㅎ이면 대흉하다.
- 9월생은 마을의 첫글자가 ㅅ, ㅈ, ㅊ, ㅆ, ㅉ이면 반길반흉하다.
- 9월생은 마을의 첫글자가 ㅁ, ㅂ, ㅃ, ㅍ이면 길하다.

10월생의 마을길흉

- 10월생은 마을의 첫글자가 ㄱ, ㅋ, ㄲ이면 반길반흉하다.
- 10월생은 마을의 첫글자가 ㄴ, ㄷ, ㄹ, ㅌ, ㄸ이면 길하다.
- 10월생은 마을의 첫글자가 ㅇ, ㅎ이면 대길하다.
- 10월생은 마을의 첫글자가 ㅅ, ㅈ, ㅊ, ㅆ, ㅉ이면 흉하다.
- 10월생은 마을의 첫글자가 ㅁ, ㅂ, ㅃ, ㅍ이면 대흉하다.

11월생의 마을길흉

- 11월생은 마을의 첫글자가 ㄱ, ㅋ, ㄲ이면 반길반흉하다.
- 11월생은 마을의 첫글자가 ㄴ, ㄷ, ㄹ, ㅌ, ㄸ이면 길하다.
- 11월생은 마을의 첫글자가 ㅇ, ㅎ이면 대길하다.
- 11월생은 마을의 첫글자가 ㅅ, ㅈ, ㅊ, ㅆ, ㅉ이면 흉하다.
- 11월생은 마을의 첫글자가 ㅁ, ㅂ, ㅃ, ㅍ이면 대흉하다.

12월생의 마을길흉

- 12월생은 마을의 첫글자가 ㄱ, ㅋ, ㄲ이면 대길하다.
- 12월생은 마을의 첫글자가 ㄴ, ㄷ, ㄹ, ㅌ, ㄸ이면 흉하다.
- 12월생은 마을의 첫글자가 ㅇ, ㅎ이면 대흉하다.
- 12월생은 마을의 첫글자가 ㅅ, ㅈ, ㅊ, ㅆ, ㅉ이면 반길반흉하다.
- 12월생은 마을의 첫글자가 ㅁ, ㅂ, ㅃ, ㅍ이면 길하다.

가축길흉

우리가 집에서 기르는 가축에도 길흉이 따른다. 개는 희망운을 나타내고, 양은 명예운을 나타내고, 소는 재물운을 나타내고, 닭은 교제운을 나타내고, 돼지는 주거운을 나타낸다. 그러나 누구에게나 똑같이 적용되는 것이 아니라, 태어난 달에 따라 길할 수도 있고 흉할 수도 있다. 다시 말해서 태어난 달에 따라 길한 가축과 흉한 가축이 따로 있으니, 잘 선택해서 불운한 일이 없기를 바란다. 가족단위로 볼 때는 가정의 중심인 가장(家長)의 가축길흉이 가장 중요하다. 태어난 달은 음력을 기준으로 한다.

1월생의 가축길흉

■ **1월생이 개를 기르면 대흉하다.**

개는 희망운을 나타내지만 1월생에게는 대흉하다. 사업실패, 심신질병, 부부불화 등이 따른다. 특히 교제운이 나빠 대인관계가 원만하지 못하고, 남의 도움이 없으며 이성간에도 좋은 인연을 만나지 못한다. 건강상으로는 폐, 기관지, 호흡기, 생식기 등에 큰 질병이 발생한다. 1월생에게는 혼탁, 우울, 사고, 단절, 간사함 등이 따르고 교제운이 나빠지는 해로운 가축이다.

■ 1월생이 양을 기르면 반길반흉하다.

양은 명예운을 나타내는데 1월생에게는 반길반흉하다. 명예도 반길반흉, 성공도 반길반흉, 신용도 반길반흉, 대인관계도 반길반흉이라 큰 해로움은 없지만 크게 좋은 것도 없다. 건강상으로는 귀, 신장, 요도기관 등에 질병이 따르나 쉽게 회복된다.

■ 1월생이 소를 기르면 길하다.

소는 재물운을 나타내며 1월생에게는 길하다. 재능을 충분히 발휘하여 재물이 충만하고, 부귀영화가 따른다. 통솔력이 뛰어나 만인을 지휘하며, 이성간에도 좋은 인연을 만난다. 건강상으로는 어깨, 팔, 간장 등이 튼튼해진다. 1월생에게는 평화, 안전, 장수, 발전, 희망, 재능 등이 따르는 길한 가축이다.

■ 1월생이 닭을 기르면 대길하다.

닭은 교제운을 나타내는데 1월생에게는 대길하다. 운수대통하여 예상 외의 큰 발전이 있고, 만사형통하며 자손이 번창한다. 건강상으로는 머리, 눈, 심장 등이 튼튼해진다. 1월생에게는 정열, 애정, 용기,

자비, 성공, 희망 등이 따르는 대길한 가축이다.

■ 1월생이 돼지를 기르면 흉하다.

돼지는 주거운을 나타내는데 1월생에게는 흉하다. 사업은 실패하고 직장에서는 좌천이나 실직되며, 부부간에 애정이 식고 미혼자는 좋은 배우자를 만나지 못한다. 항상 빈천하며 고전을 면하지 못한다. 건강상으로는 복부, 위장, 소화기관 등에 질병이 발생한다. 1월생에게는 열등, 냉정, 편협, 불량, 질병 등이 따르고 애정운이 사라지는 해로운 가축이다.

2월생의 가축길흉

■ 2월생이 개를 기르면 대흉하다.

개는 희망운을 나타내는데 2월생에게는 대흉하다. 사업실패, 심신질병, 부부불화 등이 따른다. 특히 교제운이 나빠 대인관계가 원만하지 못하고, 남의 도움이 없으며 이성간에도 좋은 인연을 만나지 못한다. 건강상으로는 폐, 기관지, 호흡기, 생식기 등에 큰 질병이 발생한다. 2월생에게는 혼탁, 우울, 사고, 단절, 간사함 등 교제운이 나빠지는 해로운 가축이다.

■ 2월생이 양을 기르면 반길반흉하다.

양은 명예운을 나타내는데 2월생에게는 반길반흉하다. 명예도 반길반흉, 성공도 반길반흉, 신용도 반길반흉, 대인관계도 반길반흉이라 큰 해로움은 없지만 크게 좋은 것도 없다. 귀, 신장, 요도기관 등에 질병이 따르나 쉽게 회복된다.

■ 2월생이 소를 기르면 길하다.

소는 재물운을 나타내며 2월생에게는 길하다. 재능을 충분히 발휘하여 재물이 충만하고, 부귀영화가 따른다. 통솔력이 뛰어나 만인을 지휘하며, 이성간에도 좋은 인연을 만난다. 건강상으로는 어깨, 팔, 간장 등이 튼튼해진다. 2월생에게는 평화, 안전, 장수, 발전, 희망, 재능 등이 따르는 길한 가축이다.

■ 2월생이 닭을 기르면 대길하다.

닭은 교제운을 나타내는데 2월생에게는 대길하다. 운수대통하여 예상 외의 큰 발전이 있고, 만사형통하며 자손이 번창한다. 건강상으로는 머리, 눈, 심장 등이 튼튼해진다. 2월생에게는 정열, 애정, 용기, 자비, 성공, 희망 등이 따르는 대길한 가축이다.

■ 2월생이 돼지를 기르면 흉하다.

돼지는 주거운을 나타내지만 2월생에게는 흉하다. 사업은 실패하고 직장에서는 좌천이나 실직되며, 부부간에 애정이 식고 미혼자는 좋은 배우자를 만나지 못한다. 항상 빈천하며 고전을 면하지 못한다. 건강상으로는 복부, 위장, 소화기관 등에 질병이 발생한다. 2월생에게는 열등, 냉정, 편협, 불량, 질병 등이 따르고 애정운이 사라지는 해로운 가축이다.

3월생의 가축길흉

■ 3월생이 개를 기르면 대길하다.

개는 희망운을 나타내는데 3월생에게는 대길하다. 운수대통하여 계획한 일은 모두 성사되고, 자손이 번창하며 만사형통한다. 건강상으로는 머리, 눈, 심장 등이 튼튼해진다. 3월생에게는 정열, 애정, 용기, 자비, 성공 등이 따르며 희망운이 있는 대길한 가축이다.

■ 3월생이 양을 기르면 흉하다.

양은 명예운을 나타내는데 3월생에게는 흉하다. 사업은 실패하고 직장에서는 좌천이나 실직되며, 인격은 타락한다. 부부는 애정이 식고 미혼자는 좋은 배우자를 만나지 못한다. 항상 빈천하며 고전을 면하지 못한다. 건강상으로는 복부, 위장, 소화기관 등에 질병이 발생한다. 3월생에게는 열등, 냉정, 편협, 불량, 질병 등이 따르고 애정운이 사라지는 해로운 가축이다.

■ 3월생이 소를 기르면 대흉하다.

소는 재물운을 나타내는데 3월생에게는 대흉하다. 사업실패, 심신질병, 부부불화 등이 계속된다. 다른 사람의 도움이 없고 이성간에도 좋은 인연을 만나지 못한다. 건강상으로는 폐, 기관지, 호흡기, 생식기 등에 큰 질병이 발생한다. 3월생에게는 혼탁, 우울, 간사, 사고, 단절 등이 따르고 교제운이 나빠지는 해로운 가축이다.

■ **3월생이 닭을 기르면 반길반흉하다.**

닭은 교제운을 나타내는데 3월생에게는 반길반흉하다. 명예도 반길반흉, 성공도 반길반흉, 신용도 반길반흉, 대인관계도 반길반흉이라 큰 해로움은 없지만 크게 좋은 것도 없다. 귀, 신장, 요도기관 등에 질병이 따르나 쉽게 회복된다.

■ **3월생이 돼지를 기르면 길하다.**

돼지는 주거운을 나타내는데 3월생에게는 길하다. 통솔력이 뛰어나 만인을 지휘하고, 만사형통하여 재물이 충만하며 이성간에 좋은 인연을 만난다. 3월생에게는 장수, 발전, 희망, 재능 등이 따르는 길한 가축이다.

4월생의 가축길흉

■ **4월생이 개를 기르면 흉하다.**

개는 희망운을 나타내는데 4월생에게는 흉하다. 사업실패, 심신질병, 부부불화 등이 따르고, 직장에서는 좌천되거나 실직된다. 빈천하며 고전을 면하기 어렵다. 건강상으로는 복부, 간장, 소화기관 등에 질병이 발생한다. 4월생에게는 열등, 냉정, 편협, 불량, 질병이 따르고 애정운이 사라지는 해로운 가축이다.

■ 4월생이 양을 기르면 대흉하다.

양은 명예운을 나타내는데 4월생에게는 대흉하다. 사업실패, 심신질병, 부부불화 등이 계속되며, 남의 도움이 없다. 건강상으로는 폐, 기관지, 호흡기, 생식기 등에 큰 질병이 발생한다. 4월생에게는 혼탁, 우울, 간사, 사고, 단절 등이 따르고 교제운이 나빠지는 가축이다.

■ 4월생이 소를 기르면 반길반흉하다.

소는 재물운을 나타내는데 4월생에게는 반길반흉하다. 명예도 반길반흉, 성공도 반길반흉, 신용도 반길반흉, 대인관계도 반길반흉이라 큰 해로움은 없지만 크게 좋은 것도 없다. 건강상으로는 귀, 신장, 요도기관 등에 질병이 따르나 쉽게 회복된다.

■ 4월생이 닭을 기르면 길하다.

닭은 교제운을 나타내는데 4월생에게는 길하다. 재능을 충분히 발휘하여 재물이 충만하고, 부귀영화가 따르며 이성간에 좋은 인연을 만난다. 건강상으로는 어깨, 팔, 간장 등이 튼튼해진다. 4월생에게는 평화, 안전, 장수, 발전, 희망, 재능 등이 따르는 길한 가축이다.

■ 4월생이 돼지를 기르면 대길하다.

돼지는 주거운을 나타내는데 4월생에게는 대길하다. 운수대통하여 예상 외로 큰 발전이 있으며, 모든 것이 희망적이다. 건강상으로는 머리, 눈, 심장 등이 튼튼해진다. 4월생에게는 정열, 애정, 용기, 자비, 성공, 희망 등이 따르는 대길한 가축이다.

5월생의 가축길흉

■ 5월생이 개를 기르면 흉하다.

개는 희망운을 나타내는데 5월생에게는 흉하다. 사업실패, 심신질병 등이 따르고 직장에서는 좌천되거나 실직된다. 인격이 타락하고 빈천하며 고전을 면하기 어렵다. 건강상으로는 복부, 간장, 소화기관 등에 질병이 발생한다. 5월생에게는 열등, 냉정, 편협, 불량, 질병 등이 따르고 애정운이 사라지는 해로운 가축이다.

■ 5월생이 양을 기르면 대흉하다.

양은 명예운을 나타내는데 5월생에게는 대흉하다. 사업실패, 심신질병, 부부불화 등이 계속되며, 남의 도움이 없다. 건강상으로는 폐, 기관지, 호흡기, 생식기 등에 큰 질병이 발생한다. 5월생에게는 혼탁, 우울, 간사, 사고, 단절 등이 따르고 교제운이 나빠지는 가축이다.

■ 5월생이 소를 기르면 반길반흉하다.

소는 재물운을 나타내는데 5월생에게는 반길반흉하다. 명예도 반길반흉, 성공도 반길반흉, 신용도 반길반흉, 대인관계도 반길반흉이라 큰 해로움은 없지만 크게 좋은 것도 없다. 귀, 신장, 요도기관 등에 질병이 따르나 쉽게 회복된다.

■ 5월생이 닭을 기르면 길하다.

닭은 교제운을 나타내는데 5월생에게는 길하다. 재능을 충분히 발휘하여 재물이 충만하고, 부귀영화가 따르며 이성간에 좋은 인연을 만난다. 건강상으로는 어깨, 팔, 간장 등이 튼튼해진다. 5월생에게는 평화, 안전, 장수, 발전, 희망, 재능 등이 따른다.

■ 5월생이 돼지를 기르면 대길하다.

돼지는 주거운을 나타내는데 5월생에게는 대길하다. 운수대통하여 예상 외로 큰 발전이 있으며 모든 것이 희망적이다. 건강상으로는 머리, 눈, 심장 등이 튼튼해진다. 5월생에게는 정열, 애정, 용기, 자비, 성공, 희망 등이 따르는 대길한 가축이다.

6월생의 가축길흉

■ 6월생이 개를 기르면 대길하다.

개는 희망운을 나타내는데 6월생에게는 대길하다. 운수대통하여 계획한 일은 모두 성사되며 자손이 번창하고 만사형통한다. 건강상으로는 머리, 눈, 심장 등이 튼튼해진다. 6월생에게는 정열, 애정, 용기, 자비, 성공 등이 따르며 희망운이 있는 대길한 가축이다.

■ **6월생이 양을 기르면 흉하다.**

양은 명예운을 나타내는데 6월생에게는 흉하다. 사업은 실패하고 직장에서는 좌천이나 실직된다. 인격이 타락하며 항상 빈천하고 고전을 면하지 못한다. 건강상으로는 복부, 위장, 소화기관 등에 질병이 발생한다. 6월생에게는 냉정, 편협, 불량, 질병 등이 따르고 애정운이 사라지는 해로운 가축이다.

■ **6월생이 소를 기르면 대흉하다.**

소는 재물운을 나타내는데 6월생에게는 대흉하다. 사업실패, 심신질병, 부부불화 등이 계속된다. 다른 사람의 도움이 없고 이성간에도 좋은 인연을 만나지 못한다. 건강상으로는 폐, 기관지, 호흡기, 생식기 등에 큰 질병이 발생한다. 6월생에게는 혼탁, 우울, 간사, 사고, 단절 등이 따르고 교제운이 나빠지는 해로운 가축이다.

■ **6월생이 닭을 기르면 반길반흉하다.**

닭은 교제운을 나타내는데 6월생에게는 반길반흉하다. 명예도 반길반흉, 성공도 반길반흉, 신용도 반길반흉, 대인관계도 반길반흉이라 큰 해로움은 없지만 크게 좋은 것도 없다. 건강상으로는 귀, 신장, 요도기관 등에 질병이 따르나 쉽게 회복된다.

■ **6월생이 돼지를 기르면 길하다.**

돼지는 주거운을 나타내는데 6월생에게는 길하다. 통솔력이 뛰어나 만인을 지휘하고, 만사형통하여 재물이 충만하다. 업장은 소멸되고 이성간에도 좋은 인연을 만난다. 6월생에게는 장수, 발전, 희망, 재능 등이 따르는 길한 가축이다.

7월생의 가축길흉

■ 7월생이 개를 기르면 길하다.

개는 희망운을 나타내며 7월생에게는 길하다. 통솔력이 뛰어나 만인을 지휘하고, 재물은 충만하며 이성간에도 좋은 인연을 만나고, 업장은 소멸된다. 건강상으로는 어깨, 팔, 간장 등이 튼튼해진다. 7월생에게는 안전, 장수, 발전, 희망, 재능 등이 따르는 길한 가축이다.

■ 7월생이 양을 기르면 대길하다.

양은 명예운을 나타내는데 7월생에게는 대길하다. 운수대통하여 예상 외의 큰 발전이 있으며 만사형통한다. 건강상으로는 머리, 눈, 심장 등이 튼튼해진다. 7월생에게는 애정, 용기, 자비, 성공, 희망 등이 따르는 대길한 가축이다.

■ 7월생이 소를 기르면 흉하다.

소는 재물운을 나타내는데 7월생에게는 흉하다. 사업은 실패하고 직장에서는 좌천되거나 실직된다. 인격이 타락하며 빈천하고 고전을 면하지 못한다. 건강상으로는 복부, 위장, 간장, 소화기관 등에 질병이 발생한다. 7월생에게는 편협, 불량, 질병 등이 따르고 애정운이 사라지는 해로운 가축이다.

■ 7월생이 닭을 기르면 대흉하다.

닭은 교제운을 나타내는데 7월생에게는 대흉하다. 사업실패, 심신질병, 부부불화가 계속 따르고, 다른 사람의 도움이 없다. 폐, 기관지, 호흡기, 생식기 등에 큰 질병이 발생한다. 7월생에게는 간사, 사고, 단절 등이 따르며 교제운이 나빠지는 해로운 가축이다.

■ 7월생이 돼지를 기르면 반길반흉하다.

돼지는 주거운을 나타내는데 7월생에게는 반길반흉하다. 명예도 반길반흉, 성공도 반길반흉, 신용도 반길반흉, 대인관계도 반길반흉이라 큰 해로움은 없지만 크게 좋은 것도 없다. 건강상으로는 귀, 신장, 요도기관 등에 질병이 따르나 쉽게 회복된다.

8월생의 가축길흉

■ 8월생이 개를 기르면 길하다.

개는 희망운을 나타내며 8월생에게는 길하다. 통솔력이 뛰어나 만인을 지휘하고, 재물이 충만하며 이성간에 좋은 인연을 만나고 업장이 소멸된다. 건강상으로는 어깨, 팔, 간장 등이 튼튼해진다. 8월생에게는 안전, 장수, 발전, 희망, 재능 등이 따르는 길한 가축이다.

■ 8월생이 양을 기르면 대길하다.

양은 명예운을 나타내는데 8월생에게는 대길하다. 운수대통하여 예상 외의 큰 발전이 있으며 만사형통한다. 건강상으로는 머리, 눈, 심장 등이 튼튼해진다. 8월생에게는 애정, 용기, 자비, 성공, 희망 등이 따르는 대길한 가축이다.

■ 8월생이 소를 기르면 흉하다.

소는 재물운을 나타내는데 8월생에게는 흉하다. 사업은 실패하고 직장에서는 좌천되거나 실직된다. 인격이 타락하며 빈천하고 고전을 면하지 못한다. 건강상으로는 복부, 위장, 간장, 소화기관 등에 질병이 발생한다. 8월생에게는 편협, 불량, 질병 등이 따르고 애정운이 사라지는 해로운 가축이다.

■ 8월생이 닭을 기르면 대흉하다.

닭은 교제운을 나타내는데 8월생에게는 대흉하다. 사업실패, 심신질병, 부부불화 등이 계속되고, 다른 사람의 도움이 없다. 폐, 기관지, 호흡기, 생식기 등에 큰 질병이 발생한다. 8월생에게는 간사, 사고, 단절 등이 따르며 교제운이 나빠지는 해로운 가축이다.

■ 8월생이 돼지를 기르면 반길반흉하다.

돼지는 주거운을 나타내는데 8월생에게는 반길반흉하다. 명예도 반길반흉, 성공도 반길반흉, 신용도 반길반흉, 대인관계도 반길반흉이라 큰 해로움은 없지만 크게 좋은 것도 없다. 건강상으로는 귀, 신장,

요도기관 등에 질병이 따르나 쉽게 회복된다.

9월생의 가축길흉

■ 9월생이 개를 기르면 대길하다.

개는 희망운을 나타내며 9월생에게는 대길하다. 운수대통하여 예상 외의 큰 발전을 한다. 9월생에게는 용기, 자비, 성공, 희망 등이 따르는 대길한 가축이다.

■ 9월생이 양을 기르면 흉하다.

양은 명예운을 나타내는데 9월생에게는 흉하다. 사업은 실패하고 직장에서는 좌천이나 실직된다. 인격이 타락하며 항상 빈천하고 고전을 면하지 못한다. 9월생에게는 편협, 불량, 질병 등이 따르고 애정운이 사라지는 해로운 가축이다.

■ 9월생이 소를 기르면 대흉하다.

소는 재물운을 나타내는데 9월생에게는 대흉하다. 사업실패, 심신질병, 부부불화 등이 계속 따르고, 다른 사람의 도움이 없다. 9월생에게는 간사, 사고, 단절 등이 따르고 교제운이 떨어진다.

■ 9월생이 닭을 기르면 반길반흉하다.

닭은 교제운을 나타내는데 9월생에게는 반길반흉하다. 명예도 반길반흉, 성공도 반길반흉, 신용도 반길반흉, 대인관계도 반길반흉이라 큰 해로움은 없지만 크게 좋은 것도 없다. 건강상으로는 귀, 신장, 요도기관 등에 질병이 따르나 쉽게 회복된다.

■ 9월생이 돼지를 기르면 길하다.

돼지는 주거운을 나타내는데 9월생에게는 길하다. 통솔력이 뛰어나 만인을 지휘하고, 만사형통하여 재물이 충만하다. 업장이 소멸되고 이성간에도 좋은 인연을 만난다. 9월생에게는 장수, 발전, 희망, 재능 등이 따르는 길한 가축이다.

10월생의 가축길흉

■ 10월생이 개를 기르면 대흉하다.

개는 희망운을 나타내는데 10월생에게는 대흉하다. 사업실패, 심신질병, 부부불화 등이 따른다. 특히 교제운이 나빠 대인관계가 원만하지 못하고, 남의 도움이 없으며 이성간에도 좋은 인연을 만나지 못한다. 건강상으로는 폐, 기관지, 호흡기, 생식기 등에 큰 질병이 발생한다. 10월생에게는 혼탁, 우울, 사고, 단절, 간사함 등이 따르고 교제운이 나빠지는 해로운 가축이다.

■ 10월생이 양을 기르면 길하다.

양은 명예운을 나타내는데 10월생에게는 길하다. 통솔력이 뛰어나 만인을 지휘하고, 만사형통하여 재물이 충만하다. 업장이 소멸되고 이성간에 좋은 인연을 만난다. 10월생에게는 장수, 발전, 희망, 재능 등이 따르는 길한 가축이다.

■ 10월생이 소를 기르면 대길하다.

소는 재물운을 나타내며 10월생에게는 대길하다. 운수대통하여 예상 외로 크게 발전하며 만사형통한다. 10월생에게는 용기, 자비, 성공, 희망 등이 따르는 대길한 가축이다.

■ 10월생이 닭을 기르면 반길반흉하다.

닭은 교제운을 나타내는데 10월생에게는 반길반흉하다. 명예도 반길반흉, 성공도 반길반흉, 신용도 반길반흉, 대인관계도 반길반흉이라 큰 해로움은 없지만 크게 좋은 것도 없다. 건강상으로는 귀, 신장, 요도기관 등에 질병이 따르나 쉽게 회복된다.

■ 10월생이 돼지를 기르면 흉하다.

돼지는 주거운을 나타내는데 10월생에게는 흉하다. 사업은 실패하고 직장에서는 좌천이나 실직된다. 인격이 타락하며 항상 빈천하고 고전을 면하지 못한다. 건강상으로는 복부, 위장, 소화기관 등에 질병이 발생한다. 10월생에게는 열등, 냉정, 편협, 불량, 질병 등이 따르고 애정운이 사라지는 해로운 가축이다.

11월생의 가축길흉

■ 11월생이 개를 기르면 대흉하다.

개는 희망운을 나타내는데 11월생에게는 대흉하다. 사업실패, 심신질병, 부부불화 등이 따른다. 특히 교제운이 나빠 대인관계가 원만하지 못하고, 남의 도움이 없으며 이성간에도 좋은 인연을 만나지 못한다. 건강상으로는 폐, 기관지, 호흡기, 생식기 등에 큰 질병이 발생한다. 11월생에게는 혼탁, 우울, 사고, 단절, 간사함 등이 따르고 교제운이 나빠지는 해로운 가축이다.

■ 11월생이 양을 기르면 길하다.

양은 명예운을 나타내는데 11월생에게는 길하다. 통솔력이 뛰어나 만인을 지휘하고, 만사형통하여 재물이 충만하다. 업장이 소멸되고 이성간에 좋은 인연을 만난다. 11월생에게는 장수, 발전, 희망, 재능 등이 따르는 길한 가축이다.

■ 11월생이 소를 기르면 대길하다.

소는 재물운을 나타내며 11월생에게는 대길하다. 운수대통하여 예상 외로 크게 발전하며 만사형통한다. 11월생에게는 용기, 자비, 성공, 희망 등이 따르는 대길한 가축이다.

■ 11월생이 닭을 기르면 반길반흉하다.

닭은 교제운을 나타내는데 11월생에게는 반길반흉하다. 명예도 반길반흉, 성공도 반길반흉, 신용도 반길반흉, 대인관계도 반길반흉이라 큰 해로움은 없지만 크게 좋은 것도 없다. 건강상으로는 귀, 신장, 요도기관 등에 질병이 따르나 쉽게 회복된다.

■ 11월생이 돼지를 기르면 흉하다.

돼지는 주거운을 나타내는데 11월생에게는 흉하다. 사업은 실패하고 직장에서는 좌천이나 실직된다. 인격이 타락하며 항상 빈천하고 고전을 면하지 못한다. 건강상으로는 복부, 위장, 소화기관 등에 질병이 발생한다. 11월생에게는 열등, 냉정, 편협, 불량, 질병 등이 따르고 애정운이 사라지는 해로운 가축이다.

12월생의 가축길흉

■ 12월생이 개를 기르면 대길하다.

개는 희망운을 나타내며 12월생에게는 대길하다. 운수대통하여 예상 외의 큰 발전을 한다. 12월생에게는 용기, 자비, 성공, 희망 등이 따르는 대길한 가축이다.

■ 12월생이 양을 기르면 흉하다.

양은 명예운을 나타내는데 12월생에게는 흉하다. 사업은 실패하고 직장에서는 좌천이나 실직된다. 인격이 타락하며 항상 빈천하고 고전을 면하지 못한다. 12월생에게는 편협, 질병, 불량 등이 따르고 애정운이 사라지는 해로운 가축이다.

■ 12월생이 소를 기르면 대흉하다.

소는 재물운을 나타내는데 12월생에게는 대흉하다. 사업실패, 심신질병, 부부불화 등이 계속 따르며 다른 사람의 도움이 없다. 12월생에게는 간사, 사고, 단절 등이 따르고 교제운이 나빠지는 해로운 가축이다.

■ 12월생이 닭을 기르면 반길반흉하다.

닭은 교제운을 나타내는데 12월생에게는 반길반흉하다. 명예도 반길반흉, 성공도 반길반흉, 신용도 반길반흉, 대인관계도 반길반흉이라 큰 해로움은 없지만 크게 좋은 것도 없다. 귀, 신장, 요도기관 등에 질병이 따르나 쉽게 회복된다.

■ 12월생이 돼지를 기르면 길하다.

돼지는 주거운을 나타내는데 12월생에게는 길하다. 통솔력이 뛰어나 만인을 지휘하고, 만사형통하여 재물이 충만하다. 업장은 소멸되고 이성간에 좋은 인연을 만난다. 12월생에게는 장수, 발전, 희망, 재능 등이 따르는 길한 가축이다.

보완해야 될 성격과 버려야 될 악습

사람들은 각각 성격이 다르고, 누구나 한두가지 정도의 나쁜 습관을 갖고 있다. 여기서는 월별로 나타나는 성격과 악습을 지적한다. 자신에게 부족한 면이 있으면 보완하고, 나쁜 습관을 고치는데 도움이 되기를 바란다. 태어난 달은 음력을 기준으로 한다.

■ 1월생이 보완해야 될 성격과 버려야 될 악습

1월생은 용단과 중후함, 의리, 책임감, 효심 등을 보완하고 분노와 질투, 저주하는 마음을 버려야 한다. 1월생은 대체적으로 분노와 질투와 저주가 강한 편이다. 이것은 모든 악의 근원이니 반드시 버려야 한다. 그렇지 않으면 마음의 평화를 찾지 못하고 항상 분주하고 이동이 심하다.

■ 2월생이 보완해야 될 성격과 버려야 될 악습

2월생은 1월생과 마찬가지로 용단과 중후함, 의리, 책임감, 효심 등을 보완하고 분노와 질투, 저주하는 마음을 버려야 한다. 2월생은 대체적으로 분노와 질투와 저주가 강한 편이다. 이것은 모든 악의 근원이다. 그리고 지나치게 승부욕과 지배욕이 강하여 양보하는 마음이 부족하다. 대인관계에서 분쟁을 일으킬 요소가 많으니 각별히 주의해야 한다.

■ 3월생이 보완해야 될 성격과 버려야 될 악습

3월생은 용단과 조심성이 부족하고 우둔한 편이라 지혜를 길러야 하고, 습관적으로 고민하고 의심하고 원망하는 마음이 있다. 매우 나쁜 악습이니 반드시 버려야 한다. 그리고 3월생은 한곳에 정착하는 것을 좋아하여 이동하기를 싫어하는데, 자칫 게을러질 수 있으니 조심해야 한다.

■ 4월생이 보완해야 될 성격과 버려야 될 악습

4월생은 용단과 조심성과 인자한 마음이 필요하다. 지혜는 부족한데 욕심이 앞서기 때문에 고민하고 의심하고 원망하며 무례한 편이다. 그리고 한곳에 정착하는 것을 좋아하여 이동하기를 싫어하는데, 자칫 게을러질 수 있으니 조심해야 한다.

■ 5월생이 보완해야 될 성격과 버려야 될 악습

5월생은 용단과 조심성과 인자한 마음과 자제력이 필요하고, 혈기와 무례함과 원망하는 마음을 버려야 한다. 그리고 지나치게 혈기와 승부욕이 강하여 양보하는 마음이 부족한 편이다.

■ 6월생이 보완해야 될 성격과 버려야 될 악습

6월생은 용단과 조심성과 인자함이 필요하다. 우둔하면서 욕심은 많은 편이니 지혜를 길러야 하고, 대인관계에서는 용기를 갖고 의리와 신용을 중요하게 생각해야 한다. 그리고 6월생은 습관적으로 고민하고 의심하고 원망하는 마음을 버려야 한다.

■ 7월생이 보완해야 될 성격과 버려야 될 악습

7월생은 명랑함과 인자함을 보완하고, 잔인하고 좌절하고 증오하는 마음을 버려야 한다. 7월생은 문제에 부딪히면 극복하지 못하고 좌절해 버리는 나약함이 있으나 약자에게는 무자비할 정도로 잔인하게 행동하는 부분이 있다.

■ 8월생이 보완해야 될 성격과 버려야 될 악습

8월생은 명랑함과 인자함을 보완해서 난폭함을 억제하고, 좌절과 잔인함과 증오하는 마음을 버려야 한다. 7월생은 역경에 처하면 극복하지 못하고 쉽게 좌절해 버리는 나약함이 있지만, 약자에게는 잔인하고 경쟁자를 증오하는 마음이 심하다. 인내심과 관대한 마음이 필요하다.

■ 9월생이 보완해야 될 성격과 버려야 될 악습

9월생은 용단과 조심성이 필요하다. 우둔한 편이니 지혜를 기르고 잔인성을 절제해야 한다. 그리고 습관적으로 고민하고 의심하고 원망하는 마음을 버려야 한다.

■ 10월생이 보완해야 될 성격과 버려야 될 악습

10월생은 중후함과 명랑함이 필요하고, 효도하는 마음과 예의범절을 지켜야 하며, 용두사미의 기질이 많으니 인내심과 책임감을 키워야 한다. 그리고 10월생은 음란하고 탐욕과 두려움이 많은 편이니 용기를 갖고 건전한 생활을 하도록 노력해야 한다.

■ 11월생이 보완해야 될 성격과 버려야 될 악습

11월생은 중후함과 명랑함이 필요하고, 예의범절을 지키며 책임감과 효심을 키워야 한다. 그리고 11월생은 음란하고 탐욕과 두려움이 많은 편이니 용기를 갖고 건전한 생활을 하도록 노력해야 한다.

■ 12월생이 보완해야 될 성격과 버려야 될 악습

12월생은 명랑함과 인자함이 필요하다. 지나치게 냉정한 편이라 사람을 잃기 쉬우며, 주관이 강하여 남을 무시하는 경향이 있으니 각별히 주의해야 한다. 그리고 12월생은 습관적으로 고민하고 불신하고 원망하는 마음을 버려야 한다.

정확한
운세판단법

초년운

초년운은 태어난 해로 보며, 부모의 품 안에 머물러 있는 상태이기 때문에 부모의 운세에 많은 영향을 받는다. 즉 부모의 운세가 좋으면 더불어 좋고, 부모의 운세가 나쁘면 더불어 불리하다.

쥐띠의 초년운

쥐띠의 초년운은 물질에는 예민하지만 성격이 부드러워 상대방을 편안하게 한다. 현실적이며 대중적이고 직감력이 예민하여 감각적으로 잘 판단한다. 느린 것 같지만 성급하며, 조급하게 판단하여 후회하는 일이 많다. 인간관계가 원만하기를 바라고 동정심이 있으나 성심으로 베풀지는 못한다. 재물을 모으는 마음이 강하고 수단이 좋지만, 욕심으로 행하면 의리에 금이 간다. 색정이나 이성문제로 정신적인 갈등이나 재물손해를 본다. 부모와 형제간에도 타산적이고, 매사에 고심이 많으나 저항력과 참을성이 강하다. 금전적으로는 부족함이 없으나 명예운은 희박하다. 뱀띠, 말띠, 양띠와는 상극이니 결혼이나 동업, 인간관계 등 중요한 거래는 피하는 것이 좋다.

소띠의 초년운

소띠의 초년운은 생각은 깊지만 말수가 적고 표현력이 부족하여 대인관계가 원만하지 못하다. 재주와 발표력은 없으나 근면하여 노력으로 목적을 성취한다. 사고의 유연성 부족으로 한가지 일에 몰두하기 쉽고, 자기 주장만 내세우다가 손해를 많이 본다. 정직하고 소박하며 겉으로 드러내지 않지만, 비밀을 지키지 않고 농담을 사실로 받아들이는 경향이 있다. 기분파로 사람의 좋고 나쁨의 차이가 심하며, 상대방을 살피는 통찰력이 부족하고 소극적이지만 악의는 없다. 친절하고 동정심이 있으며 소심하고 눈물이 많은 편이다. 소띠생은 남녀 모두 부부운이 희박하여 이별이나 사별하기 쉽지만 말년으로 갈수록 행운이 찾아온다. 말띠, 양띠, 원숭이띠와는 상극이니 결혼이나 동업, 인간관계 등 중요한 거래는 피하는 것이 좋다.

호랑이띠의 초년운

호랑이띠의 초년운은 정의와 의리가 강하고, 청렴하며 공정하나 우월감이 강하다. 남자는 겉으로는 강직하나 속으로는 부드럽고, 여자는 겉으로는 부드러우나 속으로는 강하다. 용맹하며 향상심이 왕성하고 도량이 넓어 큰 일을 도모한다. 의협심과 동정심이 많아 위험한 일에 뛰어들어 약자를 구하고, 의리와 인정으로 남의 일에 많이고심한다. 다정다감하며 발명성도 남달리 풍부하고, 공공심이 있어 사회사업 등에 적극적이다.

그러나 조직을 이끄는 능력이 있어 대중들의 위에 서기를 좋아하고, 자존심과 우월감이 강하여 자신의 실수를 인정하거나 머리를 숙이려 하지 않으며, 후회를 표정으로 나타내지 않는다. 일을 시작할 때는 지나치게 생각이 깊어 종종 기회를 놓친다. 양띠, 원숭이띠와는 상극이니 결혼이나 동업, 인간관계 등 중요한 거래는 피하는 것이 좋다.

토끼띠의 초년운

토끼띠의 초년운은 부드럽고 애교가 있으며, 낙천적이고 쾌활하여 대인관계가 원만하고 인기가 많다. 구속받는 것을 싫어하고 지나치게 한가지에 집착하여 시기를 놓치는 수가 많으며, 사람을 잘 믿으며 빨리 동화되어 실수가 많다. 현실적이지 못한 공상으로 중도에 그치는 일이 많으며, 색정이 강하여 이성문제가 많이 발생한다. 새 것을 좋아하며 허영과 낭비하는 경향이 있고, 악의없이 남을 비판하지만 그것으로 오해를 많이 받는다. 대담함과 소심함, 강함와 약함, 헌신과 이기, 사교성과 비사교성 등 상반되는 이중성이 많다. 원숭이띠,

닭띠, 개띠와는 상극이니 결혼이나 동업, 인간관계 등 중요한 거래는 피하는 것이 좋다.

용띠의 초년운

용띠의 초년운은 높은 기상과 용기와 적극성이다. 남에게 비평을 들어도 신경쓰지 않고, 의욕과 향상심이 강하다. 독선적이라 남의 말을 잘 듣지 않고, 자신을 나타내려고 하기 때문에 반감과 저항을 사기도 한다. 총명하며 재주가 풍부하나 성격이 급하고 생각이 짧아 성과는 있어도 손해를 많이 본다. 열정적이나 꾸준한 면이 없어 매사가 용두사미다. 겉으로는 부드럽고 온후하지만 속으로는 엄격하며, 허영심과 우월감이 강하여 남을 좋게 평하지 않는다. 소박하고 다정다감하며 인간적인 따뜻한 면이 있지만 인색하며 욕심도 많다. 오늘의 왕자가 내일은 거지가 되는 경우와 같이 선악길흉이 반복되는 운세다. 닭띠, 개띠, 돼지띠와는 상극이니 결혼이나 동업, 인간관계 등 중요한 거래는 피하는 것이 좋다.

뱀띠의 초년운

뱀띠의 초년운은 사고가 치밀하고 마음이 깊지만 허영과 사치가 강하고 남을 무시하는 경향이 있다. 이상적인 부분과 현실적인 부분을 겸비했지만 매사에 선입관이 지나쳐 궤도를 벗어나기도 한다. 표현은 담백하나 신경질이 많으며, 질투심이 강하고 남의 말을 믿지 않는다. 감정을 불쾌하게 발산하고 불필요한 비밀을 잘 만든다. 영리하고 연구심이 강하며 이론적으로 따지기를 좋아하면서도, 감수성이 예민하여 초현실적인 신비주의로 흐르기도 한다. 좋은 것과 나쁜 것에 대한 구별이 분명하며, 사건을 직각적으로 판단하는 지혜가 있다. 예술적인 소질이 있고, 호기심이 풍부하여 미지의 세계에 관심이 많다. 남의 소질을 무시하며, 남의 성공에 질투가 많아 스스로 괴로워 하기도 한다. 색정이 강하여 음란하기 쉽고 정신적인 방황도 많이 한다. 개띠, 돼지띠, 쥐띠는 상극이니 결혼이나 동업, 인간관계 등 중요한 거래는 피하는 것이 좋다.

말띠의 초년운

말띠의 초년운은 활기와 애교가 있고, 남의 일에 열심이며 교제에 능숙하다. 직감력과 추리력이 풍부하며 두뇌 회전이 빨라 기회를 잘 포착한다. 말과 행동이 직선적이라 충돌이 많으며, 지나치게 정직하고 솔직한 성격 때문에 오히려 복잡한 생활을 하기도 한다. 기분파로 좋은 것과 나쁜 것에 예민하고, 끈기가 부족하여 용두사미로 끝나는 일이 많다. 감정적이기 때문에 세밀한 일에는 결함이 많으며, 풍류를 좋아하며 호색적인 면이 강하다. 저축심이 미약하며, 직업이나 교제에 변동이 많고 피곤을 많이 느낀다. 여자는 순종적이고 직관력이 풍부하며, 다정다감하고 고상한 것을 좋아하지만 허영심이 강하고 변화를 좋아한다. 돼지띠, 쥐띠, 소띠와는 상극이니 결혼이나 동업, 인간관계 등 중요한 거래는 피하는 것이 좋다.

양띠의 초년운

양띠의 초년운은 부드럽고 온건하며 예의를 소중하게 여기고, 인정과 인의가 풍부하다. 생각이 지나치게 깊어 우유부단한 면이 있고, 쓸데없는 근심을 많이 한다. 정밀한 사고력과 연구심이 강하며 인내심이 많아 한가지 일에 매진한다. 겉으로는 부드러우나 속으로는 강하며, 반역정신이 강하여 한번 노하면 역심을 품기도 한다. 혼자있는 것을 좋아하며, 외로운 친구와 함께 고독한 생활을 즐긴다. 항상 평화와 안녕을 바라나 자기 발전을 구하며, 의외의 큰 일을 만드는 경우가 많다. 방어본능이 강하며, 예지능력이 뛰어나 대응책도 능하다. 색정에 관심이 많고 다정다감하나 매사가 소극적이다. 타향에서 거주하는 사람이 많다. 쥐띠, 소띠, 호랑이띠는 상극이니 결혼이나 동업, 인간관계 등 중요한 거래는 피하는 것이 좋다.

원숭이띠의 초년운

원숭이띠의 초년운은 재주가 뛰어나고 명랑하며 쾌활하고, 대인관계가 좋아 대중의 뜻을 모아 상위에 오르기도 한다. 지능과 사고력이 뛰어나고 애교와 명예욕과 독점욕과 경쟁의식이 매우 강하여 기회를 잘 포착하지만, 성격이 급하여 경솔하게 판단하는 경우가 있다. 분수에 넘치게 욕망을 품고, 큰 일은 잘 처리하나 작은 일은 소홀하게 여기는 경향이 있다.

그러나 강자에게는 대항하고 약자에게는 도움을 주는 헌신적인 면도 있다. 감정적이라 흥분을 잘하여 희노애락의 변화가 심하고, 색정과 풍류를 좋아해 화려한 직업으로 많이 진출한다. 소띠, 호랑이띠, 토끼띠는 상극이니 결혼이나 동업, 인간관계 등 중요한 거래는 피하는 것이 좋다.

닭띠의 초년운

닭띠의 초년운은 지성적이고 표현력이 풍부하여 머리를 많이 사용하는 직업에 종사하면 크게 성공한다. 부드럽고 애교가 많으나 속으로는 강하여 자신의 영역을 잘 지키고 남의 명령을 싫어한다. 한가지 일을 밀고 나가는 의지가 있는 반면에 다른 일로 마음을 옮겨 고통을 자초하기도 한다. 희망과 목적이 원대하나 성급하여 실패하기도 하며, 재물욕심이 많고 허영과 사치가 강하며 이성의 유혹에 약하다. 비교적 명랑하고 쾌활하며 인정이 많고 다정하지만, 남의 결점을 잘 지적하여 미움을 사기도 한다. 호랑이띠, 토끼띠, 용띠는 상극이니 결혼이나 동업, 인간관계 등 중요한 거래는 피하는 것이 좋다.

개띠의 초년운

개띠의 초년운은 일편단심으로 정직하고, 정의감과 의무감이 강하다. 충성심이 많아 상사에게 순종하며 헌신적이나, 자존심이 강하여 대인관계가 원만하지 못하다. 보수적이고 생각이 깊어 경솔한 사람과 농담을 싫어하여 친구간에도 융합성이 부족하다. 생각은 많으나 표현력이 부족하여 의사소통이 원만하지 못하며, 큰 의리나 은혜는 내세우지만 사소한 것은 가볍게 생각한다. 일단 마음에 드는 사람에게는 맹신적으로 충성하며, 감정적으로 선악을 구별하여 판단하고, 동정심이 많아 이용을 당하는 일이 종종 있다. 비교적 애정이 풍부하며 희생적이고 이지적이 반면에 방어의식도 강하다. 토끼띠, 용띠, 뱀띠는 상극이니 결혼이나 동업, 인간관계 등 중요한 거래는 피하는 것이 좋다.

돼지띠의 초년운

돼지띠의 초년운은 정직하고 한번 결정한 일은 전후사정이나 때와 장소를 불문하고 용감하게 전진한다. 자존심이 강하며 의리가 있고 강직하나, 인정이 많아 눈물 앞에는 약하다. 그러나 원칙적이고 융통성이 부족하고, 임기응변과 유연성의 결함으로 매정하다는 말을 많이 듣는다. 재물에 대한 애착이 강하여 함부로 낭비하지 않으며, 과묵하지만 말문을 열면 청산유수다. 형제의 인연이 박하고 주장이 강하여 육친과의 마찰이 심하다. 운세가 좋으면 경제적인 면이 활발하고, 운세가 불리하면 구두쇠 소리를 듣는다. 용띠, 뱀띠, 말띠는 상극이니 결혼이나 동업, 인간관계 등 중요한 거래는 피하는 것이 좋다.

청년운

청년운은 태어난 달의 운세로 판단하며, 결혼운도 함게 본다. 또 인간의 성격은 대부분 청년기에 형성되기 때문에 평생 성격도 태어난 달로 판단한다. 그리고 달에서는 결혼운도 함께 본다. 그러므로 월운이 길하면 가정이 행복하고, 월운이 흉하면 가정이 불행하다.

1월생의 청년운

1월생의 청년운은 인자함이다. 1월은 삼양삼음(三陽三陰)의 계절이며, 절기로는 입춘(立春)으로 봄을 시작하는 계절이다. 비교적 따뜻함이 많지만 냉정함과 온순함을 겸한다. 1월은 목(木)의 역마성(驛馬星)이기 때문에 1월생은 매사에 진취적이고 능동적이며, 분주하고 이동과 여행 등이 따른다. 용맹하고 마음이 넓어 큰 일을 도모하며,

향상심이 강하고 의협심과 인정과 의리가 많아 약한 사람에게 베풀기를 좋아하고, 자신에게 이익이 없어도 일을 가리지 않는다. 청렴하고 공정하나 우월감이 강하며, 지나치게 자존심이 강하여 자신의 실수를 인정하거나 굽히려 하지 않고, 후회를 표정으로 나타내지 않는다. 남자는 강한듯이 보이지만 속으로는 유순하고, 여자는 부드러워 보이지만 속으로는 강하다. 6월생, 7월생, 8월생과는 상극이니 결혼이나 동업, 인간관계 등 중요한 거래는 피하는 것이 좋다.

2월생의 청년운

2월생의 청년운은 인자함이다. 2월은 사양이음(四陽二陰)의 계절이며, 절기로는 경칩(驚蟄)으로 목(木)이 가장 왕성한 봄이다. 2월은 도화살(桃花殺)에 해당하여 화려한 것을 좋아하고, 남을 지배하며 군림하려고 한다. 인정이 많고 따뜻하며 유화적이고 애교가 있으며, 낙천적이고 쾌활하여 대인관계가 원만하고 인기가 많다.

그러나 구속받는 것을 싫어하고, 지나치게 한가지에 집착하여 시기를 놓치는 수가 많다. 사람을 잘 믿으며 빨리 동화되어 실수가 많다. 현실적이지 못한 공상으로 중도에 그치는 일이 많으며, 색정이 강하여 이성간의 문제가 많이 발생한다. 대담함과 소심함, 강함와 약함, 헌신과 이기, 사교성과 비사교성 등 상반되는 이중성이 많다. 7월생, 8월생, 9월생과는 상극이니 결혼이나 동업, 인간관계 등 중요한 거래는 피하는 것이 좋다.

3월생의 청년운

3월생의 청년운은 신실함이다. 3월은 오양일음(五陽一陰)의 계절이며, 절기로는 청명(淸明)으로 봄이 끝나고 여름으로 넘어가기 위해 마무리를 하는 계절이다. 3월은 고지(庫地)이기 때문에 한곳에 정착하는 것을 좋아하여 움직이는 것을 싫어한다. 행동이 느리지만 용기와 기상이 높고, 적극적이며 인정이 많다. 겉으로는 부드럽고 온후하지만 속으로는 엄격하다.

그러나 진취적이고 독선적이며, 자신을 나타내려고 하면서도 남의 말을 잘 듣지 않고, 누가 비평을 해도 신경쓰지 않으며 고지식한 면이 많아, 반감과 저항을 사기 때문에 인간관계에서는 손실이 많다. 총명하며 재주가 풍부하나 허영심과 우월감이 강하고, 성질이 급하고 생각이 짧아 성과는 있으나 손해를 많이 본다. 열정적이나 꾸준한 면이 부족하여 매사가 용두사미로 끝나는 경우가 많다. 8월생, 9월생, 10월생과는 상극이니 결혼이나 동업, 인간관계 등 중요한 거래는 피하는 것이 좋다.

4월생의 청년운

4월생의 청년운은 명랑함을 나타낸다. 4월은 육양무음(六陽無陰)의 계절이며, 절기로는 입하(立夏)로 여름이 시작되는 계절이다. 사생지(四生地)에 해당하여 돌아다니는 것을 좋아하며 분주하다. 성격이 급하지만 치밀하고 마음과 생각이 깊고 신중하며, 총명하고 연구심이 강하다. 담백하고 좋고 싫음이 분명하여 이론적으로 따지기를 좋아하고, 순발력이 뛰어나다.

그러나 신경질적이고 질투심이 강하며, 남의 말을 믿지 않고 허영과 사치가 많아 남을 무시하는 경향이 있다. 이상을 추구하지만 현실적이고, 매사에 선입관이 지나쳐 궤도를 벗어나기도 한다. 예술적인 소질이 있고 감수성이 예민하며, 신비스러운 좋아하여 초현실주의로 흐르기도 한다. 9월생, 10월생, 11월생과는 상극이니 결혼이나 동업, 인간관계 등 중요한 거래는 피하는 것이 좋다.

5월생의 청년운

5월생의 청년운은 화려함을 나타낸다. 5월은 오양일음(五陽一陰)의 계절이며, 절기로는 망종(芒種)으로 가장 더위가 심한 여름의 중앙이다. 성격이 매우 급하며 왕지(旺地)에 해당하여 지배욕이 강하다. 활기와 애교가 있어 교제에 능숙하고, 남의 일에도 열심이다. 직감력과 추리력이 풍부하며 두뇌 회전이 빨라 기회를 잘 포착하지만, 말과 행동이 직선적이라 충돌이 많다.

그러나 지나치게 정직하고 솔직하여 오히려 복잡한 생활을 하기도 한다. 기분파이고 좋은 것과 나쁜 것에 예민하며, 꾸준한 면이 부족하여 마무리가 희미하고, 논리보다 감정이 앞서기 때문에 세밀한 일에는 결함이 많다. 풍류를 좋아하고 호색적인 면이 강하며, 저축심이 미약하고 낭비가 많다. 직업이나 교제에 변동이 많아 피로함을 많이 느낀다. 10월생, 11월생, 12월생과는 상극이니 결혼이나 동업, 인간관계 등 중요한 거래는 피하는 것이 좋다.

6월생의 청년운

6월생의 청년운은 정직함이다. 6월은 사양이음(四陽二陰)의 계절이며, 절기로는 소서로 여름이 끝나가는 계절이다. 고지(庫地)에 해당하여 움직이는 것을 싫어하고, 한곳에 정착하기를 원한다. 성격은 급하지만 행동은 둔하다. 예의를 중히 여기고 유화하며 온건하고, 인정이 많고 인의 또한 풍부하다. 방어본능이 강하고 불시의 위험을 예지하는 능력이 예민하여 대응책도 능하다. 정밀한 사고력과 연구심이 강하며, 인내심이 많아 한가지 일에 집중하여 매진한다.

그러나 기세가 약하고 생각이 지나치게 많고 깊어 결정하는데 많은 시간이 걸리고, 쓸데없는 근심을 하기도 한다. 겉으로는 부드러우나 속으로는 강하며, 반역정신이 강하여 한번 노하면 역심을 품기도 한다. 혼자 행동하는 것을 좋아하며, 외로운 친구와 함께 하는 것을 좋아한다. 항상 평화와 안녕을 바라나, 의외의 큰 일을 발생시키는 경우가 많다. 색정에 관심이 많고 다정다감하지만 매사에 소극적이다. 11월생, 12월생, 1월생과는 상극이니 결혼이나 동업, 인간관계 등 중요한 거래는 피하는 것이 좋다.

7월생의 청년운

7월생의 청년운은 정의감이다. 7월은 삼양삼음(三陽三陰)의 계절이며, 절기로는 입추(立秋)로 가을이 시작되는 시기다. 만물이 열매를 맺는 계절이기 때문에 숙살기운이 강하여 남을 심판하려는 성향이 있다. 냉정하면서도 명랑하고 쾌활하며, 의리와 재능이 있고 대화하는 것을 좋아하여 대인관계가 좋다. 애교와 명예욕과 독점욕이 많고, 경쟁의식이 강하며 기회를 잘 포착한다. 동정심과 헌신적이 면이 많으며, 지능과 사교력이 뛰어나다.

그러나 큰 일은 잘 처리하지만 작은 일은 소홀하게 생각하는 경우가 많고, 성격이 급하며 경솔한 면이 많다. 분수에 넘치게 욕망을 품지만, 강자에게는 대항하고 약자에게는 도움을 준다. 감정적이라 흥분을 잘하여 희노애락의 변화가 심하고, 색정이 강하고 풍류를 좋아한다. 12월생, 1월생, 2월생과는 상극이니 결혼이나 동업, 인간관계 등 중요한 거래는 피하는 것이 좋다.

8월생의 청년운

8월생의 청년운은 정의감이다. 8월은 이양사음(二陽四陰)의 계절이며, 절기로는 백로(白露)에 해당하며 가을의 중간이다. 추수의 계절이므로 남을 심판하는 기질이 강하고 독단적인 부분도 많다. 대인관계에서 충돌이 많은 편이나 지도자가 되기도 한다. 냉정하며 표현력이 풍부하고 지성적이기 때문에 두뇌를 필요로 하는 직업에 종사하면 크게 성공한다. 유화하며 애교가 있으나 속으로는 강하여 자기 영역을 잘 지킨다.

그러나 희망과 목적은 원대해도 성급하여 실패하기도 한다. 남의 명령을 싫어하며 한가지 일에 집착하는 의지가 있는 반면에, 다른 일에 마음을 옮겨 고통을 자초하기도 한다. 재물에 대한 욕심과 허영심이 강하고, 사치를 좋아하며 이성의 유혹에 약하다. 비교적 명랑하고 쾌활하며 인정이 많고 다정하지만, 남의 결점을 잘 지적하여 미움을 사기도 한다. 1월생, 2월생, 3월생과는 상극이니 결혼이나 동업, 인간관계 등 중요한 거래는 피하는 것이 좋다.

9월생의 청년운

9월생의 청년운은 신실함이다. 9월은 일양오음(一陽五陰)의 계절이며, 절기로는 한로(寒露)로 가을을 마무리하는 시기다. 찬이슬이 내리는 계절이라 비교적 냉정하고, 고지(庫地)에 해당하여 움직이는 것을 싫어하고 한곳에 정착하기를 원한다. 일편단심으로 정직하고 정의감과 의무감이 강하며, 윗사람에게 순종하며 헌신적으로 충성한다. 자존심과 고집이 강하여 대인관계가 원만하지 못하여 고독하다. 생각은 깊지만 보수적이라 융합성이 부족하고 경솔한 사람과 농담을 싫어한다. 그러나 동정심이 많아 이용을 당하는 경우가 종종 있으며, 비교적 애정이 풍부하며 희생적이고 이지적이지만 방어본능도 강하다. 2월생, 3월생, 4월생과는 상극이니 결혼이나 동업, 인간관계 등 중요한 거래는 피하는 것이 좋다.

10월생의 청년운

10월생의 청년운은 지혜로움이다. 10월은 무양육음(無陽六陰)의 계절이며, 절기로는 입동(立冬)으로 겨울로 들어서는 계절이다. 생지(生地)에 해당하여 분주하고 이동을 좋아한다. 냉정하며 정직하고, 일단 마음의 결정이 끝나면 용감하게 전진한다. 자존심이 강하고 의리와 인정이 있고, 강직하나 눈물 앞에는 약하다. 재물에 대한 애착이 강하여 낭비하지 않는다.

그러나 지나치게 원칙적이라 융통성과 유연성이 부족하여 매정하다는 말을 많이 듣는다. 과묵한 편이나 말문을 열면 청산유수다. 형제간에 인연이 약하고, 자기의 주장이 강하여 육친과의 마찰이 심하다. 운세가 좋으면 경제적인 면이 활발하고, 운세가 불리하면 구두쇠 소리를 듣는다. 3월생, 4월생, 5월생과는 상극이니 결혼이나 동업, 인간관계 등 중요한 거래는 피하는 것이 좋다.

11월생의 청년운

11월생의 청년운은 지혜로움이다. 11월은 일양오음(一陽五陰)의 계절이며, 절기로는 대설(大雪)이다. 추운 겨울이라 냉정하고, 왕지(旺地)에 해당하여 남을 지배하려고 한다. 현실적이고 물질에 대한 애착이 강하며 상대방을 편안하게 해준다. 직감력이 예민하여 감각적으로 잘 판단한다. 느린 것 같지만 성급하여 후회하는 일이 많고, 인간관계가 원만하기를 바라지만 성심으로 베풀지는 못한다. 수완이 좋지만 욕심이 많아 의리에 금이 가고, 이성문제로 정신적인 갈등이나 재물손해를 본다. 참을성과 저항력이 강하고, 부모와 형제간에도 계산적이다. 금전적으로는 큰 어려움은 없으나 명예운은 희박하다. 여자는 자기주장이 강하여 남편에게 순종하는 면이 부족하다. 4월생, 5월생, 6월생과는 상극이니 결혼이나 동업, 인간관계 등 중요한 거래는 피하는 것이 좋다.

12월생의 청년운

12월생의 청년운은 고독함이다. 12월은 이양사음(二陽四陰)의 계절이며, 절기로는 소한(小寒)으로 겨울을 마무리하는 계절이다. 고지(庫地)에 해당하여 움직이는 것을 싫어하고, 한곳에 정착하기를 원한다. 냉정하며 말이 적고 표현력이 부족하여 대인관계가 원만하지 않지만, 속으로는 생각이 많고 근면하여 노력으로 목적을 성취한다. 정직하고 소박하며 속마음을 드러내지 않는다.

그러나 통찰력과 사고의 유연성이 부족하여 한가지 일에 몰두하기 쉽고, 자기 주장만 내세우다가 손해를 많이 본다. 자존심이 강하고 농담을 사실로 인식하는 경향이 있으며, 친절하고 동정심이 있으나 소심하여 눈물이 많다. 남녀모두 부부운이 희박하여 사별이나 이별하기 쉽다. 말년으로 갈수록 행운이 찾아온다. 5월생, 6월생, 7월생과는 상극이니 결혼이나 동업, 인간관계 등 중요한 거래는 피하는 것이 좋다.

중년운

중년운은 태어난 날을 중심으로 판단하며, 생일은 배우자궁이므로 매우 중요하다. 궁합에서도 생일이 가장 중요하다.

1일생, 11일생, 21일생의 중년운

1일생, 11일생, 21일생의 중년운은 지혜가 많고 재주가 있으며· 부드럽다. 직감력이 예민하여 사물을 감각적으로 잘 판단한다. 느린 것 같지만 성급하여 후회하는 일이 많다. 현실적이라 공상이나 낭만으로 흐르지 않고, 대중적이며 물질적이고 세속적인 면에 능숙하다. 부부관계가 원만하기를 바라지만 정이 부족하여 성심으로 베풀지는 못한다. 여성은 남편에게 헌신적이지 못하고, 남자도 아내에게 원만하지 못한 경향이 있다.

배우자는 재물에 대한 애착이 많은 사람이다. 재물을 모으는 마음이 강하고 수단이 뛰어나지만, 욕심으로 행하면 의리에 금이 간다. 색정이나 이성문제로 정신적인 갈등이나 재물손해를 본다. 부모와 형제간에도 타산적이며, 매사에 고심이 많으나 저항력과 참을성이 강하다. 금전적으로는 부족함이 없으나 명예운이 희박하다.

2일생, 12일생, 22일생의 중년운

2일생, 12일생, 22일생의 중년운은 고독함이다. 말이 적고 표현력이 부족하지만 속으로는 생각이 많다. 재주와 발표력은 적으나 근면하여 노력으로 목적을 성취한다. 사고력의 유연성 부족으로 한가지 일에 몰두하기 쉽고, 자기주장을 내세우다 손해를 많이 본다. 정직하고 소박하지만 비밀을 지키지 않는 경향이 있다.

배우자는 기분의 기복이 심하여 사람이 좋고 나쁨의 차이가 심하고, 상대방에 대한 통찰력이 부족하고 소극적이지만 악의는 없다. 자존심이 강하고 농담을 받아들일 줄 모르지만, 친절하고 동정심이 있으며 소심하여 눈물이 많다. 부부운이 희박하여 이별이나 사별하기 쉽다. 말년으로 갈수록 행운이 찾아온다.

3일생, 13일생, 23일생의 중년운

3일생, 13일생, 23일생의 중년운은 분주함이다. 정의와 의리가 강하고, 청렴하고 공정하나 우월감이 강하다. 남자는 겉으로는 강직하나 속으로는 부드럽고, 여자는 겉으로는 부드러우나 속으로는 강하다. 용맹하며 도량이 넓고 향상심이 왕성하여 큰 일을 도모하며, 의협심이 풍부하여 약자를 구하고, 동정심이 후하여 의리와 인정으로 남의 일에 고심하는 일이 많다. 자존심이 강하여 자신의 실수를 인정하거나 머리를 숙이려 하지 않고, 남의 밑에 있는 것을 싫어하며 후회를 표정으로 나타내지 않는다.

배우자는 의리가 있어 위험한 일에도 잘 뛰어 들며, 생각이 지나치게 깊어 기회를 놓치는 수가 종종 있다. 조직을 이끄는 능력이 있어 대중 위에 서기를 좋아하며, 다정다감하고 공격적이며 발명성도 남달리 풍부하다. 공공심이 있어 사회사업 등에 적극적이다.

4일생, 14일생, 24일생의 중년운

4일생, 14일생, 24일생의 중년운은 지도자가 되는 운세다. 부드럽고 애교가 있으며 낙천적이고 쾌활하여 대인관계가 원만하며 인기가 있다. 구속을 싫어하고 한가지에 집착하여 시기를 놓치는 수가 많으며, 사람을 잘 믿으며 빨리 동화되어 실수를 많고, 이상적이라 중도에 그치는 일이 많다.

배우자는 대담함과 소심함, 강함과 약함, 헌신과 보신, 사교성과 비사교성 등 이중성이 많다. 악의 없이 남을 비판하지만 그것으로 인하여 오해를 많이 받는다. 허영과 낭비가 강하고 새것을 좋아한다. 색정에 약하여 이성문제가 많이 발생한다.

5일생, 15일생, 25일생의 중년운

5일생, 15일생, 25일생의 중년운은 고독함이다. 기상과 용기가 높고 적극적이다. 남에게 비평을 들어도 신경쓰지 않고, 향상심과 의욕이 강하나 독선적이라 남의 말을 잘 듣지 않는다. 자신을 나타내려는 마음이 강하여 반감을 사기 때문에 인간관계에서 손실이 많다. 총명하며 재주는 많으나 성격이 급하고 생각이 짧아, 성과는 있어도 손해를 많이 본다. 겉으로는 부드럽고 온후하지만 속으로는 엄격하다.

배우자는 열정적이나 끈기가 없어 용두사미로 끝나는 일이 많다. 허영심과 우월감이 강하고 남을 좋게 평하지 않는다. 총명하고 친절하며 다정다감하지만 욕심이 많고 인색하다. 오늘의 왕자가 내일은 거지가 되는 경우와 같이 선악길흉이 반복된다.

6일생, 16일생, 26일생의 중년운

6일생, 16일생, 26일생의 중년운은 사고력이 치밀하고 생각이 깊다. 허영과 사치가 강하고 남을 무시하는 경향이 있다. 이상적인 면과 현실적인 면을 겸비했지만 매사에 선입관이 지나쳐 궤도를 벗어나기도 한다. 표현은 담백하나 신경질이 많고 질투심이 강하여 남의 말을 믿지 않는다. 감정을 불쾌하게 발산하며 필요없는 비밀을 잘 만든다. 영리하고 연구심이 강하며 이론적으로 따지기를 좋아하지만, 감수성이 예민하여 초현실적인 신비주의로 흐르기도 한다.

배우자는 좋은 것과 나쁜 것에 대한 구별이 분명하고, 사건을 직각적으로 판단하는 지혜가 있다. 예술방면에 재능이 있고, 호기심이 풍부하여 미지의 세계에 관심이 많다. 다른 사람의 소질과 성공에 대한 질투가 많아 스스로 괴로워한다. 색정이 강하여 음란하기 쉬우며, 정신적인 방황을 많이 한다.

7일생, 17일생, 27일생의 중년운

7일생, 17일생, 27일생의 중년운은 출세가 따르는 운세다. 활기와 애교가 있고 남의 일에 열심이며 교제에 능숙하다. 직감력과 추리력이 풍부하며 두뇌 회전이 빨라 기회를 잘 포착한다. 말과 행동이 직선적이라 충돌이 많고, 지나치게 정직하고 솔직한 성격 때문에 오히려 복잡한 생활을 하기도 한다. 기분파로 좋은 것과 나쁜 것에 예민하고, 끈기가 부족하여 마무리가 흐리멍텅하다.

배우자는 감정이 앞서 세밀한 일에는 결함이 많으며, 풍류를 좋아하고 호색적인 면이 강하며 낭비가 심하다. 순종적이며 직관력이 풍부하고 다정다감하며 고상한 것을 좋아한다. 허영심이 강하고 변화를 좋아하여 직업이나 교제에 변동이 많다. 피곤함을 많이 느낀다.

8일생, 18일생, 28일생의 중년운

8일생, 18일생, 28일생의 중년운은 고독함이다. 부드럽고 온건하며 예의를 중히 여기고, 인정과 인의가 풍부하다. 생각이 지나치게 깊어 우유부단한 경우가 있고, 쓸데없는 근심을 많이 한다. 사고가 정밀하며 연구심과 인내심이 많아 한가지 일에 매진한다. 겉으로는 부드러우나 속으로는 강하며, 반역정신이 강하여 한번 노하면 역심을 품기도 한다.

배우자는 혼자있는 것을 좋아하며, 외로운 친구와 함께 고독한 생활을 즐긴다. 항상 평화와 안녕을 바라며 자기 발전을 구하지만, 의외의 큰 일을 만들기도 한다. 방어본능이 강하며 예지능력이 뛰어나 대응책도 능하다. 색정에 관심이 많고 다정다감하나 매사에 소극적이다. 고향을 떠나 타향에서 거주하는 사람이 많다.

9일생, 19일생, 29일생의 중년운

9일생, 19일생, 29일생의 중년운은 분주함이다. 재능이 있고 명랑하며 쾌활하고 대인관계가 좋아, 대중의 뜻을 모아 상위에 오르기도 한다. 지능과 사고력이 뛰어나고 애교가 많다. 명예욕과 독점욕과 경쟁의식이 매우 강하여 기회를 잘 포착한다. 동정심이 많아 헌신적이지만 성격이 조급하여 경솔한 면이 많다.

배우자는 큰 일은 잘 처리하나 작은 일은 소홀하게 여긴다. 분수에 넘치게 욕망을 품지만, 강자에게는 대항하고 약자에게는 도움을 준다. 감정적이라 흥분을 잘하여 희노애락의 변화가 심하다. 색정이 강하고 풍류를 좋아하여 화려한 직업으로 진출하는 경향이 많다.

10일생, 20일생, 30일생의 중년운

10일생, 20일생, 30일생의 중년운은 성공이다. 표현력이 풍부하고 지성적이라 머리를 많이 사용하는 직업에 종사하면 크게 성공한다. 희망과 목적이 원대하나 분에 넘치고, 성급하여 실패하기도 한다. 부드럽고 애교가 많으나 속으로는 강하여 자기 영역을 잘 지킨다. 남의 명령을 싫어하고, 한가지 일에 매달리는 의지가 있는 반면에, 다른 일로 마음을 옮겨 고통을 자초하기도 한다.

배우자는 명랑하고 쾌활하며 인정이 많고 다정하지만, 남의 결점을 잘 지적하여 미움을 사기도 한다. 허영과 사치를 좋아하고 색정이 강하여 문제를 많이 발생시킨다.

말년운

말년운은 태어난 시간을 중심으로 판단한다. 인생에서 말년은 대부분 자식의 도움을 받는 시기이므로 자식운도 함께 본다. 그러므로 태어난 시간이 길하면 말년운이 좋고 자식들이 효도한다. 시간구분은 149쪽 도표를 이용하기 바란다.

자시생(子時生)의 말년운

자시생(子時生)은 말년에 재물을 잘 관리해야 한다. 부드러우며 직감력도 예민하여 사물을 감각적으로 잘 판단한다. 느린 것 같지만 성급하여 후회하는 일이 많다. 현실적이라 공상이나 낭만으로 흐르지 않고, 대중적이며 물질적이고 세속적인 면에 능숙하다. 인간관계가 원만하기를 바라지만 정이 부족하여 성심으로 베풀지는 못한다.

자식은 헌신적으로 부모를 모시지 않으며 재물에 대한 애착이 강하다. 재물을 모으는 마음이 강하고 수단이 좋지만 욕심으로 행하면 의리에 금이 가고, 이성문제로 정신적인 갈등이나 재물손해를 본다. 부모와 형제간에도 계산적이고, 매사에 고심이 많으나 저항력과 참을성이 강하다. 금전적으로는 부족함이 없으나 명예운은 희박하다.

축시생(丑時生)의 말년운

축시생(丑時生)의 말년운은 고독함이다. 말이 적고 표현력이 부족하지만 속으로는 생각이 많다. 재주와 발표력은 부족하나 근면과 노력으로 목적을 성취한다. 사고력의 유연성 부족으로 한가지 일에 몰두하기 쉽고, 자기 주장만 내세우다가 손해를 많이 본다. 정직하고 소박하며 겉으로 나타내지 않으나 비밀을 지키지 않는 경향이 있다.

자식은 기분의 기복이 심하여 사람이 좋고 나쁨의 차이가 격심하며, 상대방에 대한 통찰력이 미약하고 소극적이지만 악의는 없다. 자존심이 강하고 농담을 받아들일 줄 모르지만, 친절하고 동정심이 있으며 소심하고 눈물이 많다. 부부운이 희박하여 이별이나 사별하기 쉽지만 말년으로 갈수록 행운이 찾아온다.

인시생(寅時生)의 말년운

인시생(寅時生)의 말년운은 분주함이다. 정의와 의리가 강하고 청렴하며 공정하나 우월감이 강하다. 남자는 겉으로는 강직하나 속으로는 부드럽고, 여자는 겉으로는 부드러우나 속으로는 강하다. 용맹하며 도량이 넓고 향상심이 왕성하여 큰 일을 도모한다. 의협심이 풍부하여 약자를 구하고, 동정심과 의리와 인정이 있어 남의 일에 많이 고심한다. 자존심이 강하여 실수를 인정하거나 머리를 숙이지 않고, 남의 밑에 있는 것을 싫어하며 후회를 표정으로 나타내지 않는다.

자식은 의리가 있어 위험한 일에도 잘 뛰어들며, 생각이 지나치게 깊어 기회를 놓치는 경우가 있다. 조직을 이끄는 능력이 있어 대중들의 위에 서기를 좋아하며, 다정다감하고 공격적이며 발명성도 남달리 풍부하다. 공공심이 있어 사회사업 등에 적극적이다.

묘시생(卯時生)의 말년운

묘시생(卯時生)의 말년운은 지도자가 되는 운세다. 부드럽고 애교가 있으며 낙천적이고 쾌활하여 대인관계가 원만하다. 구속을 싫어하고 한가지에 집착하여 시기를 놓치는 수가 많으며, 사람을 잘 믿으며 빨리 동화되어 실수를 많고, 이상적이라 중도에 그치는 일이 많다.

자식은 대담함과 소심함, 강함과 약함, 헌신과 보신, 사교성과 비사교성 등 이중성이 많다. 악의 없이 남을 비판하지만 그것으로 오해를 많이 받는다. 허영과 낭비가 강하여 새것을 좋아하고, 색정에 약하여 이성문제가 많이 발생한다.

진시생(辰時生)의 말년운

진시생(辰時生)의 말년운은 고독함이다. 기상과 용기가 높고 적극적이다. 누구에게 비평을 들어도 신경쓰지 않고, 향상심과 의욕이 강하나 독선적이라 남의 말을 잘 듣지 않으며, 자신을 나타내려는 마음이 강하여 반감과 저항을 사기 때문에 인간관계에서 손실이 많다. 총명하며 재주가 풍부하나 성격이 급하고 생각이 짧아 성과는 있으나 손해를 많이 본다. 겉으로는 부드럽고 온후하지만 속으로는 엄격하다.

자식은 열정적이나 끈기가 없어 용두사미로 끝나는 일이 많고, 허영심과 우월감이 강하여 남을 좋게 평하지 않는다. 총명하고 친절하며 다정하지만 욕심이 많고 인색하다. 선악길흉이 반복되는 운이다.

사시생(巳時生)의 말년운

사시생(巳時生)의 말년운은 복록이다. 사고력이 치밀하고 생각이 깊지만, 허영과 사치가 강하고 남을 무시하는 경향이 있다. 이상적인 면과 현실적인 면을 겸비했지만 매사에 선입관이 지나쳐 괘도를 벗어나기도 한다. 표현은 담백하나 신경질이 많고, 질투심이 강하여 남의 말을 믿지 않는다. 감정을 불쾌하게 발산하며 필요없는 비밀을 잘 만든다. 영리하고 연구심이 강하며 이론적으로 따지기를 좋아하지만, 감수성이 예민하여 초현실적인 신비주의로 흐르기도 한다.

자식은 좋은 것과 나쁜 것에 대한 구별이 분명하고, 사건을 직각적으로 판단하는 지혜가 있다. 예술방면에 재능이 있고, 호기심이 풍부하여 미지의 세계에 관심이 많다. 다른 사람의 소질과 성공에 질투가 많아 스스로 괴로워한다. 색정이 강하여 음란하기 쉬우며, 정신적인 방황을 많이 한다.

오시생(午時生)의 말년운

오시생(午時生)의 말년운은 화려함이다. 활기와 애교가 있고 남의 일에 열심이며 교제에 능숙하다. 직감력과 추리력이 풍부하며 두뇌회전이 빨라 기회를 잘 포착한다. 말과 행동이 직선적이라 충돌이 많다. 지나치게 정직하고 솔직한 성격 때문에 오히려 복잡한 생활을 하기도 한다. 기분파로 좋은 것과 나쁜 것에 예민하고, 끈기가 부족하여 마무리가 흐리멍텅하다.

자식은 감정이 앞서 세밀한 일에는 결함이 많고, 풍류를 좋아하고 호색적인 면이 강하여 낭비가 심하다. 순종적이며 직관력이 풍부하고, 다정다감하며 고상한 것을 좋아한다. 허영심이 강하고 변화를 좋아하여 직업이나 교제에 변동이 많다. 피곤함을 많이 느낀다.

미시생(未時生)의 말년운

미시생(未時生)의 말년운은 고독함이다. 부드럽고 온건하며 예의를 중히 여기고, 인정과 인의가 풍부하다. 생각이 지나치게 깊어 우유부단한 면이 있고, 쓸데없는 근심을 많이 한다. 사고가 정밀하며 연구심과 인내심이 많아 한가지 일에 매진한다. 겉으로는 부드러우나 속으로는 강하며, 반역정신이 강하여 한번 노하면 역심을 품기도 한다.

자식은 혼자있는 것을 좋아하며, 외로운 친구와 함께 고독한 생활을 즐긴다. 항상 평화와 안녕을 바라며 자기 발전을 구하지만 의외의 큰 일을 만들기도 한다. 방어본능이 강하며 예지능력이 뛰어나 대응책도 능하다. 색정에 관심이 많고 다정다감하나 매사에 소극적이다. 대개 고향을 떠나 타향에서 거주한다.

신시생(申時生)의 말년운

신시생(申時生)의 말년운은 분주함이다. 재능이 있고 명랑하며 쾌활하여 대인관계가 좋아 대중의 뜻을 모아 상위에 오르기도 한다. 지능과 사고력이 뛰어나고 애교가 많으며, 명예욕과 독점욕과 경쟁의식이 매우 강하여 기회를 잘 포착한다. 동정심이 많아 헌신적이지만 성격이 조급하여 경솔한 면이 많다.

자식은 큰 일은 잘 처리하나 작은 일은 소홀하게 여기긴다. 분수에 넘치는 욕망을 품지만, 강자에게는 대항하고 약자에게는 도움을 준다. 감정적이라 흥분을 잘하여 희노애락의 변화가 심하다. 색정이 강하고 풍류를 좋아하여 화려한 직업으로 진출하는 경향이 많다.

유시생(酉時生)의 말년운

유시생(酉時生)의 말년운은 지배자가 되는 운세다. 표현력이 풍부하고 지성적이라 머리를 많이 사용하는 직업에 종사하면 크게 성공한다. 희망과 목적이 원대하나 분에 넘치고 성급하여 실패하기도 한다. 부드럽고 애교가 많으나 속으로는 강하여 자기 영역을 잘 지키며, 남의 명령을 싫어한다. 한가지 일에 매달리는 의지가 있는 반면에 다른 일로 마음을 옮겨 고통을 자초하기도 한다.

자식은 비교적 명랑하고 쾌활하며 인정이 많고 다정다감하지만, 남의 결점을 잘 지적하여 미움을 사기도 한다. 허영과 사치가 강하고 색정이 강하여 문제를 발생시킨다.

술시생(戌時生)의 말년운

술시생(戌時生)의 말년운은 고독함을 나타낸다. 일편단심으로 정직하고 정의감과 의무감과 충성심이 강하여 상사에게 순종하며 헌신적이다. 자존심과 자기주장이 강하여 대인관계가 원만하지 않으며, 보수적이고 생각이 깊어 경솔한 사람과 농담을 싫어하여 융합성이 부족하다. 속으로는 생각이 많으나 표현력이 부족하여 의사소통이 원만하지 않다.

자식은 한번 마음에 들면 맹신적으로 충성하며, 큰 은혜나 의리는 내세우지만 사소한 것은 가볍게 여긴다. 감정적으로 선악을 구별하며, 동정심이 많아 종종 이용을 당하는 경우가 있다. 비교적 애정이 풍부하고 희생적이며, 이지적이고 방어의식도 강하다.

해시생(亥時生)의 말년운

해시생(亥時生)의 말년운은 정직함이다. 일단 결정이 끝나면 때와 장소를 불문하고 용감하게 전진한다. 강직하고 자존심과 의리가 강하며 인정이 많고 눈물에 약하지만, 원칙적이고 융통성이 부족하여 매정하다는 말을 많이 듣는다. 재물에 대한 애착이 강하여 함부로 낭비하지 않는다.

자식은 과묵하지만 말문을 열면 청산유수다. 형제간에 인연이 박하고 자기주장이 강하여 육친과의 마찰이 심하다. 운세가 좋으면 경제적인 면이 활발하고, 운세가 불리하면 구두쇠 소리를 듣는다.

육십갑자표

甲子 1924	乙丑 1925	丙寅 1926	丁卯 1927	戊辰 1928	己巳 1929	庚午 1930	辛未 1931	壬申 1932	癸酉 1933
甲戌 1934	乙亥 1935	丙子 1936	丁丑 1937	戊寅 1938	己卯 1939	庚辰 1940	辛巳 1941	壬午 1942	癸未 1943
甲申 1944	乙酉 1945	丙戌 1946	丁亥 1947	戊子 1948	己丑 1949	庚寅 1950	辛卯 1951	壬辰 1952	癸巳 1953
甲午 1954	乙未 1955	丙申 1956	丁酉 1957	戊戌 1958	己亥 1959	庚子 1960	辛丑 1861	壬寅 1961	癸卯 1963
甲辰 1964	乙巳 1965	丙午 1966	丁未 1967	戊申 1968	己酉 1969	庚戌 1970	辛亥 1971	壬子 1972	癸丑 1973
甲寅 1974	乙卯 1975	丙辰 1976	丁巳 1977	戊午 1978	己未 1979	庚申 1980	辛酉 1981	壬戌 1982	癸亥 1983
甲子 1984	乙丑 1985	丙寅 1986	丁卯 1987	戊辰 1988	己巳 1989	庚午 1990	辛未 1991	壬申 1992	癸酉 1993
甲戌 1994	乙亥 1995	丙子 1996	丁丑 1997	戊寅 1998	己卯 1999	庚辰 2000	辛巳 2001	壬午 2002	癸未 2003
甲申 2004	乙酉 2005	丙戌 2006	丁亥 2007	戊子 2008	己丑 2009	庚寅 2010	辛卯 2011	壬辰 2012	癸巳 2013
甲午 2014	乙未 2015	丙申 2016	丁酉 2017	戊戌 2018	己亥 2019	丙子 2020	辛丑 2021	壬寅 2022	癸卯 2023
甲辰 2024	乙巳 2025	丙午 2026	丁未 2027	戊申 2028	己酉 2029	庚戌 2030	辛亥 2031	壬子 2032	癸丑 2033
甲寅 2034	乙卯 2035	丙辰 2036	丁巳 2037	戊午 2038	己未 2039	庚申 2040	辛酉 2041	壬戌 2042	癸亥 2043
甲子 2044	乙丑 2045	丙寅 2046	丁卯 2047	戊辰 2048	己巳 2049	庚午 2050	辛未 2051	壬申 2052	癸酉 2053
甲戌 2054	乙亥 2055	丙子 2056	丁丑 2057	戊寅 2058	己卯 2059	庚辰 2060	辛巳 2061	壬午 2062	癸未 2063

년간운

년간운(年干運)이란 태어난 해의 천간(天干)으로 운세를 판단하는 방법이다. 년간(年干)을 정하는 방법은 다음과 같다. 예를 들어 1955년생을 앞에 나오는 육십갑자(六十甲子 : 313쪽)에서 찾아보면, 을미(乙未)라고 나와있다. 이것은 을미년생(乙未年生)이라는 뜻인데, 여기서 을(乙)은 천간(天干)이고 미(未)는 지지(地支)를 가리킨다. 그러므로 이 사람의 년간(年干)은 을(乙)이 된다.

■ 년간(年干)이 갑목(甲木)이면

년간(年干)이 갑목(甲木)이면 희망이 크고 양기가 왕성하다. 개척정신, 독립심, 자존심, 근면, 의리가 강하여 백절불굴의 정신으로 목적을 달성한다. 활발하고 혼자서도 행동을 잘 하며, 인자하고 인정이 많지만 화를 잘 낸다. 사적인 일보다 공적인 일에 더 치중한다.

■ **년간(年干)이 을목(乙木)이면**

년간(年干)이 을목(乙木)이면 자존심이 강하며 인자하고 부드러우며 말이 없다. 속으로는 강하고 편굴된 면이 있으나 겉으로는 온순하여 싸움을 싫어한다. 경계심과 조심성이 강하고, 자기 중심적으로 생각하는 경향이 있다. 한가지 일에 집착하여 전체적인 조화를 이루는데는 부족하다. 이성에 약하여 문제가 많이 발생한다.

■ **년간(年干)이 병화(丙火)이면**

년간(年干)이 병화(丙火)이면 평소에는 조용하지만 화가 나면 무섭다. 활발하고 명랑하며, 진보적이라 새로운 것을 좋아한다. 굽힐줄 모르는 진취적인 기상으로 남보다 먼저 행한다. 정열적이고 행동은 민첩하지만 끈기가 부족하고 침착하지 못하여 흐지부지 끝나는 경우가 많다. 매사에 자신감이 넘치고 자신을 나타내려는 욕망이 강하지만, 깊이 생각하지 않고 행동으로 옮긴다. 감정의 기복이 심하여 불안정하고, 말이 많거나 말을 잘하며, 사교적이고 화려한 것을 좋아한다. 욕심이 많지만 목적없는 지출을 많이 하는 편이고, 인정이 많아 약한 사람을 잘 돕는다.

■ **년간(年干)이 정화(丁火)이면**

년간(年干)이 정화(丁火)이면 재주가 있으며 착실하고 온화하며 부드럽고 고요하다. 신경이 예민하고 취미가 풍부하며 기억력이 우수하지만, 용의주도한 사고가 오히려 장애가 되기도 한다. 침착하고 온화하고 소극적으로 보이나 속으로는 급진적이다. 언쟁을 싫어하고 좋고 나쁨을 나타내지 않아 대인관계가 원만하다. 순정파이지만 질투가 강하여 이성문제로 인한 구설이 많이 따른다.

■ 년간(年干)이 무토(戊土)이면

년간(年干)이 무토(戊土)이면 성격이 급하고 화를 잘 낸다. 지나치게 용맹하고 거만하며 단도직입적고, 호탕하지만 단순한 편이다. 겉으로는 온후하게 보이지만 자존심이 강하고 허풍도 있으며, 자아가 강하고 자기 중심적이라 화합하는 마음이 부족하다. 희망과 목적이 원대하고 집착심도 강하나 인내력이 부족하다. 욕심도 많고 인정도 많아 다방면에 진출하려고 한다. 의협심이 있어 남을 잘 도와주지만 때로는 지배하려고 한다.

■ 년간(年干)이 기토(己土)이면

년간(年干)이 기토(己土)이면 차분하고 생각이 많으며 꼼꼼하고 기량이 다양하나 소심하고 말이 적다. 온화하고 인정이 많으며 조심성이 있고 규칙적이나 의심이 많다. 집착심이 강하고 냉정하며 적극적이지만 내성적이라 이기적으로 흐르기 쉽다. 작은 일은 잘 이루지만 결단력이 부족하여 큰 일은 어렵다. 남녀 모두 거주지나 직업의 변동이 심하고, 때로는 불로소득을 원하는 경향이 많다.

■ 년간(年干)이 경금(庚金)이면

년간(年干)이 경금(庚金)이면 의리가 있고 경우가 바르지만 자신감이 강하여 잘난척하고, 기량이 좋아 재주를 뽐낸다. 매사에 적극적이며 전진적이고, 적응력이 뛰어나 변화에 잘 대응한다. 의리가 있고 용감하지만 때로는 잔인하고, 악의는 없지만 비밀을 지키지 못한다. 매사를 결과가 나타나기 전에 평가하려는 경향이 있으며, 직업과 거주지의 이동이 심하다. 군인이나 경찰계통으로 나가면 길하다.

■ 년간(年干)이 신금(辛金)이면

년간(年干)이 신금(辛金)이면 지혜가 있고 차분하며 깔끔하다. 싹싹하고 말이 적은 편이나 화가 나면 난폭하다. 신념이 확고하고 자존심과 자부심이 강하여 어려움을 잘 극복하지만, 편굴된 면을 지니고 있다. 방어본능이 강하며 사고력은 치밀하나 신경적이라 고전을 당하기도 한다. 감수성이 지나치게 예민하고, 근심과 걱정이 지나쳐 마음의 안정을 얻지 못하고, 한가지 일에 집착하여 오히려 일을 그르친다. 여러 분야에 손을 댔다가 실패하는 경우가 많다.

■ 년간(年干)이 임수(壬水)이면

년간(年干)이 임수(壬水)이면 재능이 있고 너그러우며 점잖고 인자하다. 인정이 많고 온화하며 관대하고 친절하며 동정심이 많아 화합을 잘 한다. 남을 잘 보살펴 인정이 많다는 소리를 듣지만 가족들은 고생시키는 경향이 많다. 총명하고 재능이 풍부하며 사람을 좋아하지만, 자신감만 내세우고 결단력이 부족하여 어려움을 극복하지 못한다. 인덕이 없어 은혜를 베풀고도 이익을 보지 못하는 경향이 있다. 망설이다가 기회를 놓치는 경우가 많다.

■ 년간(年干)이 계수(癸水)이면

년간(年干)이 계수(癸水)이면 침착하고 얌전하며 철두철미하지만 소견이 좁다. 지성적이고 냉정하며 근면하여 어려움을 잘 참는다. 유연성과 융통성이 부족하며, 순정적이나 관용과 포용성이 부족하다. 성급하고 기상이 단순하며 투쟁심과 저항심이 강하다. 담력이 있어 큰 일은 잘 처리하나 작은 일에 예민하며, 지나치게 자아가 강하여 비사교적이다.

년주운

년주운(年柱運)이란 태어난 해의 간지(干支)로 운세를 판단하는 방법이다. 년주(年柱)는 정하는 방법은 다음과 같다. 예를 들어1998년생을 육십갑자(六十甲子 : 313쪽)에서 찾아보면, 무인(戊寅)이라고 적혀있는데 이것이 년주(年柱)다.

갑자년생(甲子年生)의 운세

갑자년생(甲子年生)은 호수가에 우뚝 서있는 나무에 비유한다. 절제없는 생활로 질병을 얻기 쉬우며, 특히 성병에 걸리기 쉽다. 남자는 호색하며 부부풍파가 많고, 여자는 부부이별이나 상부수가 있다.

■ 1월생과 2월생

갑자년(甲子年) 1월생과 2월생은 반길반흉하다. 명예도 반길반흉,

성공도 반길반흉, 신용도 반길반흉, 대인관계도 반길반흉이라 큰 해로움은 없지만 크게 좋은 것도 없다. 수족부상, 신경성질환, 간장, 인후기관, 간장, 어깨 등에 약간의 질병이 따르나 쉽게 회복된다.

■ 3월생과 12월생

갑자년(甲子年) 3월생과 12월생은 재능운과 가족운이 나쁘다. 특히 이성교제가 원만하지 못하며, 가족간에 불화하고 우애가 없다. 인기가 없으며 통솔력이 부족하다. 건강상으로는 간장, 손, 어깨, 코, 척추, 관절 등에 질병이 많이 따른다.

■ 4월생과 5월생

갑자년(甲子年) 4월생과 5월생은 명예운이 좋아 신용이 따르고, 무슨 일을 해도 성공한다. 인품이 뛰어나 어디서든 환영받는다. 특히 결혼운이 좋아 좋은 배우자를 만난다. 건강상으로는 머리, 눈, 심장, 복부, 위장, 소화기관 등이 튼튼하다.

■ 6월생과 9월생

갑자년(甲子年) 6월생과 9월생은 애정운과 재물운이 좋다. 권위가 있고 인품이 뛰어나 어디서든 환영받으며, 건강하고 재물도 많이 모은다. 건강상으로는 복부, 위장, 소화기관, 골격 등이 튼튼하다.

■ 7월생과 8월생

갑자년(甲子年) 7월생과 8월생은 교제운이 나쁘다. 거래관계나 교제에서 손해를 많이 보며, 특히 직의 방해로 권위를 잃고 재물을 모으기 어렵다. 건강도 불리하여 폐, 치아, 생식기, 골격 등에 질병이 많이 발생한다. 특히 7월생이 합되어 물바다를 이루면 길흉의 기복이 심하다. 연구나 개발하는데 어려움이 많이 따르며, 여자는 색정으로 흐르기 쉬우니 마음을 수양하는데 힘써야 한다.

■ 10월생과 11월생

갑자년(甲子年) 10월생과 11월생은 주거운과 부동산운이 좋아 재산이 많고, 덕망이 있어 아랫사람이 잘 따른다. 특히 인덕이 많아 육친의 도움을 많이 받지만, 유동적이고 끈기가 부족하며 외도하는 경향이 있다. 특히 11월생은 상업을 하면 크게 성공한다. 건강상으로는 요도기관, 신장, 간장, 인후기관, 척추, 관절 등이 튼튼하다.

을축년생(乙丑年生)의 운세

을축년생(乙丑年生)은 눈 속에 있는 초목에 비유한다. 겨우 수명만 유지하는 형상이므로 분수에 만족하며 살아야 한다. 그러나 재물복이 많아 평생 풍족하고, 부부간에 갈등이 많으나 말년에는 길하다.

■ 1월생과 2월생

을축년(乙丑年) 1월생과 2월생은 희망운이 좋다. 계획한 일을 실행하면 발전하고, 통솔력이 뛰어나 만인을 지휘하며, 가는 곳마다 인기를 누린다. 건강상으로는 수족, 신경계통, 간장, 인후기관, 어깨 등이 튼튼하다.

■ 3월생과 12월생

을축년(乙丑年) 3월생과 12월생은 재능운과 가족운이 좋다. 통솔력이 뛰어나 만인을 지휘하고 인기를 얻는다. 특히 이성교제가 원만하며, 가족간에 화목하고 우애가 돈독하다. 건강상으로는 간장, 손, 어깨, 코, 척추, 관절 등이 튼튼하다.

■ 4월생과 5월생

을축년(乙丑年) 4월생과 5월생은 명예운이 좋아 신용이 따르고, 무슨 일을 해도 성공한다. 인품이 뛰어나 어디서든 환영받는다. 특히 결혼운이 좋아 좋은 배우자를 만난다. 건강상으로는 머리, 눈, 심장, 복부, 위장, 소화기관 등이 튼튼하다.

■ 6월생과 9월생

을축년(乙丑年) 6월생과 9월생은 애정운과 재물운이 좋다. 권위가 있고 인품이 뛰어나 어디서든 환영받는다. 건강하고 재물도 많이 모은다. 건강상으로는 복부, 위장, 소화기관, 골격 등이 튼튼하다.

■ 7월생과 8월생

을축년(乙丑年) 7월생과 8월생은 교제운이 나쁘다. 거래관계나 교제에서 손해를 많이 보며, 특히 적의 방해로 권위를 잃고 재물을 모으기 어렵다., 친구나 동료와 투쟁하는 일이 많아 우애가 끊어질까 염려가 된다. 건강상으로는 폐, 치아, 생식기, 골격 등에 질병이 많이 발생한다.

■ 10월생과 11월생

을축년(乙丑年) 10월생과 11월생은 주거운과 부동산운이 나쁘고, 덕망이 없어 아랫사람이 따르지 않는다. 특히 인덕이 없어 자식이나 형제, 친척들의 도움을 받지 못한다. 건강상으로는 요도기관, 신장, 간장, 인후기관, 척추, 관절 등에 질병이 많이 발생한다.

병인년생(丙寅年生)의 운세

병인년생(丙寅年生)은 산 위로 높이 솟아 오르는 태양에 비유한다. 특히 가을에 태어난 사람이 물기운을 만나면 영웅호걸이 된다. 그러나 너무 자신을 믿고 만용을 부리면 안된다. 과욕은 절대금물이다.

■ 1월생과 2월생

병인년(丙寅年) 1월생과 2월생은 반길반흉하다. 명예도 반길반흉, 성공도 반길반흉, 신용도 반길반흉, 대인관계도 반길반흉이라 큰 해로움은 없지만 크게 좋은 것도 없다. 건강상으로는 수족, 신경성질환, 간장, 인후기관, 간장, 어깨 등에 질병이 따르나 쉽게 회복된다.

■ **3월생과 12월생**

병인년(丙寅年) 3월생과 12월생은 재능운과 가족운이 좋다. 통솔력이 뛰어나 만인을 지휘하고 인기를 얻는다. 특히 이성교제가 원만하며, 가족간에 화목하고 우애가 돈독하다. 건강상으로는 간장, 손, 어깨, 코, 척추, 관절 등이 튼튼하다. 3월생은 장수한다.

■ **4월생과 5월생**

병인년(丙寅年) 4월생과 5월생은 명예운이 나쁘다. 신용이 없으니 무슨 일을 해도 실패하고, 인품이 용렬하여 어디서든 환영받지 못한다. 특히 결혼운이 나빠 좋은 배우자를 만나지 못한다. 건강상으로는 머리, 눈, 심장, 복부, 위장, 소화기관 등에 질병이 많이 발생한다. 5월생은 싸움을 많이 하며 실속없이 분주하고, 병고에 시달리거나 불구자가 되기 쉽다. 뜻을 이루지 못하고 허송세월하는 경우가 많다.

■ **6월생과 9월생**

병인년(丙寅年) 6월생과 9월생은 애정운과 재물운이 좋다. 권위가 있고 인품이 뛰어나 환영을 받으며, 건강하고 재물도 많이 모은다. 복부, 위장, 소화기관, 골격 등이 건강하다. 9월생은 장수한다.

■ **7월생과 8월생**

병인년(丙寅年) 7월생과 8월생은 교제운이 좋다. 거래관계나 교제가 좋으며, 귀인의 도움으로 권위를 얻고, 건강하며 재산을 많이 모은다. 건강상으로는 폐, 치아, 생식기, 골격 등이 튼튼하다.

■ 10월생과 11월생

병인년(丙寅年) 10월생과 11월생은 주거운과 부동산운이 좋아 재산이 많고, 덕망이 있어 아랫사람이 잘 따른다. 특히 인덕이 많아 자식이나 형제, 친척들의 도움을 많이 받는다. 건강상으로는 요도기관, 신장, 간장, 인후기관, 척추, 관절 등이 튼튼하다.

정묘년생(丁卯年生)의 운세

정묘년생(丁卯年生)은 달밤에 아름다운 꽃을 만나는 운세라 자신의 실력을 유감없이 발휘한다. 가을생은 대인관계가 원만하고 귀인의 도움으로 관운이 따르지만, 여름생은 항상 위험과 장애가 많이 따라 심신이 편안하지 못하다. 좋은 부모나 스승의 가르침이 없다면 고귀함이 부족하고, 말만 앞세우고 실천이 따르지 않는 사람이 되어 만사가 용두사미로 끝나고 책임감이 없다. 특히 입을 조심해야 한다.

■ 1월생과 2월생

정묘년(丁卯年) 1월생과 2월생은 희망운이 나빠 만사가 실패로 끝나고, 가는 곳마다 인기가 없으며 통솔력이 부족하다. 건강상으로는 수족, 신경계통, 간장, 인후기관, 어깨 등에 질병이 많이 발생한다.

■ 3월생과 12월생

정묘년(丁卯年) 3월생과 12월생은 재능운과 가족운이 좋다. 통솔력이 뛰어나 만인을 지휘하고 인기를 얻는다. 특히 이성교제가 원만하며, 가족간에 화목하고 우애가 돈독하다. 건강상으로는 간장, 손, 어깨, 코, 척추, 관절 등이 튼튼하다.

■ 4월생과 5월생

정묘년(丁卯年) 4월생과 5월생은 반길반흉하다. 명예도 반길반흉, 성공도 반길반흉, 신용도 반길반흉, 대인관계도 반길반흉이라 큰 해로움은 없지만 크게 좋은 것도 없다. 건강상으로는 머리, 눈, 심장, 복부, 위장, 소화기관 등에 약간의 질병이 따르나 쉽게 회복된다.

■ 6월생과 9월생

정묘년(丁卯年) 6월생과 9월생은 애정운과 재물운이 좋다. 권위가 있고 인품이 뛰어나 어디서든 환영받는다. 건강하고 재물도 많이 모은다. 건강상으로는 복부, 위장, 소화기관, 골격 등이 튼튼하다.

■ 7월생과 8월생

정묘년(丁卯年) 7월생과 8월생은 교제운이 좋다. 거래관계나 교제가 좋으며, 귀인의 도움으로 권위를 얻고, 건강하며 재산을 많이 모은다. 건강상으로는 폐, 치아, 생식기, 골격 등이 튼튼하다.

■ 10월생과 11월생

정묘년(丁卯年) 10월생과 11월생은 반길반흉하다. 명예도 반길반흉, 성공도 반길반흉, 신용도 반길반흉, 대인관계도 반길반흉이라 큰 해로움은 없지만 크게 좋은 것도 없다. 건강상으로는 요도기관, 신장, 귀, 간장, 코, 척추, 관절 등에 질병이 따르나 쉽게 회복된다.

무진년생(戊辰年生)의 운세

무진년생(戊辰年生)은 산림이 울창한 산에 비유한다. 약수가 솟아나 초목이 잘 자라는 형상으로 웅장하고 후덕하며 신앙심이 좋다. 여름에 태어나면 스스로 문제를 일으켜 관재구설을 일으키며 일관성이 없고, 투쟁으로 팔다리에 부상을 당할 수 있다. 용기를 과시하지 말고 항상 온유하고 겸손하도록 노력해야 한다.

■ 1월생과 2월생

무진년(戊辰年) 1월생과 2월생은 희망운이 좋다. 계획한 일을 실행하면 발전하고, 통솔력이 뛰어나 만인을 지휘하며, 가는 곳마다 인기를 누린다. 경건강상으로는 수족, 신경계통, 간장, 인후기관, 어깨 등이 튼튼하다.

■ 3월생과 12월생

무진년(戊辰年) 3월생과 12월생은 반길반흉하다. 명예도 반길반흉, 성공도 반길반흉, 신용도 반길반흉, 대인관계도 반길반흉이라 큰 해로움은 없지만 크게 좋은 것도 없다. 건강상으로는 간장, 손, 어깨, 코, 척추, 관절 등에 약간의 질병이 따르나 쉽게 회복된다.

■ 4월생과 5월생

무진년(戊辰年) 4월생과 5월생은 명예운이 나쁘다. 신용이 없으니 무슨 일을 해도 실패하고, 인품이 용렬하여 어디서든 환영받지 못한다. 특히 결혼운이 나빠 좋은 배우자를 만나지 못한다. 건강상으로는 머리, 눈, 심장, 복부, 위장, 소화기관 등에 질병이 많이 발생한다.

■ 6월생과 9월생

무진년(戊辰年) 6월생과 9월생은 반길반흉하다. 명예도 반길반흉, 성공도 반길반흉, 신용도 반길반흉, 대인관계도 반길반흉이라 큰 해로움은 없지만 크게 좋은 것도 없다. 건강상으로는 복부, 위장, 소화기관, 골격 등에 약간의 질병이 따르나 쉽게 회복된다.

■ 7월생과 8월생

무진년(戊辰年) 7월생과 8월생은 교제운이 좋다. 거래관계나 교제가 좋으며, 귀인의 도움으로 권위를 얻고, 건강하며 재산을 많이 모은다. 건강상으로는 폐, 치아, 생식기, 골격 등이 튼튼하다.

■ 10월생과 11월생

무진년(戊辰年) 10월생과 11월생은 주거운이 좋다. 부동산운이 좋기 때문에 재산이 많고, 덕망이 있어 아랫사람이 잘 따른다. 특히 인덕이 많아 자식이나 형제, 친척들의 도움을 많이 받는다. 건강상으로는 요도기관, 신장, 간장, 인후기관, 척추, 관절 등이 튼튼하다.

기사년생(己巳年生)의 운세

기사년생(己巳年生)은 건조한 밭이라 곡식이 제대로 자랄 수 없으니 한습한 기운과 조화가 시급하다. 동정심과 인정이 많고 풍류를 즐기며, 여자는 성실하지만 결혼을 늦게하는 경향이 있다. 가을이나 겨울에 태어나면 인덕이 많다.

■ 1월생과 2월생

기사년(己巳年) 1월생과 2월생은 반길반흉하다. 명예도 반길반흉, 성공도 반길반흉, 신용도 반길반흉, 대인관계도 반길반흉이라 큰 해로움은 없지만 크게 좋은 것도 없다. 건강상으로는 수족, 신경계통, 간장, 인후기관, 어깨 등에 약간의 질병이 따르나 쉽게 회복된다.

■ 3월생과 12월생

기사년(己巳年) 3월생과 12월생은 재능운과 가족운이 나쁘다. 특히 이성교제가 원만하지 못하며, 가족간에 불화하고 우애가 없으며, 대중에게 인기가 없고 통솔력이 부족하다. 건강상으로는 간장, 손, 어깨, 코, 척추, 관절 등에 질병이 많이 따른다.

■ 4월생과 5월생

기사년(己巳年) 4월생과 5월생은 명예운이 나쁘다. 신용이 없으니 무슨 일을 해도 실패하고, 인품이 용렬하여 어디서든 환영받지 못한다. 특히 결혼운이 나빠 좋은 배우자를 만나지 못한다. 건강상으로는 머리, 눈, 심장, 복부, 위장, 소화기관 등에 질병이 많이 발생한다.

■ 6월생과 9월생

기사년(己巳年) 6월생과 9월생은 애정운과 재물운이 나쁘다. 인품이 용렬하여 어디를 가나 환영받지 못하며, 권위가 없고 나약하며 재물을 모으기 어렵다. 건강상으로는 복부, 위장, 소화기관, 골격 등에 질병이 많이 발생한다.

■ 7월생과 8월생

기사년(己巳年) 7월생과 8월생은 교제운이 좋다. 거래나 교제에서 이익을 많이 보며, 귀인의 도움으로 권위를 얻고, 건강하며 재산을 많이 모은다. 건강상으로는 폐, 치아, 생식기, 골격 등이 튼튼하다.

■ 10월생과 11월생

기사년(己巳年) 10월생과 11월생은 주거운과 부동산운이 좋아 재산이 많고, 덕망이 있어 아랫사람이 잘 따른다. 특히 인덕이 많아 자식이나 형제, 친척들의 도움을 많이 받는다. 건강상으로는 요도기관, 신장, 간장, 인후기관, 척추, 관절 등이 튼튼하다.

경오년생(庚午年生)의 운세

경오년생(庚午年生)은 욕심이 많은 그릇에 비유한다. 마치 용광로에서 단련된 쇳덩어리 같아 학문과 예능계통에 재능이 있으며, 관운도 함께 따른다. 그러나 이단적인 잡학에 취미를 가질 염려가 있다. 여름에 태어나면 수명이 짧고, 가을에 태어나면 장수한다. 용광로에서 나온 금은 바로 물 속에 집어 넣어야 강철이 되듯이, 초년에 고생을 많이 한 사람은 중년부터 발복하고, 초년에 호의호식한 사람은 중년부터 초라해진다.

■ 1월생과 2월생

경오년(庚午年) 1월생과 2월생은 희망운이 좋다. 계획한 일을 실행하면 발전하고, 통솔력이 뛰어나 만인을 지휘하며, 가는 곳마다 인기를 누린다. 건강상으로는 수족, 신경계통, 간장, 인후기관, 어깨 등이 튼튼하다.

■ 3월생과 12월생

경오년(庚午年) 3월생과 12월생은 재능운과 가족운이 좋다. 통솔력이 뛰어나 만인을 지휘하고 인기를 얻는다. 특히 이성교제가 원만하며, 가족간에 화목하고 우애가 돈독하다. 건강상으로는 간장, 손, 어깨, 코, 척추, 관절 등이 튼튼하다.

■ 4월생과 5월생

경오년(庚午年) 4월생과 5월생은 반길반흉하다. 명예도 반길반흉, 성공도 반길반흉, 신용도 반길반흉, 대인관계도 반길반흉이라 큰 해로움은 없지만 크게 좋은 것도 없다. 건강상으로는 머리, 눈, 심장,

복부, 위장, 소화기관 등에 약간의 질병이 따르나 쉽게 회복된다.

■ 6월생과 9월생

경오년(庚午年) 6월생과 9월생은 반길반흉하다. 명예도 반길반흉, 성공도 반길반흉, 신용도 반길반흉, 대인관계도 반길반흉이라 큰 해로움은 없지만 크게 좋은 것도 없다. 건강상으로는 복부, 위장, 소화기관, 골격 등에 약간의 질병이 따르나 쉽게 회복된다.

■ 7월생과 8월생

경오년(庚午年) 7월생과 8월생은 교제운이 좋다. 거래나 교제에서 이익을 많이 보며, 귀인의 도움으로 권위를 얻고, 건강하며 재산을 많이 모은다. 건강상으로는 폐, 치아, 생식기, 골격 등이 튼튼하다.

■ 10월생과 11월생

경오년(庚午年) 10월생과 11월생은 주거운과 부동산운이 좋아 재산이 많고, 덕망이 있어 아랫사람이 잘 따른다. 특히 인덕이 많아 자식이나 형제, 친척들의 도움을 많이 받는다. 건강상으로는 요도기관, 신장, 간장, 인후기관, 척추, 관절 등이 튼튼하다.

신미년생(辛未年生)의 운세

신미년생(辛未年生)은 상자 안에 들어있는 보석에 비유한다. 귀한 사람이 되거나 인기직에 근무하며, 만인의 사랑을 받으며 가는 곳마다 환영받는다. 그러나 상자 안에 들어있는 보석이라 많은 사람들이 탐내고 부러워하니 도둑맞는 일이 많다. 봄이나 여름에 태어나면 건강하고, 겨울에 태어나면 장수한다.

■ 1월생과 2월생

신미년(辛未年) 1월생과 2월생은 희망운이 좋다. 계획한 일을 실행하면 발전하고, 통솔력이 뛰어나 만인을 지휘하며, 가는 곳마다 인기를 누린다. 건강상으로는 수족, 신경계통, 간장, 인후기관, 어깨 등이 튼튼하다. 공명을 얻어 부귀영화를 누리며 장수한다.

■ 3월생과 12월생

신미년(辛未年) 3월생과 12월생은 재능운과 가족운이 나쁘다. 특히 이성교제가 원만하지 못하며, 가족간에 불화하고 우애가 없으며, 대중에게 인기가 없고 통솔력이 부족하다. 건강상으로는 간장, 손, 어깨, 코, 척추, 관절 등에 질병이 많이 따른다.

■ 4월생과 5월생

신미년(辛未年) 4월생과 5월생은 명예운이 좋아 신용이 따르고, 무슨 일을 해도 성공한다. 인품이 뛰어나 어디서든 환영받는다. 특히 결혼운이 좋아 좋은 배우자를 만난다. 건강상으로는 머리, 눈, 심장, 복부, 위장, 소화기관 등이 튼튼하다.

■ 6월생과 9월생

신미년(辛未年) 6월생과 9월생은 애정운과 재물운이 나쁘다. 인품이 용렬하여 환영받지 못하며, 권위가 없고 나약하며 재물을 모으기 어렵다. 건강상으로는 복부, 위장, 소화기관, 골격 등에 질병이 많이 발생한다.

■ 7월생과 8월생

신미년(辛未年) 7월생과 8월생은 반길반흉하다. 명예도 반길반흉, 성공도 반길반흉, 신용도 반길반흉, 대인관계도 반길반흉이라 큰 해로움은 없지만 크게 좋은 것도 없다. 건강상으로는 폐, 치아, 생식기, 골격 등에 약간의 질병이 따르나 쉽게 회복된다.

■ 10월생과 11월생

신미년(辛未年) 10월생과 11월생은 주거운과 부동산운이 좋아 재산이 많고, 덕망이 있어 아랫사람이 잘 따른다. 특히 인덕이 많아 자식이나 형제, 친척들의 도움을 많이 받는다. 건강상으로는 요도기관, 신장, 간장, 인후기관, 척추, 관절 등이 튼튼하다.

임신년생(壬申年生)의 운세

임신년생(壬申年生)은 깊고 맑은 강물에 비유한다. 서남방에서 출발하여 쉬지 않고 흐르는 강물의 형상이다. 여름에 태어나면 뜻을 이루기 어렵고, 봄에 태어나면 혈기가 넘쳐 순순하지 못하며 구설수에 올라 불화를 당하기 쉽다.

■ 1월생과 2월생

임신년(壬申年) 1월생과 2월생은 희망운이 나빠 만사가 실패로 끝나고, 가는 곳마다 인기가 없으며 통솔력이 부족하다. 건강상으로는 수족, 신경계통, 간장, 인후기관, 어깨 등에 질병이 많이 발생한다.

■ 3월생과 12월생

임신년(壬申年) 1월생과 2월생은 재능운과 가족운이 나쁘다. 특히 이성교제가 원만하지 못하며, 가족간에 불화하고 우애가 없으며, 대중에게 인기가 없고 통솔력이 부족하다. 건강상으로는 간장, 손, 어깨, 코, 척추, 관절 등에 질병이 많이 따른다.

■ 4월생과 5월생

임신년(壬申年) 4월생과 5월생은 명예운이 나쁘다. 신용이 없으니 무슨 일을 해도 실패하고, 인품이 용렬하여 어디서든 환영받지 못한다. 특히 결혼운이 나빠 좋은 배우자를 만나지 못한다. 건강상으로는 머리, 눈, 심장, 복부, 위장, 소화기관 등에 질병이 많이 발생한다.

■ 6월생과 9월생

임신년(壬申年) 6월생과 9월생은 애정운과 재물운이 나쁘다. 인품이 용렬하여 어디를 가나 환영받지 못하며, 권위가 없고 나약하며 재물을 모으기 어렵다. 건강상으로는 복부, 위장, 소화기관, 골격 등에 질병이 많이 발생한다.

■ **7월생과 8월생**

임신년(壬申年) 7월생과 8월생은 교제운이 좋다. 거래나 교제에서 이익을 많이 보며, 귀인의 도움으로 권위를 얻고, 건강하며 재산을 많이 모은다. 건강상으로는 폐, 치아, 생식기, 골격 등이 튼튼하다. 이지적이지만 용맹이 넘쳐 이웃과 유대관계를 잘 이루지 못하여 불목하는 경우가 많다.

■ **10월생과 11월생**

임신년(壬申年) 10월생과 11월생은 주거운과 부동산운이 좋아 재산이 많고, 덕망이 있어 아랫사람이 잘 따른다. 특히 인덕이 많아 자식이나 형제, 친척들의 도움을 많이 받는다. 건강상으로는 요도기관, 신장, 간장, 인후기관, 척추, 관절 등이 튼튼하다.

계유년생(癸酉年生)의 운세

계유년생(癸酉年生)은 물맛이 좋은 약수에 비유한다. 물의 근원이 깊고 맑아 집안을 이끌어가는 사람이 된다. 문장이 뛰어나며 고상하고 결단력이 있으며 경제능력이 뛰어나다. 대체적으로 성격이 완고하고 언행이 냉정하여 친구가 없고, 노년에 고독하다.

■ 1월생과 2월생

계유년(癸酉年) 1월생과 2월생은 반길반흉하다. 명예도 반길반흉, 성공도 반길반흉, 신용도 반길반흉, 대인관계도 반길반흉이라 큰 해로움은 없지만 크게 좋은 것도 없다. 건강상으로는 수족, 신경계통, 간장, 인후기관, 어깨 등에 약간의 질병이 따르나 쉽게 회복된다.

■ 3월생과 12월생

계유년(癸酉年) 3월생과 12월생은 재능운과 가족운이 좋다. 통솔력이 뛰어나 만인을 지휘하고 인기를 얻는다. 특히 이성교제가 원만하며, 가족간에 화목하고 우애가 돈독하다. 건강상으로는 간, 손, 어깨, 코, 척추, 관절 등이 튼튼하다.

■ 4월생과 5월생

계유년(癸酉年) 4월생과 5월생은 반길반흉하다. 명예도 반길반흉, 성공도 반길반흉, 신용도 반길반흉, 대인관계도 반길반흉이라 큰 해로움은 없지만 크게 좋은 것도 없다. 건강상으로는 머리, 눈, 심장, 복부, 위장, 소화기관 등에 약간의 질병이 따르나 쉽게 회복된다.

■ 6월생과 9월생

계유년(癸酉年) 6월생과 9월생은 애정운과 재물운이 나쁘다. 인품이 용렬하여 어디서든 환영받지 못하며, 권위가 없고 나약하며 재물을 모으기 어렵다. 건강상으로는 복부, 위장, 소화기관, 골격 등에 질병이 많이 발생한다.

■ **7월생과 8월생**

계유년(癸酉年) 7월생과 8월생은 교제운이 좋다. 거래나 교제에서 이익을 많이 보며, 귀인의 도움으로 권위를 얻고, 건강하며 재산을 많이 모은다. 건강상으로는 폐, 치아, 생식기, 골격 등이 튼튼하다.

■ **10월생과 11월생**

계유년(癸酉年) 10월생과 11월생은 주거운과 부동산운이 좋아 재산이 많고, 덕망이 있어 아랫사람이 잘 따른다. 특히 인덕이 많아 자식이나 형제, 친척들의 도움을 많이 받는다. 건강상으로는 요도기관, 신장, 간장, 인후기관, 척추, 관절 등이 튼튼하다.

갑술년생(甲戌年生)의 운세

갑술년생(甲戌年生)은 고목에 핀 꽃에 비유한다. 아랫사람의 도움으로 관운과 명예운과 승진운이 좋다. 모함을 많이 받지만 이미 거목으로 자란 상태라 잘 극복한다. 동지나 상사, 스승의 훈계가 있어야 좋은 재목으로 다듬어지고, 좋은 배우자를 만나야 성공한다.

■ **1월생과 2월생**

갑술년(甲戌年) 1월생과 2월생은 희망운이 좋다. 계획한 일을 실행하면 발전하고, 통솔력이 뛰어나 만인을 지휘하며, 가는 곳마다 인기를 누린다. 건강상으로는 수족, 신경계통, 간장, 인후기관, 어깨 등이 튼튼하다.

■ 3월생과 12월생

갑술년(甲戌年) 3월생과 12월생은 반길반흉하다. 명예도 반길반흉, 성공도 반길반흉, 신용도 반길반흉, 대인관계도 반길반흉이라 큰 해로움은 없지만 크게 좋은 것도 없다. 건강상으로는 간장, 손, 어깨, 코, 척추, 관절 등에 약간의 질병이 따르나 쉽게 회복된다.

■ 4월생과 5월생

갑술년(甲戌年) 4월생과 5월생은 명예운이 나쁘다. 신용이 없으니 무슨 일을 해도 실패하고, 인품이 용렬하여 어디서든 환영받지 못한다. 특히 결혼운이 나빠 좋은 배우자를 만나지 못한다. 건강상으로는 머리, 눈, 심장, 복부, 위장, 소화기관 등에 질병이 많이 발생한다.

■ 6월생과 9월생

갑술년(甲戌年) 6월생과 9월생은 애정운과 재물운이 나쁘다. 인품이 용렬하여 어디를 가나 환영받지 못하며, 권위가 없고 나약하며 재물을 모으기 어렵다. 건강상으로는 복부, 위장, 소화기관, 골격 등에 질병이 많이 발생한다.

■ 7월생과 8월생

갑술년(甲戌年) 7월생과 8월생은 교제운이 나쁘다. 거래관계나 교제에서 손해를 많이 보며, 특히 적의 방해로 권위를 잃고 재물을 모으기 어렵다. 건강상으로는 폐, 치아, 생식기, 골격 등에 질병이 많이 발생한다.

■ 10월생과 11월생

갑술년(甲戌年) 10월생과 11월생은 주거운과 부동산운이 좋아 재산이 많고, 덕망이 있어 아랫사람이 잘 따른다. 특히 인덕이 많아 자식이나 형제, 친척들의 도움을 많이 받는다. 건강상으로는 요도기관, 신장, 간장, 인후기관, 척추, 관절 등이 튼튼하다.

을해년생(乙亥年生)의 운세

을해년생(乙亥年生)은 호수가에 피어난 아름다운 꽃에 비유한다. 부귀함이 따르고 학업이 우수하며, 인물이 뛰어나고 인기가 많아 가는 곳마다 환영받는다. 그러나 역마살이 있어 평생 한곳에 정착하지 못하고, 남에게 의지하여 살아가거나 처가살이를 하는 사람도 많다. 여자는 부모와 불화하며 투병생활을 하기 쉽고, 사시생(巳時生)은 자식과 인연이 나쁘다.

■ 1월생과 2월생

을해년(乙亥年) 1월생과 2월생은 희망운이 좋다. 계획한 일을 실행하면 발전하고, 통솔력이 뛰어나 만인을 지휘하며, 가는 곳마다 인기를 누린다. 건강상으로는 수족, 신경계통, 간장, 인후기관, 어깨 등이 튼튼하다.

■ 3월생과 12월생

을해년(乙亥年) 3월생과 12월생은 반길반흉하다. 명예도 반길반흉, 성공도 반길반흉, 신용도 반길반흉, 대인관계도 반길반흉이라 큰 해로움은 없지만 크게 좋은 것도 없다. 건강상으로는 간장, 손, 어깨, 코, 척추, 관절 등에 약간의 질병이 따르나 쉽게 회복된다.

■ 4월생과 5월생

을해년(乙亥年) 4월생과 5월생은 명예운이 나쁘다. 신용이 없으니 무슨 일을 해도 실패하고, 인품이 용렬하여 어디서든 환영받지 못한다. 특히 결혼운이 나빠 좋은 배우자를 만나지 못한다. 건강상으로는 머리, 눈, 심장, 복부, 위장, 소화기관 등에 질병이 많이 발생한다.

■ 6월생과 9월생

을해년(乙亥年) 6월생과 9월생은 애정운과 재물운이 나쁘다. 인품이 용렬하여 어디를 가나 환영받지 못하며, 권위가 없고 나약하며 재물을 모으기 어렵다. 건강상으로는 복부, 위장, 소화기관, 골격 등에 질병이 많이 발생한다.

■ 7월생과 8월생

을해년(乙亥年) 7월생과 8월생은 교제운이 나쁘다. 거래관계나 교제에서 손해를 많이 보며, 특히 적의 방해로 권위를 잃고 재물을 모으기 어렵다. 건강상으로는 폐, 치아, 생식기, 골격 등에 질병이 많이 발생한다.

■ **10월생과 11월생**

을해년(乙亥年) 10월생과 11월생은 주거운과 부동산운이 좋아 재산이 많고, 덕망이 있어 아랫사람이 잘 따른다. 특히 인덕이 많아 자식이나 형제, 친척들의 도움을 많이 받는다. 건강상으로는 요도기관, 신장, 간장, 인후기관, 척추, 관절 등이 튼튼하다.

병자년생(丙子年生)의 운세

병자년생(丙子年生)은 호수에 비치는 태양에 비유한다. 총명하고 관운이 좋으며 남녀 모두 미모의 배우자를 만난다. 그러나 남자는 처가와 의리가 상하여 끊어지기 쉽고, 여자는 호색으로 가정불화를 일으킨다. 남녀 모두 색정으로 패가망신할 위험과 물에 빠져 죽을 위험이 있으니 조심해야 한다.

■ **1월생과 2월생**

병자년(丙子年) 1월생과 2월생은 희망운이 좋다. 계획한 일을 실행하면 발전하고, 통솔력이 뛰어나 만인을 지휘하며, 가는 곳마다 인기를 누린다. 건강상으로는 수족, 신경계통, 간장, 인후기관, 어깨 등이 튼튼하다.

■ **3월생과 12월생**

병자년(丙子年) 3월생과 12월생은 재능운과 가족운이 좋다. 통솔력이 뛰어나 만인을 지휘하고 인기를 얻는다. 특히 이성교제가 원만하며, 가족간에 화목하고 우애가 돈독하다. 건강상으로는 간장, 손, 어깨, 코, 척추, 관절 등이 튼튼하다.

■ **4월생과 5월생**

병자년(丙子年) 4월생과 5월생은 명예운이 좋아 신용이 따르고, 무슨 일을 해도 성공한다. 인품이 뛰어나 어디서든 환영받는다. 특히 결혼운이 좋아 좋은 배우자를 만난다. 건강상으로는 머리, 눈, 심장, 복부, 위장, 소화기관 등이 튼튼하다.

■ **6월생과 9월생**

병자년(丙子年) 6월생과 9월생은 반길반흉하다. 명예도 반길반흉, 성공도 반길반흉, 신용도 반길반흉, 대인관계도 반길반흉이라 큰 해로움은 없지만 크게 좋은 것도 없다. 건강상으로는 복부, 위장, 소화기관, 골격 등에 약간의 질병이 따르나 쉽게 회복된다.

■ **7월생과 8월생**

병자년(丙子年) 7월생과 8월생은 교제운이 나쁘다. 거래관계나 교제에서 손해를 많이 보며, 특히 적의 방해로 권위를 잃고 재물을 모으기 어렵다. 건강도 매우 불리하여 폐, 치아, 생식기, 골격 등에 질병이 많이 발생한다.

■ 10월생과 11월생

병자년(丙子年) 10월생과 11월생은 주거운과 부동산운이 나쁘고, 덕망이 없어 아랫사람이 따르지 않는다. 특히 인덕이 없어 자식이나 형제, 친척들의 도움을 받지 못한다. 건강상으로는 요도기관, 신장, 간장, 인후기관, 척추, 관절 등에 질병이 많이 발생한다.

정축년생(丁丑年生)의 운세

정축년생(丁丑年生)은 동쪽을 비추는 달에 비유한다. 달빛은 어둡고 땅에는 습기가 많은 형상이다. 뛰어난 기술자가 되지만 주위에 적이 많아 투쟁이 따른다. 겨울에 태어나면 희망이 사라지고, 만일 부유하면 목숨이 위험하다. 여자는 좋은 남편을 만나기 어렵고 과부가 되기 쉽다. 남녀 모두 나그네 팔자다.

■ 1월생과 2월생

정축년(丁丑年) 1월생과 2월생은 희망운이 좋다. 계획한 일을 실행하면 발전하고, 통솔력이 뛰어나 만인을 지휘하며, 가는 곳마다 인기를 누린다. 건강상으로는 수족, 신경계통, 간장, 인후기관, 어깨 등이 튼튼하다.

■ 3월생과 12월생

정축년(丁丑年) 4월생과 5월생은 반길반흉하다. 명예도 반길반흉,

성공도 반길반흉, 신용도 반길반흉, 대인관계도 반길반흉이라 큰 해로움은 없지반 크게 좋은 것도 없다. 건강상으로는 간장, 손, 어깨, 코, 척추, 관절 등에 약간의 질병이 따르나 쉽게 회복된다.

■ 4월생과 5월생

정축년(丁丑年) 4월생과 5월생은 명예운이 좋아 신용이 따르고, 무슨 일을 해도 성공한다. 인품이 뛰어나 어디서든 환영받는다. 특히 결혼운이 좋아 좋은 배우자를 만난다. 건강상으로는 머리, 눈, 심장, 복부, 위장, 소화기관 등이 튼튼하다.

■ 6월생과 9월생

정축년(丁丑年) 6월생과 9월생은 반길반흉하다. 명예도 반길반흉, 성공도 반길반흉, 신용도 반길반흉, 대인관계도 반길반흉이라 큰 해로움은 없지만 크게 좋은 것도 없다. 건강상으로는 복부, 위장, 소화기관, 골격 등에 약간의 질병이 따르나 쉽게 회복된다.

■ 7월생과 8월생

정축년(丁丑年) 7월생과 8월생은 교제운이 나쁘다. 거래관계나 교제에서 손해를 많이 보며, 특히 적의 방해로 권위를 잃고 재물을 모으기 어렵다. 건강상으로는 폐, 치아, 생식기, 골격 등에 질병이 많이 발생한다.

■ 10월생과 11월생

정축년(丁丑年) 10월생과 11월생은 주거운과 부동산운이 나쁘고, 덕망이 없어 아랫사람이 따르지 않는다. 특히 인덕이 없어 자식이나 형제, 친척들의 도움을 받지 못한다. 건강상으로는 요도기관, 신장, 간장, 인후기관, 척추, 관절 등에 질병이 많이 발생한다.

무인년생(戊寅年生)의 운세

무인년생(戊寅年生)은 초목이 살아나는 산에 비유한다. 발전하는데 한계가 없으며, 대운을 잘 만나면 고관대작이 될 수 있다. 겨울에 태어나면 빙설에 싸여 만물이 자라지 못하니 겉만 화려하고 실속이 없고, 여름에 태어나면 윤택한 비와 이슬이 내리니 말년이 유복하다. 분수를 알고 내실을 기하면 좋다.

■ 1월생과 2월생

무인년(戊寅年) 1월생과 2월생은 반길반흉하다. 명예도 반길반흉, 성공도 반길반흉, 신용도 반길반흉, 대인관계도 반길반흉이라 큰 해로움은 없지만 크게 좋은 것도 없다. 건강상으로는 수족, 신경계통, 간장, 인후기관, 어깨 등에 약간의 질병이 따르나 쉽게 회복된다.

■ 3월생과 12월생

무인년(戊寅年) 3월생과 12월생은 재능운과 가족운이 좋다. 통솔력이 뛰어나 만인을 지휘하고 인기를 얻는다. 특히 이성교제가 원만하며, 가족간에 화목하고 우애가 돈독하다. 건강상으로는 간장, 손, 어깨, 코, 척추, 관절 등이 튼튼하다.

■ 4월생과 5월생

무인년(戊寅年) 4월생과 5월생은 명예운이 좋아 신용이 따르고, 무슨 일을 해도 성공한다. 인품이 뛰어나 어디서든 환영받는다. 특히 결혼운이 좋아 좋은 배우자를 만난다. 건강상으로는 머리, 눈, 심장, 복부, 위장, 소화기관 등이 튼튼하다.

■ 6월생과 9월생

무인년(戊寅年) 6월생과 9월생은 애정운과 재물운이 좋다. 권위가 있고 인품이 뛰어나 어디서든 환영받는다. 건강하고 재물도 많이 모은다. 건강상으로는 복부, 위장, 소화기관, 골격 등이 튼튼하다.

■ 7월생과 8월생

무인년(戊寅年) 7월생과 8월생은 교제운이 나쁘다. 거래관계나 교제에서 손해를 많이 보며, 특히 적의 방해로 권위를 잃고 재물을 모으기 어렵다. 건강상으로는 폐, 치아, 생식기, 골격 등에 질병이 많이 발생한다.

■ 10월생과 11월생

무인년(戊寅年) 10월생과 11월생은 주거운과 부동산운이 나쁘고,

덕망이 없어 아랫사람이 따르지 않는다. 특히 인덕이 없어 자식이나 형제, 친척들의 도움을 받지 못한다. 건강상으로는 요도기관, 신장, 간장, 인후기관, 척추, 관절 등에 질병이 많이 발생한다.

기묘년생(己卯年生)의 운세

기묘년생(己卯年生)은 초목이 자라는 밭에 비유한다. 중년에 크게 실패하거나 우환을 초래하기 쉽다. 겨울에 태어나면 재물이 모이지 않지만 인덕이 있고 희생봉사하는 공덕을 세울 수 있다. 여자는 좋은 배우자를 만나지만 해산의 고통이나 부인병으로 고생한다.

■ 1월생과 2월생

기묘년(己卯年) 1월생과 2월생은 반길반흉하다. 명예도 반길반흉, 성공도 반길반흉, 신용도 반길반흉, 대인관계도 반길반흉이라 큰 해로움은 없지만 크게 좋은 것도 없다. 건강상으로는 수족, 신경계통, 간장, 인후기관, 어깨 등에 약간의 질병이 따르나 쉽게 회복된다.

■ 3월생과 12월생

기묘년(己卯年) 3월생과 12월생은 재능운과 가족운이 좋다. 통솔력이 뛰어나 만인을 지휘하고 인기를 얻는다. 특히 이성교제가 원만하며, 가족간에 화목하고 우애가 돈독하다. 건강상으로는 간장, 손, 어깨, 코, 척추, 관절 등이 튼튼하다.

■ **4월생과 5월생**

기묘년(己卯年) 4월생과 5월생은 명예운이 좋아 신용이 따르고, 무슨 일을 해도 성공한다. 인품이 뛰어나 어디서든 환영받는다. 특히 결혼운이 좋아 좋은 배우자를 만난다. 건강상으로는 머리, 눈, 심장, 복부, 위장, 소화기관 등이 튼튼하다.

■ **6월생과 9월생**

기묘년(己卯年) 6월생과 9월생은 애정운과 재물운이 좋다. 권위가 있고 인품이 뛰어나 어디서든 환영받는다. 건강하고 재물도 많이 모은다. 건강상으로는 복부, 위장, 소화기관, 골격 등이 튼튼하다.

■ **7월생과 8월생**

기묘년(己卯年) 7월생과 8월생은 반길반흉하다. 명예도 반길반흉, 성공도 반길반흉, 신용도 반길반흉, 대인관계도 반길반흉이라 큰 해로움은 없지만 크게 좋은 것도 없다. 건강상으로는 폐, 치아, 생식기, 골격 등에 약간의 질병이 따르나 쉽게 회복된다.

■ **10월생과 11월생**

기묘년(己卯年) 10월생과 11월생은 주거운과 부동산운이 나쁘고, 덕망이 없어 아랫사람이 따르지 않는다. 특히 인덕이 없어 자식이나 형제, 친척들의 도움을 받지 못한다. 건강상으로는 요도기관, 신장, 간장, 인후기관, 척추, 관절 등에 질병이 많이 발생한다.

경진년생(庚辰年生)의 운세

경진년생(庚辰年生)은 땅 속에 묻힌 큰 쇳덩어리에 비유한다. 용감하고 영웅적인 기질이 있어 강적이라도 굴복시킨다. 봄에 태어나면 만사가 좌절되며 패가망신하기 쉽고, 가을에 태어나면 유능하여 고위직에 오르고, 겨울에 태어나면 의지가 약하며 소심하다. 만용을 버리고 자중하면서 인내심을 길러야 한다.

■ 1월생과 2월생

경진년(庚辰年) 1월생과 2월생은 희망운이 나빠 만사가 실패로 끝나고, 가는 곳마다 인기가 없으며 통솔력이 부족하다. 건강상으로는 수족, 신경계통, 간장, 인후기관, 어깨 등에 질병이 많이 발생한다.

■ 3월생과 12월생

경진년(庚辰年) 3월생과 12월생은 재능운과 가족운이 좋다. 통솔력이 뛰어나 만인을 지휘하고 인기를 얻는다. 특히 이성교제가 원만하며, 가족간에 화목하고 우애가 돈독하다. 건강상으로는 간장, 손, 어깨, 코, 척추, 관절 등이 튼튼하다.

■ 4월생과 5월생

경진년(庚辰年) 4월생과 5월생은 명예운이 나쁘다. 신용이 없으니 무슨 일을 해도 실패하고, 인품이 용렬하여 어디서든 환영받지 못한다. 특히 결혼운이 나빠 좋은 배우자를 만나지 못한다. 건강상으로는 머리, 눈, 심장, 복부, 위장, 소화기관 등에 질병이 많이 발생한다.

■ **6월생과 9월생**

경진년(庚辰年) 6월생과 9월생은 애정운과 재물운이 좋다. 권위가 있고 인품이 뛰어나 어디서든 환영받는다. 건강하고 재물도 많이 모은다. 건강상으로는 복부, 위장, 소화기관, 골격 등이 튼튼하다.

■ **7월생과 8월생**

경진년(庚辰年) 7월생과 8월생은 교제운이 좋다. 거래나 교제에서 이익을 많이 보며, 귀인의 도움으로 권위를 얻고, 건강하며 재산을 많이 모은다. 건강상으로는 폐, 치아, 생식기, 골격 등이 튼튼하다.

■ **10월생과 11월생**

경진년(庚辰年) 10월생과 11월생은 주거운과 부동산운이 나쁘고, 덕망이 없어 아랫사람이 따르지 않는다. 특히 인덕이 없어 자식이나 형제, 친척들의 도움을 받지 못한다. 건강상으로는 요도기관, 신장, 간장, 인후기관, 척추, 관절 등에 질병이 많이 발생한다.

신사년생(辛巳年生)의 운세

신사년생(辛巳年生)은 완성된 보석에 비유한다. 재능을 충분히 발휘하며, 어려운 역경에 처해도 항상 귀인이 나타나 도와준다. 관운이 좋아 교육자로 나가면 성공하고, 학문과 예능방면에 재능이 있으며, 권모술수도 능하다. 가을에 태어나면 만사형통한다.

■ 1월생과 2월생

신사년(辛巳年) 1월생과 2월생은 희망운이 나빠 만사가 실패로 끝나고, 가는 곳마다 인기가 없으며 통솔력이 부족하다. 건강상으로는 수족, 신경계통, 간장, 인후기관, 어깨 등에 질병이 많이 발생한다.

■ 3월생과 12월생

신사년(辛巳年) 3월생과 12월생은 재능운과 가족운이 좋다. 통솔력이 뛰어나 만인을 지휘하고 인기를 얻는다. 특히 이성교제가 원만하며, 가족간에 화목하고 우애가 돈독하다. 건강상으로는 간장, 손, 어깨, 코, 척추, 관절 등이 튼튼하다.

■ 4월생과 5월생

신사년(辛巳年) 4월생과 5월생은 명예운이 나쁘다. 신용이 없으니 무슨 일을 해도 실패하고, 인품이 용렬하여 어디서든 환영받지 못한다. 특히 결혼운이 나빠 좋은 배우자를 만나지 못한다. 건강상으로는 머리, 눈, 심장, 복부, 위장, 소화기관 등에 질병이 많이 발생한다.

■ 6월생과 9월생

신사년(辛巳年) 6월생과 9월생은 애정운과 재물운이 좋다. 권위가 있고 인품이 뛰어나 어디서든 환영받는다. 건강하고 재물도 많이 모은다. 건강상으로는 복부, 위장, 소화기관, 골격 등이 튼튼하다.

■ 7월생과 8월생

신사년(辛巳年) 7월생과 8월생은 교제운이 좋다. 거래나 교제에서 이익을 많이 보며, 귀인의 도움으로 권위를 얻고, 건강하며 재산을 많이 모은다. 건강상으로는 폐, 치아, 생식기, 골격 등이 튼튼하다.

■ 10월생과 11월생

신사년(辛巳年) 10월생과 11월생은 주거운과 부동산운이 나쁘고, 덕망이 없어 아랫사람이 따르지 않는다. 특히 인덕이 없어 육친의 도움을 받지 못한다. 건강상으로는 요도기관, 신장, 간장, 인후기관, 척추, 관절 등에 질병이 많이 발생한다.

임오년생(壬午年生)의 운세

임오년생(壬午年生)은 생명수에 비유한다. 복록이 두터우나 재물로 인하여 구설수에 오르고, 모함이나 원망을 듣는다. 가을에 태어나면 명성을 떨치지만 재물과 권위의 중화를 이루도록 노력해야 한다. 평생 기복이 많고 배우자와 갈등이 많다.

■ 1월생과 2월생

임오년(壬午年) 1월생과 2월생은 희망운이 나빠 만사가 실패로 끝나고, 가는 곳마다 인기가 없으며 통솔력이 부족하다. 건강상으로는 수족, 신경계통, 간장, 인후기관, 어깨 등에 질병이 많이 발생한다.

■ **3월생과 12월생**

임오년(壬午年) 3월생과 12월생은 반길반흉하다. 명예도 반길반흉, 성공도 반길반흉, 신용도 반길반흉, 대인관계도 반길반흉이라 큰 해로움은 없지만 크게 좋은 것도 없다. 건강상으로는 간장, 손, 어깨, 코, 척추, 관절 등에 약간의 질병이 따르나 쉽게 회복된다.

■ **4월생과 5월생**

임오년(壬午年) 4월생과 5월생은 명예운이 나쁘다. 신용이 없으니 무슨 일을 해도 실패하고, 인품이 용렬하여 어디서든 환영받지 못한다. 특히 결혼운이 나빠 좋은 배우자를 만나지 못한다. 건강상으로는 머리, 눈, 심장, 복부, 위장, 소화기관 등에 질병이 많이 발생한다.

■ **6월생과 9월생**

임오년(壬午年) 6월생과 9월생은 애정운과 재물운이 나쁘다. 인품이 용렬하여 어디를 가나 환영받지 못하며, 권위가 없고 나약하며 재물을 모으기 어렵다. 건강상으로는 복부, 위장, 소화기관, 골격 등에 질병이 많이 발생한다.

■ **7월생과 8월생**

임오년(壬午年) 7월생과 8월생은 교제운이 좋다. 거래나 교제에서 이익을 많이 보며, 귀인의 도움으로 권위를 얻고, 건강하며 재산을 많이 모은다. 건강상으로는 폐, 치아, 생식기, 골격 등이 튼튼하다.

■ 10월생과 11월생

임오년(壬午年) 10월생과 11월생은 주거운과 부동산운이 좋아 재산이 많고, 덕망이 있어 아랫사람이 잘 따른다. 특히 인덕이 많아 자식이나 형제, 친척들의 도움을 많이 받는다. 건강상으로는 요도기관, 신장, 간장, 인후기관, 척추, 관절 등이 튼튼하다.

계미년생(癸未年生)의 운세

계미년생(癸未年生)은 감로수에 비유한다. 재주가 많고 모사에 능하지만 약한 물이라 남의 주장에 따른다. 사막 한가운데 홀로 있는 우물같은 형상이라 고독하다. 물의 근원인 가을에 태어나면 재물이 충만하며 만사형통하고, 겨울에 태어나면 명예가 높지만 수난을 만날까 두렵고, 여름에 태어나면 재물이 모이지 않으며 불우하다.

■ 1월생과 2월생

계미년(癸未年) 1월생과 2월생은 희망운이 나빠 만사가 실패로 끝나고, 가는 곳마다 인기가 없으며 통솔력이 부족하다. 건강상으로는 수족, 신경계통, 간장, 인후기관, 어깨 등에 질병이 많이 발생한다.

■ **3월생과 12월생**

계미년(癸未年) 3월생과 12월생은 반길반흉하다. 명예도 반길반흉, 성공도 반길반흉, 신용도 반길반흉, 대인관계도 반길반흉이라 큰 해로움은 없지만 크게 좋은 것도 없다. 건강상으로는 간장, 손, 어깨, 코, 척추, 관절 등에 약간의 질병이 따르나 쉽게 회복된다.

■ **4월생과 5월생**

계미년(癸未年) 4월생과 5월생은 명예운이 나쁘다. 신용이 없으니 무슨 일을 해도 실패하고, 인품이 용렬하여 어디서든 환영받지 못한다. 특히 결혼운이 나빠 좋은 배우자를 만나지 못한다. 건강상으로는 머리, 눈, 심장, 복부, 위장, 소화기관 등에 질병이 많이 발생한다.

■ **6월생과 9월생**

계미년(癸未年) 6월생과 9월생은 반길반흉하다. 명예도 반길반흉, 성공도 반길반흉, 신용도 반길반흉, 대인관계도 반길반흉이라 큰 해로움은 없지만 크게 좋은 것도 없다. 건강상으로는 복부, 위장, 소화기관, 골격 등에 약간의 질병이 따르나 쉽게 회복된다.

■ **7월생과 8월생**

계미년(癸未年) 7월생과 8월생은 교제운이 좋다. 거래나 교제에서 이익을 많이 보며, 귀인의 도움으로 권위를 얻고, 건강하며 재산을 많이 모은다. 건강상으로는 폐, 치아, 생식기, 골격 등이 튼튼하다.

■ **10월생과 11월생**

계미년(癸未年) 10월생과 11월생은 주거운과 부동산운이 좋아 재산이 많고, 덕망이 있어 아랫사람이 잘 따른다. 특히 인덕이 많아 자식이나 형제, 친척들의 도움을 많이 받는다. 건강상으로는 요도기관, 신장, 간장, 인후기관, 척추, 관절 등이 튼튼하다.

갑신년생(甲申年生)의 운세

갑신년생(甲申年生)은 잘 다듬어진 나무기둥에 비유한다. 큰 집을 짓는데 중심이 되는 대들보와 같아 고위직에 오르며, 적이 많지만 귀인의 도움으로 자수성가한다. 봄에 태어나면 호수나 연못을 만난격이라 청운의 꿈을 이루고, 어디를 가나 요직을 차지한다. 그러나 상사나 친구를 잘못 만나면 썩은 나무와 같아 처자식을 극하고 패가망신한다. 돌다리도 두들겨보고 건너가라는 말을 명심해야 한다.

■ **1월생과 2월생**

갑신년(甲申年) 1월생과 2월생은 희망운이 좋다. 계획한 일을 실행하면 발전하고, 통솔력이 뛰어나 만인을 지휘하며, 가는 곳마다 인기를 누린다. 건강상으로는 수족, 신경계통, 간장, 인후기관, 어깨 등이 튼튼하다.

■ 3월생과 12월생

갑신년(甲申年) 3월생과 12월생은 반길반흉하다. 명예도 반길반흉, 성공도 반길반흉, 신용도 반길반흉, 대인관계도 반길반흉이라 큰 해로움은 없지만 크게 좋은 것도 없다. 건강상으로는 간장, 손, 어깨, 코, 척추, 관절 등에 약간의 질병이 따르나 쉽게 회복된다.

■ 4월생과 5월생

갑신년(甲申年) 4월생과 5월생은 반길반흉하다. 명예도 반길반흉, 성공도 반길반흉, 신용도 반길반흉, 대인관계도 반길반흉이라 큰 해로움은 없지만 크게 좋은 것도 없다. 건강상으로는 머리, 눈, 심장, 복부, 위장, 소화기관 등에 약간의 질병이 따르나 쉽게 회복된다.

■ 6월생과 9월생

갑신년(甲申年) 6월생과 9월생은 애정운과 재물운이 나쁘다. 인품이 용렬하여 어디를 가나 환영받지 못하며, 권위가 없고 나약하며 재물을 모으기 어렵다. 건강상으로는 복부, 위장, 소화기관, 골격 등에 질병이 많이 발생한다.

■ 7월생과 8월생

갑신년(甲申年) 7월생과 8월생은 교제운이 나쁘다. 거래관계나 교제에서 손해를 많이 보며, 특히 적의 방해로 권위를 잃고 재물을 모으기 어렵다. 건강상으로는 폐, 치아, 생식기, 골격 등에 질병이 많이 발생한다.

■ **10월생과 11월생**

갑신년(甲申年) 10월생과 11월생은 주거운과 부동산운이 좋아 재산이 많고, 덕망이 있어 아랫사람이 잘 따른다. 특히 인덕이 많아 자식이나 형제, 친척들의 도움을 많이 받는다. 건강상으로는 요도기관, 신장, 간장, 인후기관, 척추, 관절 등이 튼튼하다.

을유년생(乙酉年生)의 운세

을유년생(乙酉年生)은 서리맞은 국화에 비유한다. 예리한 칼날로 분재되고,향기로 사람들을 즐겁게 해주는 꽃과 같은 형상이니 여자는 화류계로 나가기 쉽다. 항상 귀인이 나타나 도와주고, 초년과 중년에는 부귀영화를 누리지만 말년에는 처량해지기 쉽다. 남편은 도움이 안되지만 자식은 의지가 되어 좋다. 가을에 태어나면 정신이 과민해질 염려가 있다.

■ **1월생과 2월생**

을유년(乙酉年) 1월생과 2월생은 희망운이 좋다. 계획한 일을 실행하면 발전하고, 통솔력이 뛰어나 만인을 지휘하며, 가는 곳마다 인기를 누린다. 건강상으로는 수족, 신경계통, 간장, 인후기관, 어깨 등이 튼튼하다.

■ **3월생과 12월생**

을유년(乙酉年) 3월생과 12월생은 반길반흉하다. 명예도 반길반흉, 성공도 반길반흉, 신용도 반길반흉, 대인관계도 반길반흉이라 큰 해로움은 없지만 크게 좋은 것도 없다. 건강상으로는 간장, 손, 어깨, 코, 척추, 관절 등에 약간의 질병이 따르나 쉽게 회복된다.

■ **4월생과 5월생**

을유년(乙酉年) 4월생과 5월생은 반길반흉하다. 명예도 반길반흉, 성공도 반길반흉, 신용도 반길반흉, 대인관계도 반길반흉이라 큰 해로움은 없지만 크게 좋은 것도 없다. 건강상으로는 머리, 눈, 심장, 복부, 위장, 소화기관 등에 약간의 질병이 따르나 쉽게 회복된다.

■ **6월생과 9월생**

을유년(乙酉年) 6월생과 9월생은 애정운과 재물운이 나쁘다. 인품이 용렬하여 어디서든 환영받지 못하며, 권위가 없고 나약하며 재물을 모으기 어렵다. 건강상으로는 복부, 위장, 소화기관, 골격 등에 질병이 많이 발생한다.

■ **7월생과 8월생**

을유년(乙酉年) 7월생과 8월생은 교제운이 나쁘다. 거래관계나 교제에서 손해를 많이 보며, 특히 적의 방해로 권위를 잃고 재물을 모으기 어렵다. 건강도 불리하여 폐, 치아, 생식기, 골격 등에 질병이 많이 발생한다.

■ 10월생과 11월생

을유년(乙酉年) 10월생과 11월생은 주거운과 부동산운이 좋아 재산이 많고, 덕망이 있어 아랫사람이 잘 따른다. 특히 인덕이 많아 자식이나 형제, 친척들의 도움을 많이 받는다. 건강상으로는 요도기관, 신장, 간장, 인후기관, 척추, 관절 등이 튼튼하다.

병술년생(丙戌年生)의 운세

병술년생(丙戌年生)은 늦가을의 태양에 비유한다. 태양이 서산으로 지고 있는 형상으로 고집이 세고 둔하다. 자신의 실력을 너무 믿지 말고 화합하고 양보해야 안전하다. 봄이나 여름에 태어나면 크게 발복을 하여 재물이 충만하며 고관대작이 되고, 겨울에 태어나면 적과 장애물이 많고 자식이나 아랫사람과 불화한다.

■ 1월생과 2월생

병술년(丙戌年) 1월생과 2월생은 희망운이 좋다. 계획한 일을 실행하면 발전하고, 통솔력이 뛰어나 만인을 지휘하며, 가는 곳마다 인기를 누린다. 건강상으로는 수족, 신경계통, 간장, 인후기관, 어깨 등이 튼튼하다.

■ 3월생과 12월생

병술년(丙戌年) 3월생과 12월생은 재능운과 가족운이 좋다. 통솔력이 뛰어나 만인을 지휘하고 인기를 얻는다. 특히 이성교제가 원만하며, 가족간에 화목하고 우애가 돈독하다. 건강상으로는 간장, 손, 어깨, 코, 척추, 관절 등이 튼튼하다.

■ 4월생과 5월생

병술년(丙戌年) 4월생과 5월생은 명예운이 좋아 신용이 따르고, 무슨 일을 해도 성공한다. 인품이 뛰어나 어디서든 환영받는다. 특히 결혼운이 좋아 좋은 배우자를 만난다. 건강상으로는 머리, 눈, 심장, 복부, 위장, 소화기관 등이 튼튼하다.

■ 6월생과 9월생

병술년(丙戌年) 6월생과 9월생은 반길반흉하다. 명예도 반길반흉, 성공도 반길반흉, 신용도 반길반흉, 대인관계도 반길반흉이라 큰 해로움은 없지만 크게 좋은 것도 없다. 건강상으로는 복부, 위장, 소화기관, 골격 등에 약간의 질병이 따르나 쉽게 회복된다.

■ 7월생과 8월생

병술년(丙戌年) 7월생과 8월생은 교제운이 나쁘다. 거래관계나 교제에서 손해를 많이 보며, 특히 적의 방해로 권위를 잃고 재물을 모으기 어렵다. 건강도 불리하여 폐, 치아, 생식기, 골격 등에 질병이 많이 발생한다.

■ **10월생과 11월생**

병술년(丙戌年) 10월생과 11월생은 주거운과 부동산운이 나쁘고, 덕망이 없어 아랫사람이 따르지 않는다. 특히 인덕이 없어 자식이나 형제, 친척들의 도움을 받지 못한다. 건강상으로는 요도기관, 신장, 간장, 인후기관, 척추, 관절 등에 질병이 많이 발생한다.

정해년생(丁亥年生)의 운세

정해년생(丁亥年生)은 바람 앞의 등불에 비유한다. 겨울에 태어나면 빛좋은 개살구이고, 여름에 태어나면 큰 공을 세워 부귀가 손 안에 있으며, 가을에 태어나면 투쟁이 많고 질병으로 고생하거나 단명하고, 봄에 태어나면 성공하여 부귀가 넘친다. 그러나 해시생(亥時生)은 방랑자 팔자다.

■ **1월생과 2월생**

정해년(丁亥年) 1월생과 2월생은 희망운이 좋다. 계획한 일을 실행하면 발전하고, 통솔력이 뛰어나 만인을 지휘하며, 가는 곳마다 인기를 누린다. 건강상으로는 수족, 신경계통, 간장, 인후기관, 어깨 등이 튼튼하다.

■ **3월생과 12월생**

정해년(丁亥年) 3월생과 12월생은 반길반흉하다. 명예도 반길반흉,

성공도 반길반흉, 신용도 반길반흉, 대인관계도 반길반흉이라 큰 해로움은 없지만 크게 좋은 것도 없다. 건강상으로는 간장, 손, 어깨, 코, 척추, 관절 등에 약간의 질병이 따르나 쉽게 회복된다.

■ 4월생과 5월생

정해년(丁亥年) 4월생과 5월생은 명예운이 좋아 신용이 따르고, 무슨 일을 해도 성공한다. 인품이 뛰어나 어디서든 환영받는다. 특히 결혼운이 좋아 좋은 배우자를 만난다. 건강상으로는 머리, 눈, 심장, 복부, 위장, 소화기관 등이 튼튼하다.

■ 6월생과 9월생

정해년(丁亥年) 6월생과 9월생은 반길반흉하다. 명예도 반길반흉, 성공도 반길반흉, 신용도 반길반흉, 대인관계도 반길반흉이라 큰 해로움은 없지만 크게 좋은 것도 없다. 건강상으로는 복부, 위장, 소화기관, 골격 등에 약간의 질병이 따르나 쉽게 회복된다.

■ 7월생과 8월생

정해년(丁亥年) 7월생과 8월생은 교제운이 나쁘다. 거래관계나 교제에서 손해를 많이 보며, 특히 적의 방해로 권위를 잃고 재물을 모으기 어렵다. 건강상으로는 폐, 치아, 생식기, 골격 등에 질병이 많이 발생한다.

■ **10월생과 11월생**

정해년(丁亥年) 10월생과 11월생은 주거운과 부동산운이 나쁘고, 덕망이 없어 아랫사람이 따르지 않는다. 특히 인덕이 없어 자식이나 형제, 친척들의 도움을 받지 못한다. 건강상으로는 요도기관, 신장, 간장, 인후기관, 척추, 관절 등에 질병이 많이 발생한다.

무자년생(戊子年生)의 운세

무자년생(戊子年生)은 눈덮힌 높은 산에 비유한다. 총명하나 지혜가 부족하고 실속이 없어 만사가 이루어지지 않는다. 남자는 노년에 흉사를 당할 염려가 있고, 여자는 해산의 고통과 부인병에 걸리기 쉽다. 여름에 태어나면 배우자 인연이 좋지만, 겨울에 태어나면 재혼을 피할 수 없는 팔자다.

■ **1월생과 2월생**

무자년(戊子年) 1월생과 2월생은 반길반흉하다. 명예도 반길반흉, 성공도 반길반흉, 신용도 반길반흉, 대인관계도 반길반흉이라 큰 해로움은 없지만 크게 좋은 것도 없다. 건강상으로는 수족, 신경계통, 간장, 인후기관, 어깨 등에 약간의 질병이 따르나 쉽게 회복된다.

■ **3월생과 12월생**

무자년(戊子年) 3월생과 12월생은 재능운과 가족운이 좋다. 통솔력이 뛰어나 만인을 지휘하고 인기를 얻는다. 특히 이성교제가 원만하며, 가족간에 화목하고 우애가 돈독하다. 건강상으로는 간장, 손, 어깨, 코, 척추, 관절 등이 튼튼하다.

■ 4월생과 5월생

무자년(戊子年) 4월생과 5월생은 명예운이 좋아 신용이 따르고, 무슨 일을 해도 성공한다. 인품이 뛰어나 어디서든 환영받는다. 특히 결혼운이 좋아 좋은 배우자를 만난다. 건강상으로는 머리, 눈, 심장, 복부, 위장, 소화기관 등이 튼튼하다.

■ 6월생과 9월생

무자년(戊子年) 6월생과 9월생은 애정운과 재물운이 좋다. 권위가 있고 인품이 뛰어나 어디서든 환영받는다. 건강하고 재물도 많이 모은다. 건강상으로는 복부, 위장, 소화기관, 골격 등이 튼튼하다.

■ 7월생과 8월생

무자년(戊子年) 7월생과 8월생은 교제운이 나쁘다. 거래관계나 교제에서 손해를 많이 보며, 특히 적의 방해로 권위를 잃고 재물을 모으기 어렵다. 건강상으로는 폐, 치아, 생식기, 골격 등에 질병이 많이 발생한다.

■ 10월생과 11월생

무자년(戊子年) 10월생과 11월생은 주거운과 부동산운이 나쁘고,

덕망이 없어 아랫사람이 따르지 않는다. 특히 인덕이 없어 자식이나 형제, 친척들의 도움을 받지 못한다. 건강상으로는 요도기관, 신장, 간장, 인후기관, 척추, 관절 등에 질병이 많이 발생한다.

기축년생(己丑年生)의 운세

기축년생(己丑年生)은 얼어붙은 전답이라 곡식이 자라지 못한다. 봄이나 여름에 태어나면 물기운이 풍부한 옥토로 풍년을 만드니 숨은 재물이 많고, 겨울에 태어나면 기쁜 일이 없고, 다른 사람의 노고를 모르며 냉정하지만 조직을 잘 이끌어가는 면도 있다.

■ 1월생과 2월생

기축년(己丑年) 1월생과 2월생은 희망운이 좋다. 계획한 일을 실행하면 발전하고, 통솔력이 뛰어나 만인을 지휘하며, 가는 곳마다 인기를 누린다. 건강상으로는 수족, 신경계통, 간장, 인후기관, 어깨 등이 튼튼하다.

■ 3월생과 12월생

기축년(己丑年) 3월생과 12월생은 재능운과 가족운이 좋다. 통솔력이 뛰어나 만인을 지휘하고 인기를 얻는다. 특히 이성교제가 원만하며, 가족간에 화목하고 우애가 돈독하다. 건강상으로는 간장, 손, 어깨, 코, 척추, 관절 등이 튼튼하다.

■ **4월생과 5월생**

기축년(己丑年) 4월생과 5월생은 명예운이 좋아 신용이 따르고, 무슨 일을 해도 성공한다. 인품이 뛰어나 어디서든 환영받는다. 특히 결혼운이 좋아 좋은 배우자를 만난다. 건강상으로는 머리, 눈, 심장, 복부, 위장, 소화기관 등이 튼튼하다.

■ **6월생과 9월생**

기축년(己丑年) 6월생과 9월생은 애정운과 재물운이 좋다. 권위가 있고 인품이 뛰어나 어디서든 환영받는다. 건강하고 재물도 많이 모은다. 건강상으로는 복부, 위장, 소화기관, 골격 등이 튼튼하다.

■ **7월생과 8월생**

기축년(己丑年) 7월생과 8월생은 교제운이 나쁘다. 거래관계나 교제에서 손해를 많이 보며, 특히 적의 방해로 권위를 잃고 재물을 모으기 어렵다. 건강도 매우 불리하여 폐, 치아, 생식기, 골격 등에 질병이 많이 발생한다.

■ **10월생과 11월생**

기축년(己丑年) 10월생과 11월생은 주거운과 부동산운이 나쁘고, 덕망이 없어 아랫사람이 따르지 않는다. 특히 인덕이 없어 자식이나 형제, 친척들의 도움을 받지 못한다. 건강상으로는 요도기관, 신장, 간장, 인후기관, 척추, 관절 등에 질병이 많이 발생한다.

경인년생(庚寅年生)의 운세

경인년생(庚寅年生)은 나무를 찍는 도끼에 비유한다. 부모덕과 형제덕과 스승덕이 있지만 시운을 만나지 못하면 쇠약함을 벗어날 수 없다. 도끼는 좋은 연장이지만 흉기가 될 수 있듯이 마음을 바르게 쓰면 부귀영화가 따르고, 그렇지 못하면 일생이 불행하다. 자신의 분수를 알고 마음을 수양하는데 힘써야 한다. 여름에 태어나면 구설수로 인하여 부부이별을 초래하기 쉬우니 항상 말을 조심해야 한다.

■ 1월생과 2월생

경인년(庚寅年) 1월생과 2월생은 희망운이 나빠 만사가 실패로 끝나고, 가는 곳마다 인기가 없으며 통솔력이 부족하다. 건강상으로는 수족, 신경계통, 간장, 인후기관, 어깨 등에 질병이 많이 발생한다.

■ 3월생과 12월생

경인년(庚寅年) 3월생과 12월생은 재능운과 가족운이 좋다. 통솔력이 뛰어나 만인을 지휘하고 인기를 얻는다. 특히 이성교제가 원만하며, 가족간에 화목하고 우애가 돈독하다. 건강상으로는 간장, 손, 어깨, 코, 척추, 관절 등이 튼튼하다.

■ 4월생과 5월생

경인년(庚寅年) 4월생과 5월생은 명예운이 나쁘다. 신용이 없으니 무슨 일을 해도 실패하고, 인품이 용렬하여 어디서든 환영받지 못한다. 특히 결혼운이 나빠 좋은 배우자를 만나지 못한다. 건강상으로는 머리, 눈, 심장, 복부, 위장, 소화기관 등에 질병이 많이 발생한다.

■ **6월생과 9월생**

경인년(庚寅年) 6월생과 9월생은 애정운과 재물운이 좋다. 권위가 있고 인품이 뛰어나 어디서든 환영받는다. 건강하고 재물도 많이 모은다. 건강상으로는 복부, 위장, 소화기관, 골격 등이 튼튼하다.

■ **7월생과 8월생**

경인년(庚寅年) 7월생과 8월생은 교제운이 좋다. 거래나 교제에서 이익을 많이 보며, 귀인의 도움으로 권위를 얻고, 건강하며 재산을 많이 모은다. 건강상으로는 폐, 치아, 생식기, 골격 등이 튼튼하다.

■ **10월생과 11월생**

경인년(庚寅年) 10월생과 11월생은 반길반흉하다. 명예도 반길반흉, 성공도 반길반흉, 신용도 반길반흉, 대인관계도 반길반흉이라 큰 해로움은 없지만 크게 좋은 것도 없다. 건강상으로는 요도기관, 신장, 인후기관, 간장, 관절 등에 질병이 따르나 쉽게 회복된다.

신묘년생(辛卯年生)의 운세

신묘년생(辛卯年生)은 꽃밭의 보석에 비유한다. 선망의 대상으로 연예인으로 성공하거나 화류계로 흐르기 쉽다. 육친덕이 박하여 자수성가할 팔자다. 성격이 약하고 항상 마음이 불안하여 스스로 어려운 길로 가는 경향이 많다. 가을에 태어나면 큰 어려움이 없지만, 봄에 태어나면 주색을 즐긴다. 항상 말하기 전에 세번 생각해라.

■ 1월생과 2월생

신묘년(辛卯年) 1월생과 2월생은 희망운이 나빠 만사가 실패로 끝나고, 가는 곳마다 인기가 없으며 통솔력이 부족하다. 건강상으로는 수족, 신경계통, 간장, 인후기관, 어깨 등에 질병이 많이 발생한다.

■ 3월생과 12월생

신묘년(辛卯年) 3월생과 12월생은 재능운과 가족운이 좋다. 통솔력이 뛰어나 만인을 지휘하고 인기를 얻는다. 특히 이성교제가 원만하며, 가족간에 화목하고 우애가 돈독하다. 건강상으로는 간장, 손, 어깨, 코, 척추, 관절 등이 튼튼하다.

■ 4월생과 5월생

신묘년(辛卯年) 4월생과 5월생은 명예운이 나쁘다. 신용이 없으니 무슨 일을 해도 실패하고, 인품이 용렬하여 어디서든 환영받지 못한다. 특히 결혼운이 나빠 좋은 배우자를 만나지 못한다. 건강상으로는 머리, 눈, 심장, 복부, 위장, 소화기관 등에 질병이 많이 발생한다.

■ 6월생과 9월생

신묘년(辛卯年) 6월생과 9월생은 애정운과 재물운이 좋다. 권위가 있고 인품이 뛰어나 어디서든 환영받는다. 건강하고 재물도 많이 모은다. 건강상으로는 복부, 위장, 소화기관, 골격 등이 튼튼하다.

■ 7월생과 8월생

신묘년(辛卯年) 7월생과 8월생은 교제운이 좋다. 거래나 교제에서 이익을 많이 보며, 귀인의 도움으로 권위를 얻고, 건강하며 재산을 많이 모은다. 건강상으로는 폐, 치아, 생식기, 골격 등이 튼튼하다.

■ 10월생과 11월생

신묘년(辛卯年) 4월생과 5월생은 반길반흉하다. 명예도 반길반흉, 성공도 반길반흉, 신용도 반길반흉, 대인관계도 반길반흉이라 큰 해로움은 없지만 크게 좋은 것도 없다. 건강상으로는 요도기관, 신장, 인후기관, 간장, 관절 등에 약간의 질병이 따르나 쉽게 회복된다.

임진년생(壬辰年生)의 운세

임진년생(壬辰年生)은 기름진 옥토로 흐르는 물에 비유한다. 관재운(官財運)이 매우 좋지만 여자는 색정이 강하여 동가숙서가식 하는 것이 염려된다. 가을에 태어나면 상격이고, 겨울에 태어나면 바람과 구름을 타고 승천하는 좋은 팔자다.

■ **1월생과 2월생**

임진년(壬辰年) 1월생과 2월생은 희망운이 나빠 만사가 실패로 끝나고, 가는 곳마다 인기가 없으며 통솔력이 부족하다. 건강상으로는 수족, 신경계통, 간장, 인후기관, 어깨 등에 질병이 많이 발생한다.

■ **3월생과 12월생**

임진년(壬辰年) 3월생과 12월생은 재능운과 가족운이 나쁘다. 특히 이성교제가 원만하지 못하며, 가족간에 불화하고 우애가 없으며, 대중에게 인기가 없고 통솔력이 부족하다. 건강상으로는 간장, 손, 어깨, 코, 척추, 관절 등에 질병이 많이 따른다.

■ **4월생과 5월생**

임진년(壬辰年) 4월생과 5월생은 명예운이 나쁘다. 신용이 없으니 무슨 일을 해도 실패하고, 인품이 용렬하여 어디서든 환영받지 못한다. 특히 결혼운이 나빠 좋은 배우자를 만나지 못한다. 건강상으로는 머리, 눈, 심장, 복부, 위장, 소화기관 등에 질병이 많이 발생한다.

■ **6월생과 9월생**

임진년(壬辰年) 6월생과 9월생은 애정운과 재물운이 나쁘다. 인품이 용렬하여 어디서든 환영받지 못하며, 권위가 없고 나약하며 재물을 모으기 어렵다. 건강상으로는 복부, 위장, 소화기관, 골격 등에 질병이 많이 발생한다. 용이 물에 잠기어 탄식하는 형상이라 발복하지 못한다.

■ 7월생과 8월생

임진년(壬辰年) 7월생과 8월생은 교제운이 좋다. 거래나 교제에서 이익을 많이 보며, 귀인의 도움으로 권위를 얻고, 건강하며 재산을 많이 모은다. 건강상으로는 폐, 치아, 생식기, 골격 등이 튼튼하다.

■ 10월생과 11월생

임진년(壬辰年) 10월생과 11월생은 주거운과 부동산운이 좋아 재산이 많고, 덕망이 있어 아랫사람이 잘 따른다. 특히 인덕이 많아 자식이나 형제, 친척들의 도움을 많이 받는다. 건강상으로는 요도기관, 신장, 간장, 인후기관, 척추, 관절 등이 튼튼하다.

계사년생(癸巳年生)의 운세

계사년생(癸巳年生)은 가마솥에서 끓는 물에 비유한다. 재물복이 매우 많고 사업가로도 크게 성공한다. 가을에 태어나면 크게 발복하고, 여름에 태어나면 물이 고갈될까 두렵지만 물이 많으면 길하다. 부모와 의견이 다르고, 한가하게 노는 직업과 주색을 좋아하여 패가망신할 수 있다.

■ 1월생과 2월생

계사년(癸巳年) 1월생과 2월생은 희망운이 나빠 만사가 실패로 끝나고, 가는 곳마다 인기가 없으며 통솔력이 부족하다. 건강상으로는 수족, 신경계통, 간장, 인후기관, 어깨 등에 질병이 많이 발생한다.

■ **3월생과 12월생**

계사년(癸巳年) 3월생과 12월생은 반길반흉하다. 명예도 반길반흉, 성공도 반길반흉, 신용도 반길반흉, 대인관계도 반길반흉이라 큰 해로움은 없지만 크게 좋은 것도 없다. 건강상으로는 간장, 손, 어깨, 코, 척추, 관절 등에 약간의 질병이 따르나 쉽게 회복된다.

■ **4월생과 5월생**

계사년(癸巳年) 4월생과 5월생은 명예운이 나쁘다. 신용이 없으니 무슨 일을 해도 실패하고, 인품이 용렬하여 어디서든 환영받지 못한다. 특히 결혼운이 나빠 좋은 배우자를 만나지 못한다. 건강상으로는 머리, 눈, 심장, 복부, 위장, 소화기관 등에 질병이 많이 발생한다.

■ **6월생과 9월생**

계사년(癸巳年) 6월생과 9월생은 애정운과 재물운이 나쁘다. 인품이 용렬하여 어디서든 환영받지 못하며, 권위가 없고 나약하며 재물을 모으기 어렵다. 건강상으로는 복부, 위장, 소화기관, 골격 등에 질병이 많이 발생한다.

■ **7월생과 8월생**

계사년(癸巳年) 7월생과 8월생은 교제운이 좋다. 거래나 교제에서 이익을 많이 보며, 귀인의 도움으로 권위를 얻고, 건강하며 재산을 많이 모은다. 건강상으로는 폐, 치아, 생식기, 골격 등이 튼튼하다.

■ **10월생과 11월생**

계사년(癸巳年) 10월생과 11월생은 주거운과 부동산운이 좋아 재산이 많고, 덕망이 있어 아랫사람이 잘 따른다. 특히 인덕이 많아 자식이나 형제, 친척들의 도움을 많이 받는다. 건강상으로는 요도기관, 신장, 간장, 인후기관, 척추, 관절 등이 튼튼하다.

갑오년생(甲午年生)의 운세

갑오년생(甲午年生)은 말라죽기 직전의 나무에 비유한다. 허탈한 상태로 물을 만나야 생명을 유지할 수 있다. 부부불화가 많으며, 색정으로 신세를 망칠 염려가 많다. 그러나 겨울에 태어나면 고관대작이나 큰 부자가 되고, 봄에 태어나면 부귀영화가 끝없이 이어진다.

■ **1월생과 2월생**

갑오년(甲午年) 1월생과 2월생은 희망운이 좋다. 계획한 일을 실행하면 발전하고, 통솔력이 뛰어나 만인을 지휘하며, 가는 곳마다 인기를 누린다. 건강상으로는 수족, 신경계통, 간장, 인후기관, 어깨 등이 튼튼하다.

■ **3월생과 12월생**

갑오년(甲午年) 3월생과 12월생은 반길반흉하다. 명예도 반길반흉, 성공도 반길반흉, 신용도 반길반흉, 대인관계도 반길반흉이라 큰 해로움은 없지만 크게 좋은 것도 없다. 건강상으로는 간장, 손, 어깨, 코, 척추, 관절 등에 약간의 질병이 따르나 쉽게 회복된다.

■ **4월생과 5월생**

갑오년(甲午年) 4월생과 5월생은 명예운이 나쁘다. 신용이 없으니 무슨 일을 해도 실패하고, 인품이 용렬하여 어디서든 환영받지 못한다. 특히 결혼운이 나빠 좋은 배우자를 만나지 못한다. 건강상으로는 머리, 눈, 심장, 복부, 위장, 소화기관 등에 질병이 많이 발생한다.

■ **6월생과 9월생**

갑오년(甲午年) 6월생과 9월생은 반길반흉하다. 명예도 반길반흉, 성공도 반길반흉, 신용도 반길반흉, 대인관계도 반길반흉이라 큰 해로움은 없지만 크게 좋은 것도 없다. 건강상으로는 복부, 위장, 소화기관, 골격 등에 약간의 질병이 따르나 쉽게 회복된다.

■ **7월생과 8월생**

갑오년(甲午年) 7월생과 8월생은 교제운이 나쁘다. 거래관계나 교제에서 손해를 많이 보며, 특히 적의 방해로 권위를 잃고 재물을 모으기 어렵다. 건강도 매우 불리하여 폐, 치아, 생식기, 골격 등에 질병이 많이 발생한다.

■ **10월생과 11월생**

갑오년(甲午年) 10월생과 11월생은 주거운과 부동산운이 좋아 재산이 많고, 덕망이 있어 아랫사람이 잘 따른다. 특히 인덕이 많아 자식이나 형제, 친척들의 도움을 많이 받는다. 건강상으로는 요도기관, 신장, 간장, 인후기관, 척추, 관절 등이 튼튼하다.

을미년생(乙未年生)의 운세

을미년생(乙未年生)은 사막에 피어난 꽃에 비유한다. 어디를 가나 환영받으며 재물복이 많고, 아무리 어려워도 궁색한 모습을 보이지 않지만 물기운이 부족하면 빈천하다. 초년이 부귀하면 말년이 처량하고, 초년에 고생하면 말년이 부귀하다. 봄에 태어나면 부귀영화가 따르고, 겨울에 태어나면 고귀한 팔자로 귀인의 도움으로 출세한다.

■ **1월생과 2월생**

을미년(乙未年) 1월생과 2월생은 희망운이 좋다. 계획한 일을 실행하면 발전하고, 통솔력이 뛰어나 만인을 지휘하며, 가는 곳마다 인기를 누린다. 건강상으로는 수족, 신경계통, 간장, 인후기관, 어깨 등이 튼튼하다.

■ **3월생과 12월생**

을미년(乙未年) 3월생과 12월생은 반길반흉하다. 명예도 반길반흉,

성공도 반길반흉, 신용도 반길반흉, 대인관계도 반길반흉이라 큰 해로움은 없지만 크게 좋은 것도 없다. 건강상으로는 간장, 손, 어깨, 코, 척추, 관절 등에 약간의 질병이 따르나 쉽게 회복된다.

■ 4월생과 5월생

을미년(乙未年) 4월생과 5월생은 명예운이 나쁘다. 신용이 없으니 무슨 일을 해도 실패하고, 인품이 용렬하여 어디서든 환영받지 못한다. 특히 결혼운이 나빠 좋은 배우자를 만나지 못한다. 건강상으로는 머리, 눈, 심장, 복부, 위장, 소화기관 등에 질병이 많이 발생한다.

■ 6월생과 9월생

을미년(乙未年) 6월생과 9월생은 반길반흉하다. 명예도 반길반흉, 성공도 반길반흉, 신용도 반길반흉, 대인관계도 반길반흉이라 큰 해로움은 없지만 크게 좋은 것도 없다. 건강상으로는 복부, 위장, 소화기관, 골격 등에 약간의 질병이 따르나 쉽게 회복된다.

■ 7월생과 8월생

을미년(乙未年) 7월생과 8월생은 교제운이 나쁘다. 거래관계나 교제에서 손해를 많이 보며, 특히 적의 방해로 권위를 잃고 재물을 모으기 어렵다. 건강도 불리하여 폐, 치아, 생식기, 골격 등에 질병이 많이 발생한다.

■ 10월생과 11월생

을미년(乙未年) 10월생과 11월생은 주거운과 부동산운이 좋아 재산이 많고, 덕망이 있어 아랫사람이 잘 따른다. 특히 인덕이 많아 자식이나 형제, 친척들의 도움을 많이 받는다. 건강상으로는 요도기관, 신장, 간장, 인후기관, 척추, 관절 등이 튼튼하다.

병신년생(丙申年生)의 운세

병신년생(丙申年生)은 가을의 뜨거운 태양에 비유한다. 부모와 일찍 이별하고 타향에서 성공하며, 인품이 좋고 향학열이 강하여 학문으로 성공한다. 그러나 좋은 배우자나 동업자를 만나지 못하여 그 빛을 오래 보존할 수 없다. 봄이나 여름에 태어나면 운수대통하여 부귀영화를 누리고, 겨울에 태어나면 부귀영화가 오래가지 못하고 집안이 쉽게 몰락한다.

■ 1월생과 2월생

병신년(丙申年) 1월생과 2월생은 희망운이 좋다. 계획한 일을 실행하면 발전하고, 통솔력이 뛰어나 만인을 지휘하며, 가는 곳마다 인기를 누린다. 건강상으로는 수족, 신경계통, 간장, 인후기관, 어깨 등이 튼튼하다.

■ **3월생과 12월생**

병신년(丙申年) 3월생과 12월생은 반길반흉하다. 명예도 반길반흉, 성공도 반길반흉, 신용도 반길반흉, 대인관계도 반길반흉이라 큰 해로움은 없지만 크게 좋은 것도 없다. 건강상으로는 간장, 손, 어깨, 코, 척추, 관절 등에 약간의 질병이 따르나 쉽게 회복된다.

■ **4월생과 5월생**

병신년(丙申年) 4월생과 5월생은 명예운이 좋아 신용이 따르고, 무슨 일을 해도 성공한다. 인품이 뛰어나 어디서든 환영받는다. 특히 결혼운이 좋아 좋은 배우자를 만난다. 건강상으로는 머리, 눈, 심장, 복부, 위장, 소화기관 등이 튼튼하다.

■ **6월생과 9월생**

병신년(丙申年) 6월생과 9월생은 반길반흉하다. 명예도 반길반흉, 성공도 반길반흉, 신용도 반길반흉, 대인관계도 반길반흉이라 큰 해로움은 없지만 크게 좋은 것도 없다. 건강상으로는 복부, 위장, 소화기관, 골격 등에 약간의 질병이 따르나 쉽게 회복된다.

■ **7월생과 8월생**

병신년(丙申年) 7월생과 8월생은 교제운이 나쁘다. 거래관계나 교제에서 손해를 많이 보며, 특히 적의 방해로 권위를 잃고 재물을 모으기 어렵다. 건강도 불리하여 폐, 치아, 생식기, 골격 등에 질병이 많이 발생한다.

■ **10월생과 11월생**

병신년(丙申年) 10월생과 11월생은 주거운과 부동산운이 나쁘고, 덕망이 없어 아랫사람이 따르지 않는다. 특히 인덕이 없어 자식이나 형제, 친척들의 도움을 받지 못한다. 건강상으로는 요도기관, 신장, 간장, 인후기관, 척추, 관절 등에 질병이 많이 발생한다.

정유년생(丁酉年生)의 운세

정유년생(丁酉年生)은 가을밤의 등불에 비유한다. 재물복과 인덕이 많고 총명하지만 머리를 잘못 쓰면 사기꾼이 될 수도 있다. 밤에 태어나면 겉으로는 광채를 발하나 실속이 없는 사람이 되기 쉽고, 낮에 태어나면 스스로 밝은 형상이라 자신의 능력보다 더 큰 일을 감당한다. 그리고 봄이나 여름에 태어나면 명성과 의식주가 풍부하며, 겨울에 태어나면 이상이 커도 이루지 못하며 큰 사고를 당하기 쉽다.

■ **1월생과 2월생**

정유년(丁酉年) 1월생과 2월생은 희망운이 좋다. 계획한 일을 실행하면 발전하고, 통솔력이 뛰어나 만인을 지휘하며, 가는 곳마다 인기를 누린다. 건강상으로는 수족, 신경계통, 간장, 인후기관, 어깨 등이 튼튼하다.

■ 3월생과 12월생

정유년(丁酉年) 3월생과 12월생은 반길반흉하다. 명예도 반길반흉, 성공도 반길반흉, 신용도 반길반흉, 대인관계도 반길반흉이라 큰 해로움은 없지만 크게 좋은 것도 없다. 건강상으로는 간장, 손, 어깨, 코, 척추, 관절 등에 약간의 질병이 따르나 쉽게 회복된다.

■ 4월생과 5월생

정유년(丁酉年) 4월생과 5월생은 명예운이 좋아 신용이 따르고, 무슨 일을 해도 성공한다. 인품이 뛰어나 어디서든 환영받는다. 특히 결혼운이 좋아 좋은 배우자를 만난다. 건강상으로는 머리, 눈, 심장, 복부, 위장, 소화기관 등이 튼튼하다.

■ 6월생과 9월생

정유년(丁酉年) 6월생과 9월생은 반길반흉하다. 명예도 반길반흉, 성공도 반길반흉, 신용도 반길반흉, 대인관계도 반길반흉이라 큰 해로움은 없지만 크게 좋은 것도 없다. 건강상으로는 복부, 위장, 소화기관, 골격 등에 약간의 질병이 따르나 쉽게 회복된다.

■ 7월생과 8월생

정유년(丁酉年) 7월생과 8월생은 교제운이 나쁘다. 거래관계나 교제에서 손해를 많이 보며, 특히 적의 방해로 권위를 잃고 재물을 모으기 어렵다. 건강상으로는 폐, 치아, 생식기, 골격 등에 질병이 많이 발생한다.

■ **10월생과 11월생**

정유년(丁酉年) 10월생과 11월생은 주거운과 부동산운이 나쁘고, 덕망이 없어 아랫사람이 따르지 않는다. 특히 인덕이 없어 자식이나 형제, 친척들의 도움을 받지 못한다. 건강상으로는 요도기관, 신장, 간장, 인후기관, 척추, 관절 등에 질병이 많이 발생한다.

무술년생(戊戌年生)의 운세

무술년생(戊戌年生)은 험준한 바위산에 비유한다. 웅지가 있어 위용이 당당하고 굳세므로 만인을 지배하며 높은 자리에 오르나, 기복이 심하여 성공과 실패의 변화가 심하다. 무술(戊戌)은 괴강에 해당하여 성격이 과격한데 봄에 태어나면 난폭하며 군인이나 법관으로 출세하고, 여름에 태어나면 좋은 배우자를 만나 부귀를 누린다.

■ **1월생과 2월생**

무술년(戊戌年) 1월생과 2월생은 희망운이 나빠 만사가 실패로 끝나고, 가는 곳마다 인기가 없으며 통솔력이 부족하다. 건강상으로는 수족, 신경계통, 간장, 인후기관, 어깨 등에 질병이 많이 발생한다.

■ **3월생과 12월생**

무술년(戊戌年) 3월생과 12월생은 재능운과 가족운이 나쁘다. 특히 이성교제가 원만하지 못하며, 가족간에 불화하고 우애가 없으며, 대중에게 인기가 없고 통솔력이 부족하다. 건강상으로는 간장, 손, 어깨, 코, 척추, 관절 등에 질병이 많이 따른다.

■ 4월생과 5월생

무술년(戊戌年) 4월생과 5월생은 명예운이 좋아 신용이 따르고, 무슨 일을 해도 성공한다. 인품이 뛰어나 어디서든 환영받는다. 특히 결혼운이 좋아 좋은 배우자를 만난다. 건강상으로는 머리, 눈, 심장, 복부, 위장, 소화기관 등이 튼튼하다.

■ 6월생과 9월생

무술년(戊戌年) 6월생과 9월생은 애정운과 재물운이 좋다. 권위가 있고 인품이 뛰어나 어디서든 환영받는다. 건강하고 재물도 많이 모은다. 건강상으로는 복부, 위장, 소화기관, 골격 등이 튼튼하다.

■ 7월생과 8월생

무술년(戊戌年) 7월생과 8월생은 교제운이 나쁘다. 거래관계나 교제에서 손해를 많이 보며, 특히 적의 방해로 권위를 잃고 재물을 모으기 어렵다. 건강도 불리하여 폐, 치아, 생식기, 골격 등에 질병이 많이 발생한다.

■ 10월생과 11월생

무술년(戊戌年) 10월생과 11월생은 주거운과 부동산운이 나쁘고, 덕망이 없어 아랫사람이 따르지 않는다. 특히 인덕이 없어 자식이나 형제, 친척들의 도움을 받지 못한다. 요도기관, 신장, 간장, 인후기관, 척추, 관절 등에 질병이 많이 발생한다.

기해년생(己亥年生)의 운세

기해년생(己亥年生)은 호수가에 있는 전답이라 물이 넉넉하므로 옥토다. 재물복이 넉넉하여 평생 궁색함이 없지만, 약한 제방이 왕성한 물을 막고 있는 형상이라 항상 불안하여 생활이 안정되지 않는다. 여자는 남편의 역할을 대신한다. 여름에 태어나면 부귀영화를 크게 누리고, 겨울에 태어나면 재앙이 계속되어 패가망신한다.

■ 1월생과 2월생

기해년(己亥年) 1월생과 2월생은 반길반흉하다. 명예도 반길반흉, 성공도 반길반흉, 신용도 반길반흉, 대인관계도 반길반흉이라 큰 해로움은 없지만 크게 좋은 것도 없다. 건강상으로는 수족, 신경계통, 간장, 인후기관, 어깨 등에 약간의 질병이 따르나 쉽게 회복된다.

■ 3월생과 12월생

기해년(己亥年) 3월생과 12월생은 재능운과 가족운이 좋다. 통솔력이 뛰어나 만인을 지휘하고 인기를 얻는다. 특히 이성교제가 원만하며, 가족간에 화목하고 우애가 돈독하다. 건강상으로는 간장, 손, 어깨, 코, 척추, 관절 등이 튼튼하다.

■ **4월생과 5월생**

기해년(己亥年) 4월생과 5월생은 명예운이 좋아 신용이 따르고, 무슨 일을 해도 성공한다. 인품이 뛰어나 어디서든 환영받는다. 특히 결혼운이 좋아 좋은 배우자를 만난다. 건강상으로는 머리, 눈, 심장, 복부, 위장, 소화기관 등이 튼튼하다.

■ **6월생과 9월생**

기해년(己亥年) 6월생과 9월생은 애정운과 재물운이 좋다. 권위가 있고 인품이 뛰어나 어디서든 환영받는다. 건강하고 재물도 많이 모은다. 건강상으로는 복부, 위장, 소화기관, 골격 등이 튼튼하다.

■ **7월생과 8월생**

기해년(己亥年) 7월생과 8월생은 교제운이 나쁘다. 거래관계나 교제에서 손해를 많이 보며, 특히 적의 방해로 권위를 잃고 재물을 모으기 어렵다. 건강도 불리하여 폐, 치아, 생식기, 골격 등에 질병이 많이 발생한다.

■ **10월생과 11월생**

기해년(己亥年) 10월생과 11월생은 주거운과 부동산운이 나쁘고, 덕망이 없어 아랫사람이 따르지 않는다. 특히 인덕이 없어 자식이나 형제, 친척들의 도움을 받지 못한다. 건강상으로는 요도기관, 신장, 간장, 인후기관, 척추, 관절 등에 질병이 많이 발생한다.

경자년생(庚子年生)의 운세

경자년생(庚子年生)은 물에 잠긴 씨앗에 비유한다. 남자는 자신을 과신하고 남을 무시하며, 여자는 남편과 불화하고 자식에게 의지한다. 언변은 좋으나 책임감이 없고, 무슨 일이나 처음과 끝이 다르다. 그러나 가을에 태어나면 명성이 천하를 울린다.

■ 1월생과 2월생

경자년(庚子年) 1월생과 2월생은 희망운이 나빠 만사가 실패로 끝나고, 가는 곳마다 인기가 없으며 통솔력이 부족하다. 건강상으로는 수족, 신경계통, 간장, 인후기관, 어깨 등에 질병이 많이 발생한다.

■ 3월생과 12월생

경자년(庚子年) 3월생과 12월생은 재능운과 가족운이 좋다. 통솔력이 뛰어나 만인을 지휘하고 대중에게 인기를 얻는다. 특히 이성교제가 원만하며 가족이 화목하고 우애가 돈독하다. 건강상으로는 간장, 손, 어깨, 코, 척추, 관절 등이 튼튼하다. 12월생은 만사형통한다.

■ 4월생과 5월생

경자년(庚子年) 4월생과 5월생은 반길반흉하다. 명예도 반길반흉, 성공도 반길반흉, 신용도 반길반흉, 대인관계도 반길반흉이라 큰 해로움은 없지만 크게 좋은 것도 없다. 건강상으로는 머리, 눈, 심장, 복부, 위장, 소화기관 등에 약간의 질병이 따르나 쉽게 회복된다.

■ 6월생과 9월생

경자년(庚子年) 6월생과 9월생은 애정운과 재물운이 좋다. 권위가 있고 인품이 뛰어나 어디서든 환영받는다. 건강하고 재물도 많이 모은다. 건강상으로는 복부, 위장, 소화기관, 골격 등이 튼튼하다. 9월생은 만사형통하여 희망이 넘친다.

■ 7월생과 8월생

경자년(庚子年) 7월생과 8월생은 교제운이 좋다. 거래나 교제에서 이익을 많이 보며, 귀인의 도움으로 권위를 얻고, 건강하며 재산을 많이 모은다. 건강상으로는 폐, 치아, 생식기, 골격 등이 튼튼하다.

■ 10월생과 11월생

경자년(庚子年) 10월생과 11월생은 주거운과 부동산운이 나쁘고, 덕망이 없어 아랫사람이 따르지 않는다. 특히 인덕이 없어 자식이나 형제, 친척들의 도움을 받지 못한다. 건강상으로는 요도기관, 신장, 간장, 인후기관, 척추, 관절 등에 질병이 많이 발생한다.

신축년생(辛丑年生)의 운세

신축년생(辛丑年生)은 진흙 속에 묻힌 보석에 비유한다. 기회를 얻지 못하면 하천인에 불과 하지만, 기회를 얻으면 천하를 다스리고 부귀영화를 누린다. 가을에 태어나면 냉정하나 의협심이 강하며 재물복이 많고, 겨울에 태어나면 고독하고 병고에 시달린다.

■ 1월생과 2월생

신축년(辛丑年) 1월생과 2월생은 희망운이 나빠 만사가 실패로 끝나고, 가는 곳마다 인기가 없으며 통솔력이 부족하다. 건강상으로는 수족, 신경계통, 간장, 인후기관, 어깨 등에 질병이 많이 발생한다.

■ 3월생과 12월생

신축년(辛丑年) 3월생과 12월생은 재능운과 가족운이 좋다. 통솔력이 뛰어나 만인을 지휘하고 인기를 얻는다. 특히 이성교제가 원만하며 가족간에 화목하고 우애가 좋다. 건강상으로는 간장, 손, 어깨, 코, 척추, 관절 등이 튼튼하다. 3월생은 관운과 인덕이 많다.

■ 4월생과 5월생

신축년(辛丑年) 4월생과 5월생은 명예운이 나쁘다. 신용이 없으니 무슨 일을 해도 실패하고, 인품이 용렬하여 어디서든 환영받지 못한다. 특히 결혼운이 나빠 좋은 배우자를 만나지 못한다. 건강상으로는 머리, 눈, 심장, 복부, 위장, 소화기관 등에 질병이 많이 발생한다.

■ 6월생과 9월생

신축년(辛丑年) 6월생과 9월생은 애정운과 재물운이 좋다. 권위가 있고 인품이 뛰어나 어디서든 환영받는다. 건강하고 재물도 많이 모은다. 건강상으로는 복부, 위장, 소화기관, 골격 등이 튼튼하다. 6월생은 관운과 인덕이 많으며 건강하다.

■ 7월생과 8월생

신축년(辛丑年) 7월생과 8월생은 교제운이 좋다. 거래나 교제에서 이익을 많이 보며, 귀인의 도움으로 권위를 얻고, 건강하며 재산을 많이 모은다. 건강상으로는 폐, 치아, 생식기, 골격 등이 튼튼하다.

■ 10월생과 11월생

신축년(辛丑年) 10월생과 11월생은 주거운과 부동산운이 나쁘고, 덕망이 없어 아랫사람이 따르지 않는다. 특히 인덕이 없어 자식이나 형제, 친척들의 도움을 받지 못한다. 건강상으로는 요도기관, 신장, 간장, 인후기관, 척추, 관절 등에 질병이 많이 발생한다.

임인년생(壬寅年生)의 운세

임인년생(壬寅年生)은 숲 속에 있는 호수에 비유하며, 대체적으로 부자다. 가을이나 겨울에 태어나면 상격으로 명예와 이익이 많고 결단력이 있어 무관팔자이며, 봄이나 여름에 태어나면 더운기운이 많아 항상 갈증을 느끼니 재물이 궁핍하다. 그리고 겨울밤에 태어나면 수기가 넘치니 정신이 혼탁해져 머리가 둔하여 남에게 끌려다니는 사람이 된다. 그러나 중화를 잘 이루면 인정이 많고 지혜가 넘친다.

■ **1월생과 2월생**

임인년(壬寅年) 1월생과 2월생은 반길반흉하다. 명예도 반길반흉, 성공도 반길반흉, 신용도 반길반흉, 대인관계도 반길반흉이라 큰 해로움은 없지만 크게 좋은 것도 없다. 건강상으로는 수족, 신경계통, 간장, 인후기관, 어깨 등에 약간의 질병이 따르나 쉽게 회복된다.

■ **3월생과 12월생**

임인년(壬寅年) 3월생과 12월생은 재능운과 가족운이 나쁘다. 특히 이성교제가 원만하지 못하며, 가족간에 불화하고 우애가 없으며, 대중에게 인기가 없고 통솔력이 부족하다. 건강상으로는 간장, 손, 어깨, 코, 척추, 관절 등에 질병이 많이 따른다.

■ **4월생과 5월생**

임인년(壬寅年) 4월생과 5월생은 명예운이 나쁘다. 신용이 없으니 무슨 일을 해도 실패하고, 인품이 용렬하여 어디서든 환영받지 못한다. 특히 결혼운이 나빠 좋은 배우자를 만나지 못한다. 건강상으로는 머리, 눈, 심장, 복부, 위장, 소화기관 등에 질병이 많이 발생한다.

■ **6월생과 9월생**

임인년(壬寅年) 6월생과 9월생은 애정운과 재물운이 나쁘다. 인품이 용렬하여 환영받지 못하며, 권위가 없고 나약하며 재물을 모으기 어렵다. 건강상으로는 복부, 위장, 소화기관, 골격 등에 질병이 많이 발생한다.

■ **7월생과 8월생**

임인년(壬寅年) 7월생과 8월생은 교제운이 좋다. 거래나 교제에서 이익을 많이 보며, 귀인의 도움으로 권위를 얻고, 건강하며 재산을 많이 모은다. 건강상으로는 폐, 치아, 생식기, 골격 등이 튼튼하다.

■ **10월생과 11월생**

임인년(壬寅年) 10월생과 11월생은 주거운과 부동산운이 좋아 재산이 많고, 덕망이 있어 아랫사람이 잘 따른다. 특히 인덕이 많아 자식이나 형제, 친척들의 도움을 많이 받는다. 건강상으로는 요도기관, 신장, 간장, 인후기관, 척추, 관절 등이 튼튼하다.

계묘년생(癸卯年生)의 운세

계묘년생(癸卯年生)은 소생수(蘇生水)에 비유한다. 우거진 산림 사이로 흐르는 청정한 샘물이라, 성격이 높고 맑으며 동정심이 많다. 어릴 때는 기복이 심하여 고생이 많으나 말년에는 편안하게 지낸다.

■ **1월생과 2월생**

계묘년(癸卯年) 1월생과 2월생은 반길반흉하다. 명예도 반길반흉, 성공도 반길반흉, 신용도 반길반흉, 대인관계도 반길반흉이라 큰 해로움은 없지만 크게 좋은 것도 없다. 건강상으로는 수족, 신경계통, 간장, 인후기관, 어깨 등에 약간의 질병이 따르나 쉽게 회복된다.

■ **3월생과 12월생**

계묘년(癸卯年) 3월생과 12월생은 반길반흉하다. 명예도 반길반흉, 성공도 반길반흉, 신용도 반길반흉, 대인관계도 반길반흉이라 큰 해로움은 없지만 크게 좋은 것도 없다. 건강상으로는 간장, 손, 어깨, 코, 척추, 관절 등에 약간의 질병이 따르나 쉽게 회복된다.

■ **4월생과 5월생**

계묘년(癸卯年) 4월생과 5월생은 명예운이 나쁘다. 신용이 없으니 무슨 일을 해도 실패하고, 인품이 용렬하여 어디서든 환영받지 못한다. 특히 결혼운이 나빠 좋은 배우자를 만나지 못한다. 건강상으로는 머리, 눈, 심장, 복부, 위장, 소화기관 등에 질병이 많이 발생한다.

■ **6월생과 9월생**

계묘년(癸卯年) 6월생과 9월생은 애정운과 재물운이 나쁘다. 인품이 용렬하여 어디서든 환영받지 못하며, 권위가 없고 나약하며 재물을 모으기 어렵다. 건강상으로는 복부, 위장, 소화기관, 골격 등에 질병이 많이 발생한다. 성품이 탁하여 의심과 고민이 많고, 색난으로 명예와 재물과 건강을 잃을까 염려된다.

■ **7월생과 8월생**

계묘년(癸卯年) 7월생과 8월생은 교제운이 좋다. 거래나 교제에서 이익을 많이 보며, 귀인의 도움으로 권위를 얻고, 건강하며 재산을 많이 모은다. 건강상으로는 폐, 치아, 생식기, 골격 등이 튼튼하다.

■ 10월생과 11월생

계묘년(癸卯年) 10월생과 11월생은 주거운과 부동산운이 좋아 재산이 많고, 덕망이 있어 아랫사람이 잘 따른다. 특히 인덕이 많아 자식이나 형제, 친척들의 도움을 많이 받는다. 건강상으로는 요도기관, 신장, 간장, 인후기관, 척추, 관절 등이 튼튼하다.

갑진년생(甲辰年生)의 운세

갑진년생(甲辰年生)은 발화목(發花木)으로 좋은 땅에서 자란 울창한 나무다. 남자는 신앙심이 돈독하고 초년에는 고생을 많이 하지만 중년 이후부터 발복하고, 여자는 청수하나 좋은 배우자와 인연이 박하고 부부화합이 어렵다. 그러나 훌륭한 스승을 만나면 좋은 일이 생기지만, 친구를 잘못 만나면 요절하거나 말년에 가난하다.

■ 1월생과 2월생

갑진년(甲辰年) 1월생과 2월생은 희망운이 좋다. 계획한 일을 실행하면 발전하고, 통솔력이 뛰어나 만인을 지휘하며, 가는 곳마다 인기를 누린다. 건강상으로는 수족, 신경계통, 간장, 인후기관, 어깨 등이 튼튼하다.

■ 3월생과 12월생

갑진년(甲辰年) 3월생과 12월생은 재능운과 가족운이 좋다. 통솔력이 뛰어나 만인을 지휘하고 인기를 얻는다. 특히 이성교제가 원만하며, 가족간에 화목하고 우애가 돈독하다. 건강상으로는 간장, 손, 어깨, 코, 척추, 관절 등이 튼튼하다.

■ 4월생과 5월생

갑진년(甲辰年) 4월생과 5월생은 반길반흉하다. 명예도 반길반흉, 성공도 반길반흉, 신용도 반길반흉, 대인관계도 반길반흉이라 큰 해로움은 없지만 크게 좋은 것도 없다. 건강상으로는 머리, 눈, 심장, 복부, 위장, 소화기관 등에 약간의 질병이 따르나 쉽게 회복된다.

■ 6월생과 9월생

갑진년(甲辰年) 6월생과 9월생은 반길반흉하다. 명예도 반길반흉, 성공도 반길반흉, 신용도 반길반흉, 대인관계도 반길반흉이라 큰 해로움은 없지만 크게 좋은 것도 없다. 건강상으로는 복부, 위장, 소화기관, 골격 등에 약간의 질병이 따르나 쉽게 회복된다.

■ 7월생과 8월생

갑진년(甲辰年) 7월생과 8월생은 교제운이 나쁘다. 거래관계나 교제에서 손해를 많이 보며, 특히 적의 방해로 권위를 잃고 재물을 모으기 어렵다. 건강도 불리하여 폐, 치아, 생식기, 골격 등에 질병이 많이 발생한다.

■ **10월생과 11월생**

갑진년(甲辰年) 10월생과 11월생은 주거운과 부동산운이 좋아 재산이 많고, 덕망이 있어 아랫사람이 잘 따른다. 특히 인덕이 많아 자식이나 형제, 친척들의 도움을 많이 받는다. 건강상으로는 요도기관, 신장, 간장, 인후기관, 척추, 관절 등이 튼튼하다.

을사년생(乙巳年生)의 운세

을사년생(乙巳年生)은 개화초(開花草)에 비유한다. 여름에 태어나면 넘어지기 쉬운 꽃이라 부부간에 서로 반목할 수 있으니 양보와 인내가 필요하다.

■ **1월생과 2월생**

을사년(乙巳年) 1월생과 2월생은 희망운이 좋다. 계획한 일을 실행하면 발전하고, 통솔력이 뛰어나 만인을 지휘하며, 가는 곳마다 인기를 누린다. 건강상으로는 수족, 신경계통, 간장, 인후기관, 어깨 등이 튼튼하다.

■ **3월생과 12월생**

을사년(乙巳年) 3월생과 12월생은 반길반흉하다. 명예도 반길반흉, 성공도 반길반흉, 신용도 반길반흉, 대인관계도 반길반흉이라 큰 해로움은 없지만 크게 좋은 것도 없다. 건강상으로는 간장, 손, 어깨,

코, 척추, 관절 등에 약간의 질병이 따르나 쉽게 회복된다.

■ 4월생과 5월생

을사년(乙巳年) 4월생과 5월생은 명예운이 나쁘다. 신용이 없으니 무슨 일을 해도 실패하고, 인품이 용렬하여 어디서든 환영받지 못한다. 특히 결혼운이 나빠 좋은 배우자를 만나지 못한다. 건강상으로는 머리, 눈, 심장, 복부, 위장, 소화기관 등에 질병이 많이 발생한다.

■ 6월생과 9월생

을사년(乙巳年) 6월생과 9월생은 반길반흉하다. 명예도 반길반흉, 성공도 반길반흉, 신용도 반길반흉, 대인관계도 반길반흉이라 큰 해로움은 없지만 크게 좋은 것도 없다. 건강상으로는 복부, 위장, 소화기관, 골격 등에 약간의 질병이 따르나 쉽게 회복된다.

■ 7월생과 8월생

을사년(乙巳年) 7월생과 8월생은 교제운이 나쁘다. 거래관계나 교제에서 손해를 많이 보며, 특히 적의 방해로 권위를 잃고 재물을 모으기 어렵다. 건강도 불리하여 폐, 치아, 생식기, 골격 등에 질병이 많이 발생한다.

■ 10월생과 11월생

을사년(乙巳年) 10월생과 11월생은 주거운과 부동산운이 좋아 재산이 많고, 덕망이 있어 아랫사람이 잘 따른다. 특히 인덕이 많아 자식이나 형제, 친척들의 도움을 많이 받는다. 건강상으로는 요도기관, 신장, 간장, 인후기관, 척추, 관절 등이 튼튼하다.

병오년생(丙午年生)의 운세

병오년생(丙午年生)은 뜨거운 태양에 비유한다. 자신을 나타내고 표현하려는 욕구가 매우 강하다. 겨울에 태어나면 부부간에 반목이나 이별하고, 요절하거나 파가한다. 승려가 되면 재앙을 면한다.

■ 1월생과 2월생

병오년(丙午年) 1월생과 2월생은 희망운이 좋다. 계획한 일을 실행하면 발전하고, 통솔력이 뛰어나 만인을 지휘하며, 가는 곳마다 인기를 누린다. 건강상으로는 수족, 신경계통, 간장, 인후기관, 어깨 등이 튼튼하다.

■ 3월생과 12월생

병오년(丙午年) 3월생과 12월생은 반길반흉하다. 명예도 반길반흉, 성공도 반길반흉, 신용도 반길반흉, 대인관계도 반길반흉이라 큰 해로움은 없지만 크게 좋은 것도 없다. 건강상으로는 간장, 손, 어깨, 코, 척추, 관절 등에 약간의 질병이 따르나 쉽게 회복된다.

■ **4월생과 5월생**

병오년(丙午年) 4월생과 5월생은 명예운이 좋아 신용이 따르고, 무슨 일을 해도 성공한다. 인품이 뛰어나 어디서든 환영받는다. 특히 결혼운이 좋아 좋은 배우자를 만난다. 건강상으로는 머리, 눈, 심장, 복부, 위장, 소화기관 등이 튼튼하다.

■ **6월생과 9월생**

병오년(丙午年) 6월생과 9월생은 애정운과 재물운이 나쁘다. 인품이 용렬하여 어디서든 환영받지 못하며, 권위가 없고 나약하며 재물을 모으기 어렵다. 건강상으로는 복부, 위장, 소화기관, 골격 등에 질병이 많이 발생한다.

■ **7월생과 8월생**

병오년(丙午年) 7월생과 8월생은 반길반흉하다. 명예도 반길반흉, 성공도 반길반흉, 신용도 반길반흉, 대인관계도 반길반흉이라 큰 해로움은 없지만 크게 좋은 것도 없다. 건강상으로는 폐, 치아, 생식기, 골격 등에 약간의 질병이 따르나 쉽게 회복된다.

■ **10월생과 11월생**

병오년(丙午年) 10월생과 11월생은 주거운과 부동산운이 나쁘고, 덕망이 없어 아랫사람이 따르지 않는다. 특히 인덕이 없어 자식이나 형제, 친척들의 도움을 받지 못한다. 건강상으로는 요도기관, 신장, 간장, 인후기관, 척추, 관절 등에 질병이 많이 발생한다.

정미년생(丁未年生)의 운세

정미년생(丁未年生)은 사막을 비추는 달에 비유한다. 음덕이 많아 귀인의 도움을 많이 받는다. 겨울에 태어나면 총명하나 허약하다. 그러나 중년 이후부터 점차 건강해진다.

■ 1월생과 2월생

정미년(丁未年) 1월생과 2월생은 희망운이 좋다. 계획한 일을 실행하면 발전하고, 통솔력이 뛰어나 만인을 지휘하며, 가는 곳마다 인기를 누린다. 건강상으로는 수족, 신경계통, 간장, 인후기관, 어깨 등이 튼튼하다.

■ 3월생과 12월생

정미년(丁未年) 3월생과 12월생은 재능운과 가족운이 나쁘다. 특히 이성교제가 원만하지 못하며, 가족간에 불화하고 우애가 없으며, 대중에게 인기가 없고 통솔력이 부족하다. 건강상으로는 간장, 손, 어깨, 코, 척추, 관절 등에 질병이 많이 따른다.

■ 4월생과 5월생

정미년(丁未年) 4월생과 5월생은 명예운이 좋아 신용이 따르고, 무슨 일을 해도 성공한다. 인품이 뛰어나 어디서든 환영받는다. 특히 결혼운이 좋아 좋은 배우자를 만난다. 건강상으로는 머리, 눈, 심장, 복부, 위장, 소화기관 등이 튼튼하다.

■ 6월생과 9월생

정미년(丁未年) 6월생과 9월생은 애정운과 재물운이 나쁘다. 인품이 용렬하여 어디서든 환영받지 못하며, 권위가 없고 나약하며 재물을 모으기 어렵다. 건강상으로는 복부, 위장, 소화기관, 골격 등에 질병이 많이 발생한다.

■ 7월생과 8월생

정미년(丁未年) 7월생과 8월생은 교제운이 나쁘다. 거래관계나 교제에서 손해를 많이 보며, 특히 적의 방해로 권위를 잃고 재물을 모으기 어렵다. 건강도 불리하여 폐, 치아, 생식기, 골격 등에 질병이 많이 발생한다.

■ 10월생과 11월생

정미년(丁未年) 10월생과 11월생은 주거운과 부동산운이 나쁘고, 덕망이 없어 아랫사람이 따르지 않는다. 특히 인덕이 없어 자식이나 형제, 친척들의 도움을 받지 못한다. 건강상으로는 요도기관, 신장, 간장, 인후기관, 척추, 관절 등에 질병이 많이 발생한다.

무신년생(戊申年生)의 운세

무신년생(戊申年生)은 광산이 있는 높고 험준한 산에 비유한다. 자식운이 길하여 영웅적인 기질이 있는 자식을 둔다. 여름에 태어나면 길하고, 겨울에 태어나면 심신과 재물운이 약하여 처에게 의지하며 살아갈 팔자다.

1월생과 2월생

무신년(戊申年) 1월생과 2월생은 반길반흉하다. 명예도 반길반흉, 성공도 반길반흉, 신용도 반길반흉, 대인관계도 반길반흉이라 큰 해로움은 없지만 크게 좋은 것도 없다. 건강상으로는 수족, 신경계통, 간장, 인후기관, 어깨 등에 약간의 질병이 따르나 쉽게 회복된다.

■ 3월생과 12월생

무신년(戊申年) 3월생과 12월생은 재능운과 가족운이 좋다. 통솔력이 뛰어나 만인을 지휘하고 인기를 얻는다. 특히 이성교제가 원만하며, 가족간에 화목하고 우애가 돈독하다. 건강상으로는 간장, 손, 어깨, 코, 척추, 관절 등이 튼튼하다.

■ 4월생과 5월생

무신년(戊申年) 4월생과 5월생은 명예운이 좋아 신용이 따르고, 무슨 일을 해도 성공한다. 인품이 뛰어나 어디서든 환영받는다. 특히 결혼운이 좋아 좋은 배우자를 만난다. 건강상으로는 머리, 눈, 심장, 복부, 위장, 소화기관 등이 튼튼하다.

■ 6월생과 9월생

무신년(戊申年) 6월생과 9월생은 애정운과 재물운이 좋다. 권위가 있고 인품이 뛰어나 어디서든 환영받는다. 건강하고 재물도 많이 모은다. 건강상으로는 복부, 위장, 소화기관, 골격 등이 튼튼하다.

■ **7월생과 8월생**

무신년(戊申年) 7월생과 8월생은 교제운이 나쁘다. 거래관계나 교제에서 손해를 많이 보며, 특히 적의 방해로 권위를 잃고 재물을 모으기 어렵다. 폐, 치아, 생식기, 골격 등에 질병이 많이 발생한다.

■ **10월생과 11월생**

무신년(戊申年) 10월생과 11월생은 주거운과 부동산운이 나쁘고, 덕망이 없어 아랫사람이 따르지 않는다. 특히 인덕이 없어 자식이나 형제, 친척들의 도움을 받지 못한다. 요도기관, 신장, 간장, 인후기관, 척추, 관절 등에 질병이 많이 발생한다.

기유년생(己酉年生)의 운세

기유년생(己酉年生)은 황무지와 같은 전답에 비유한다. 그러나 티끌 모아 태산이라는 교훈을 지키며 부지런히 노력한다면 반드시 성공할 수 있다. 여름에 태어나면 충분히 공을 세워 뜻을 이룬다.

■ **1월생과 2월생**

기유년(己酉年) 1월생과 2월생은 반길반흉하다. 명예도 반길반흉,

성공도 반길반흉, 신용도 반길반흉, 대인관계도 반길반흉이라 큰 해로움은 없지만 크게 좋은 것도 없다. 건강상으로는 수족, 신경계통, 간장, 인후기관, 어깨 등에 약간의 질병이 따르나 쉽게 회복된다.

■ 3월생과 12월생

기유년(己酉年) 3월생과 12월생은 재능운과 가족운이 좋다. 통솔력이 뛰어나 만인을 지휘하고 대중에게 인기를 얻는다. 이성교제가 원만하며 가족이 화목하고 우애가 돈독하다. 건강상으로는 간장, 손, 어깨, 코, 척추, 관절 등이 튼튼하다.

■ 4월생과 5월생

기유년(己酉年) 4월생과 5월생은 명예운이 좋아 신용이 따르고, 무슨 일을 해도 성공한다. 인품이 뛰어나 어디서든 환영받는다. 특히 결혼운이 좋아 좋은 배우자를 만난다. 건강상으로는 머리, 눈, 심장, 복부, 위장, 소화기관 등이 튼튼하다.

■ 6월생과 9월생

기유년(己酉年) 6월생과 9월생은 애정운과 재물운이 좋다. 권위가 있고 인품이 뛰어나 어디서든 환영받는다. 건강하고 재물도 많이 모은다. 건강상으로는 복부, 위장, 소화기관, 골격 등이 튼튼하다.

■ 7월생과 8월생

기유년(己酉年) 7월생과 8월생은 교제운이 나쁘다. 거래나 교제에서 손해를 많이 보며, 특히 적의 방해로 권위를 잃고 재물을 모으기 어렵다. 건강상으로는 폐, 치아, 생식기, 골격 등에 질병이 많이 발생한다.

■ 10월생과 11월생

기유년(己酉年) 10월생과 11월생은 주거운과 부동산운이 나쁘고, 덕망이 없어 아랫사람이 따르지 않는다. 특히 인덕이 없어 자식이나 형제, 친척들의 도움을 받지 못한다. 건강상으로는 요도기관, 신장, 간장, 인후기관, 척추, 관절 등에 질병이 많이 발생한다.

경술년생(庚戌年生)의 운세

경술년생(庚戌年生)은 깊은 산 속에 묻힌 광석이다. 술(戌)은 물살이 심한 하천으로 천문을 지키며 국경을 지키는 형상이라 군인이나 법관으로 크게 출세한다. 가을에 태어나면 큰 뜻을 이루고, 겨울에 태어나면 질병으로 고생하고, 여름에 태어나면 평생 관재구설이 계속되며 경찰서나 감옥과 인연이 깊다.

■ 1월생과 2월생

경술년(庚戌年) 1월생과 2월생은 희망운이 나빠 만사가 실패로 끝나고, 가는 곳마다 인기가 없으며 통솔력이 부족하다. 건강상으로는 수족, 신경계통, 간장, 인후기관, 어깨 등에 질병이 많이 발생한다.

■ 3월생과 12월생

경술년(庚戌年) 3월생과 12월생은 재능운과 가족운이 좋다. 통솔력이 뛰어나 만인을 지휘하고 인기를 얻는다. 특히 이성교제가 원만하며, 가족간에 화목하고 우애가 돈독하다. 그러나 운세가 좋으면 크게 출세하지만 운세의 흐름이 나쁘면 백수건달이 된다. 건강상으로는 간장, 손, 어깨, 코, 척추, 관절 등이 튼튼하다.

■ 4월생과 5월생

경술년(庚戌年) 4월생과 5월생은 명예운이 좋아 신용이 따르고, 무슨 일을 해도 성공한다. 인품이 뛰어나 어디서든 환영받는다. 특히 결혼운이 좋아 좋은 배우자를 만난다. 건강상으로는 머리, 눈, 심장, 복부, 위장, 소화기관 등이 튼튼하다.

■ 6월생과 9월생

경술년(庚戌年) 6월생과 9월생은 애정운과 재물운이 좋다. 권위가 있고 인품이 뛰어나 어디서든 환영받는다. 건강하고 재물도 많이 모은다. 운세가 좋으면 크게 출세하지만 운세의 흐름이 나쁘면 백수건달이 된다. 건강상으로는 복부, 위장, 소화기관, 골격 등이 튼튼하다.

■ 7월생과 8월생

경술년(庚戌年) 7월생과 8월생은 교제운이 좋다. 거래나 교제에서 이익을 많이 보며, 귀인의 도움으로 권위를 얻고, 건강하며 재산을 많이 모은다. 건강상으로는 폐, 치아, 생식기, 골격 등이 튼튼하다.

■ **10월생과 11월생**

경술년(庚戌年) 10월생과 11월생은 주거운과 부동산운이 나쁘고, 덕망이 없어 아랫사람이 따르지 않는다. 특히 인덕이 없어 육친의 도움을 받지 못한다. 건강상으로는 요도기관, 신장, 간장, 인후기관, 척추, 관절 등에 질병이 많이 발생한다.

신해년생(辛亥年生)의 운세

신해년생(辛亥年生)은 물에 잠긴 보석이라 그대로 두면 무용지물이나, 주인을 만나면 귀여움과 사랑을 독차지한다. 봄에 태어나면 무용지물이라 백수건달이 되기 쉬우며, 여자는 독수공방을 면하기 어렵고, 가을에 태어나면 부귀영화를 누리고, 겨울에 태어나면 정조관념이 희박하여 바람둥이가 되기 쉽다.

■ **1월생과 2월생**

신해년(辛亥年) 1월생과 2월생은 희망운이 나빠 만사가 실패로 끝나고, 가는 곳마다 인기가 없으며 통솔력이 부족하다. 건강상으로는 수족, 신경계통, 간장, 인후기관, 어깨 등에 질병이 많이 발생한다.

■ **3월생과 12월생**

신해년(辛亥年) 3월생과 12월생은 재능운과 가족운이 좋다. 통솔력이 뛰어나 만인을 지휘하고 인기를 얻는다. 특히 이성교제가 원만하며, 가족간에 화목하고 우애가 돈독하다. 건강상으로는 간장, 손, 어깨, 코, 척추, 관절 등이 튼튼하다. 3월생은 마치 고기를 낚는 낚시대와 같아 바닷가에서 생활하면 부귀영화를 누린다.

■ 4월생과 5월생

신해년(辛亥年) 4월생과 5월생은 명예운이 나쁘다. 신용이 없으니 무슨 일을 해도 실패하고, 인품이 용렬하여 어디서든 환영받지 못한다. 특히 결혼운이 나빠 좋은 배우자를 만나지 못한다. 건강상으로는 머리, 눈, 심장, 복부, 위장, 소화기관 등에 질병이 많이 발생한다.

■ 6월생과 9월생

신해년(辛亥年) 6월생과 9월생은 애정운과 재물운이 좋다. 권위가 있고 인품이 뛰어나 어디서든 환영받는다. 건강하고 재물도 많이 모은다. 건강상으로는 복부, 위장, 소화기관, 골격 등이 튼튼하다. 6월생은 낚시대와 같아 바닷가에서 생활하면 부귀영화를 누린다.

■ 7월생과 8월생

신해년(辛亥年) 7월생과 8월생은 교제운이 좋다. 거래나 교제에서 이익을 많이 보며, 귀인의 도움으로 권위를 얻고, 건강하며 재산을 많이 모은다. 건강상으로는 폐, 치아, 생식기, 골격 등이 튼튼하다.

■ 10월생과 11월생

신해년(辛亥年) 10월생과 11월생은 주거운과 부동산운이 나쁘고,

덕이 없어 아랫사람이 따르지 않는다. 특히 인덕이 없어 자식이나 형제, 친척들의 도움을 받지 못한다. 건강상으로는 요도기관, 신장, 간장, 인후기관, 척추, 관절 등에 질병이 많이 발생한다.

임자년생(壬子年生)의 운세

임자년생(壬子年生)은 큰 강물에 비유하며, 내면에 충실하도록 힘써야 한다.

■ 1월생과 2월생

임자년(壬子年) 1월생과 2월생은 반길반흉하다. 큰 해로움은 없지만 크게 좋은 것도 없다. 건강상으로는 수족, 신경계통, 간장, 인후기관, 어깨 등에 약간의 질병이 따르나 쉽게 회복된다. 2월생은 도화살(桃花殺)이 강하여 음란하기 쉬우나, 사주의 격이 좋으면 오히려 색정으로 인하여 좋은 배우자를 만난다.

■ 3월생과 12월생

임자년(壬子年) 3월생과 12월생은 재능운과 가족운이 나쁘다. 특히 이성교제가 원만하지 못하며, 가족간에 불화하고 우애가 없으며, 대중에게 인기가 없고 통솔력이 부족하다. 건강상으로는 간장, 손, 어깨, 코, 척추, 관절 등에 질병이 많이 따른다.

■ 4월생과 5월생

임자년(壬子年) 4월생과 5월생은 명예운이 나쁘다. 신용이 없으니 무슨 일을 해도 실패하고, 인품이 용렬하여 어디서든 환영받지 못한다. 특히 결혼운이 나빠 좋은 배우자를 만나지 못한다. 건강상으로는 머리, 눈, 심장, 복부, 위장, 소화기관 등에 질병이 많이 발생한다. 5월생은 도화살(桃花殺)이 강하여 음란하기 쉬우나, 사주의 격이 좋으면 오히려 색정으로 인하여 좋은 배우자를 만난다.

■ 6월생과 9월생

임자년(壬子年) 6월생과 9월생은 애정운과 재물운이 나쁘다. 인품이 용렬하여 지식이 많아도 올바르게 사용하지 못하니 어디서든 환영받지 못한다. 권위가 없고 나약하며 재물을 모으기 어렵다. 건강상으로는 복부, 위장, 소화기관, 골격 등에 질병이 많이 발생한다.

■ 7월생과 8월생

임자년(壬子年) 7월생과 8월생은 교제운이 좋다. 거래나 교제에서 이익을 많이 보며, 귀인의 도움으로 권위를 얻고 재산을 많이 모은다. 건강상으로는 폐, 치아, 생식기, 골격 등이 튼튼하다.

■ 10월생과 11월생

임자년(壬子年) 10월생과 11월생은 주거운과 부동산운이 좋아 재산이 많고, 덕망이 있어 아랫사람이 잘 따른다. 특히 인덕이 많아 자식이나 형제, 친척들의 도움을 많이 받는다. 건강상으로는 요도기관,

신장, 간장, 인후기관, 척추, 관절 등이 튼튼하다.

계축년생(癸丑年生)의 운세

계축년생(癸丑年生)은 하늘에서 내리는 눈에 비유한다. 지혜가 많지만 이해관계에 민감하여 지혜를 악용할까 염려되고, 끈기가 없는 것이 결점이다. 가을에 태어나면 기맥이 소통되어 명리를 달성하고, 겨울에 태어나면 풍운을 타고 큰 공을 세우고, 여름에 태어나면 소득이 없다.

■ 1월생과 2월생

계축년(癸丑年) 1월생과 2월생은 반길반흉하다. 명예도 반길반흉, 성공도 반길반흉, 신용도 반길반흉, 대인관계도 반길반흉이라 큰 해로움은 없지만 크게 좋은 것도 없다. 건강상으로는 수족, 신경계통, 간장, 인후기관, 어깨 등에 약간의 질병이 따르나 쉽게 회복된다.

■ 3월생과 12월생

계축년(癸丑年) 3월생과 12월생은 반길반흉하다. 명예도 반길반흉, 성공도 반길반흉, 신용도 반길반흉, 대인관계도 반길반흉이라 큰 해로움은 없지만 크게 좋은 것도 없다. 건강상으로는 간장, 손, 어깨, 코, 척추, 관절 등에 약간의 질병이 따르나 쉽게 회복된다.

■ **4월생과 5월생**

계축년(癸丑年) 4월생과 5월생은 명예운이 나쁘다. 신용이 없으니 무슨 일을 해도 실패하고, 인품이 용렬하여 어디서든 환영받지 못한다. 특히 결혼운이 나빠 좋은 배우자를 만나지 못한다. 건강상으로는 머리, 눈, 심장, 복부, 위장, 소화기관 등에 질병이 많이 발생한다.

■ **6월생과 9월생**

계축년(癸丑年) 6월생과 9월생은 애정운과 재물운이 나쁘다. 인품이 용렬하여 어디를 가나 환영받지 못하며, 권위가 없고 나약하며 재물을 모으기 어렵다. 건강상으로는 복부, 위장, 소화기관, 골격 등에 질병이 많이 발생한다.

■ **7월생과 8월생**

계축년(癸丑年) 7월생과 8월생은 교제운이 좋다. 거래나 교제에서 이익을 많이 보며, 귀인의 도움으로 권위를 얻고, 건강하며 재산을 많이 모은다. 건강상으로는 폐, 치아, 생식기, 골격 등이 튼튼하다.

■ **10월생과 11월생**

계축년(癸丑年) 10월생과 11월생은 주거운과 부동산운이 좋아 재산이 많고, 덕망이 있어 아랫사람이 잘 따른다. 특히 인덕이 많아 자식이나 형제, 친척들의 도움을 많이 받는다. 건강상으로는 요도기관, 신장, 간장, 인후기관, 척추, 관절 등이 튼튼하다.

갑인년생(甲寅年生)의 운세

갑인년생(甲寅年生)은 큰 과일나무에 비유한다. 자비심이 많아 남자는 부부간에 화목하고, 여자는 육친과의 인연이 길하다. 그러나 아랫사람을 무시하거나 무리하게 다루지 말고 화합에 힘써야 한다. 특히 봄에 태어나면 복록이 많이 따르고 장수한다.

■ 1월생과 2월생

갑인년(甲寅年) 1월생과 2월생은 희망운이 좋다. 계획한 일을 실행하면 발전하고, 통솔력이 뛰어나 만인을 지휘하며, 가는 곳마다 인기를 누린다. 수족, 신경계통, 간장, 인후기관, 어깨 등이 건강하다.

■ 3월생과 12월생

갑인년(甲寅年) 3월생과 12월생은 반길반흉하다. 명예도 반길반흉, 성공도 반길반흉, 신용도 반길반흉, 대인관계도 반길반흉이라 큰 해로움은 없지만 크게 좋은 것도 없다. 건강상으로는 간장, 손, 어깨, 코, 척추, 관절 등에 약간의 질병이 따르나 쉽게 회복된다.

■ 4월생과 5월생

갑인년(甲寅年) 4월생과 5월생은 반길반흉하다. 명예도 반길반흉, 성공도 반길반흉, 신용도 반길반흉, 대인관계도 반길반흉이라 큰 해로움은 없지만 크게 좋은 것도 없다. 건강상으로는 머리, 눈, 심장, 복부, 위장, 소화기관 등에 약간의 질병이 따르나 쉽게 회복된다.

■ 6월생과 9월생

갑인년(甲寅年) 6월생과 9월생은 반길반흉하다. 명예도 반길반흉, 성공도 반길반흉, 신용도 반길반흉, 대인관계도 반길반흉이라 큰 해로움은 없지만 크게 좋은 것도 없다. 건강상으로는 복부, 위장, 소화기관, 골격 등에 약간의 질병이 따르나 쉽게 회복된다.

■ 7월생과 8월생

갑인년(甲寅年) 7월생과 8월생은 교제운이 나쁘다. 거래관계나 교제에서 손해를 많이 보며, 특히 적의 방해로 권위를 잃고 재물을 모으기 어렵다. 건강도 불리하여 폐, 치아, 생식기, 골격 등에 질병이 많이 발생한다.

■ 10월생과 11월생

갑인년(甲寅年) 10월생과 11월생은 주거운과 부동산운이 좋아 재산이 많고, 덕망이 있어 아랫사람이 잘 따른다. 특히 인덕이 많아 자식이나 형제, 친척들의 도움을 많이 받는다. 건강상으로는 요도기관, 신장, 간장, 인후기관, 척추, 관절 등이 튼튼하다.

을묘년생(乙卯年生)의 운세

을묘년생(乙卯年生)은 긴 넝쿨나무에 비유한다. 연예인으로 성공하거나 화류계로 흐르기 쉽다. 식복이 많고 평생 큰 기복이 없지만 권위에 치우치기 쉽다. 겨울에 태어나면 지혜롭고 온후하며 영화를 누리고, 여름에 태어나면 색정문제로 해로움을 많이 당한다.

■ 1월생과 2월생

을묘년(乙卯年) 1월생과 2월생은 희망운이 좋다. 계획한 일을 실행하면 발전하고, 통솔력이 뛰어나 만인을 지휘하며, 가는 곳마다 인기를 누린다. 건강상으로는 수족, 신경계통, 간장, 인후기관, 어깨 등이 튼튼하다.

■ 3월생과 12월생

을묘년(乙卯年) 3월생과 12월생은 반길반흉하다. 명예도 반길반흉, 성공도 반길반흉, 신용도 반길반흉, 대인관계도 반길반흉이라 큰 해로움은 없지만 크게 좋은 것도 없다. 건강상으로는 간장, 손, 어개, 코, 척추, 관절 등에 약간의 질병이 따르나 쉽게 회복된다.

■ 4월생과 5월생

을묘년(乙卯年) 4월생과 5월생은 반길반흉하다. 명예도 반길반흉, 성공도 반길반흉, 신용도 반길반흉, 대인관계도 반길반흉이라 큰 해로움은 없지만 크게 좋은 것도 없다. 건강상으로는 머리, 눈, 심장, 복부, 위장, 소화기관 등에 약간의 질병이 따르나 쉽게 회복된다.

■ 6월생과 9월생

을묘년(乙卯年) 6월생과 9월생은 애정운과 재물운이 나쁘다. 인품이 용렬하여 어디서든 환영받지 못하며, 권위가 없고 나약하며 재물을 모으기 어렵다. 건강상으로는 복부, 위장, 소화기관, 골격 등에 질병이 많이 발생한다.

■ 7월생과 8월생

을묘년(乙卯年) 7월생과 8월생은 교제운이 나쁘다. 거래관계나 교제에서 손해를 많이 보며, 특히 적의 방해로 권위를 잃고 재물을 모으기 어렵다. 건강도 불리하여 폐, 치아, 생식기, 골격 등에 질병이 많이 발생한다.

■ 10월생과 11월생

을묘년(乙卯年) 10월생과 11월생은 주거운과 부동산운이 좋아 재산이 많고, 덕망이 있어 아랫사람이 잘 따른다. 특히 인덕이 많아 자식이나 형제, 친척들의 도움을 많이 받는다. 건강상으로는 요도기관, 신장, 간장, 인후기관, 척추, 관절 등이 튼튼하다.

병진년생(丙辰年生)의 운세

병진년생(丙辰年生)은 빛나는 태양에 비유한다. 태양이 중천을 향하여 올라가니 기운이 점차 강하게 나타난다. 낮에 태어나면 성공하고, 밤이나 겨울에 태어나면 중화력이 부족하며 몽상이나 공포로 놀라는 일을 많고, 봄이나 여름에 태어나면 총명하고 활달하여 성공한다. 여자는 어질고 인자하며 가정을 잘 지킨다.

■ 1월생과 2월생

병진년(丙辰年) 1월생과 2월생은 희망운이 좋다. 계획한 일을 실행하면 발전하고, 통솔력이 뛰어나 만인을 지휘하며, 가는 곳마다 인기를 누린다. 건강상으로는 수족, 신경계통, 간장, 인후기관, 어깨 등이 튼튼하다.

■ 3월생과 12월생

병진년(丙辰年) 3월생과 12월생은 반길반흉하다. 명예도 반길반흉, 성공도 반길반흉, 신용도 반길반흉, 대인관계도 반길반흉이라 큰 해로움은 없지만 크게 좋은 것도 없다. 건강상으로는 간장, 손, 어깨, 코, 척추, 관절 등에 약간의 질병이 따르나 쉽게 회복된다.

■ 4월생과 5월생

병진년(丙辰年) 4월생과 5월생은 명예운이 좋아 신용이 따르고, 무슨 일을 해도 성공한다. 인품이 뛰어나 어디서든 환영받는다. 특히 결혼운이 좋아 좋은 배우자를 만난다. 건강상으로는 머리, 눈, 심장, 복부, 위장, 소화기관 등이 튼튼하다.

■ 6월생과 9월생

병진년(丙辰年) 6월생과 9월생은 반길반흉하다. 명예도 반길반흉, 성공도 반길반흉, 신용도 반길반흉, 대인관계도 반길반흉이라 큰 해로움은 없지만 크게 좋은 것도 없다. 건강상으로는 복부, 위장, 소화기관, 골격 등에 약간의 질병이 따르나 쉽게 회복된다.

■ 7월생과 8월생

병진년(丙辰年) 7월생과 8월생은 교제운이 나쁘다. 거래관계나 교제에서 손해를 많이 보며, 특히 적의 방해로 권위를 잃고 재물을 모으기 어렵다. 건강도 불리하여 폐, 치아, 생식기, 골격 등에 질병이 많이 발생한다.

■ 10월생과 11월생

병진년(丙辰年) 10월생과 11월생은 주거운과 부동산운이 나쁘고, 덕망이 없어 아랫사람이 따르지 않는다. 특히 인덕이 없어 자식이나 형제, 친척들의 도움을 받지 못한다. 건강도 불리하여 요도기관, 신장, 간장, 인후기관, 척추, 관절 등에 질병이 많이 발생한다.

정사년생(丁巳年生)의 운세

정사년생(丁巳年生)은 등대불에 비유한다. 남녀 모두 부부간에 불목하기 쉽고, 자녀를 극하는 경우가 많다. 마음의 수양이 필요하며, 특히 여자는 좋은 배우자를 만나기 어렵다. 봄에 태어나 불을 태울 나무를 만나면 광채를 더욱 발하고, 겨울에 태어나면 불이 꺼질 위험이 있으니 운명이 박복하다.

■ **1월생과 2월생**

정사년(丁巳年) 1월생과 2월생은 희망운이 좋다. 계획한 일을 실행하면 발전하고, 통솔력이 뛰어나 만인을 지휘하며, 가는 곳마다 인기를 누린다. 건강상으로는 수족, 신경계통, 간장, 인후기관, 어깨 등이 튼튼하다.

■ **3월생과 12월생**

정사년(丁巳年) 3월생과 12월생은 재능운과 가족운이 나쁘다. 특히 이성교제가 원만하지 못하고, 가족간에 불화하고 우애가 없으며, 대중에게 인기가 없고 통솔력이 부족하다. 건강상으로는 간장, 손, 어깨, 코, 척추, 관절 등에 질병이 많이 따른다.

■ **4월생과 5월생**

정사년(丁巳年) 4월생과 5월생은 명예운이 좋아 신용이 따르고, 무슨 일을 해도 성공한다. 인품이 뛰어나 어디서든 환영받는다. 특히 결혼운이 좋아 좋은 배우자를 만난다. 건강상으로는 머리, 눈, 심장, 복부, 위장, 소화기관 등이 튼튼하다.

■ **6월생과 9월생**

정사년(丁巳年) 6월생과 9월생은 반길반흉하다. 명예도 반길반흉, 성공도 반길반흉, 신용도 반길반흉, 대인관계도 반길반흉이라 큰 해로움은 없지만 크게 좋은 것도 없다. 건강상으로는 복부, 위장, 소화기관, 골격 등에 약간의 질병이 따르나 쉽게 회복된다.

■ 7월생과 8월생

정사년(丁巳年) 7월생과 8월생은 교제운이 나쁘다. 거래관계나 교제에서 손해를 많이 보며, 특히 적의 방해로 권위를 잃고 재물을 모으기 어렵다. 건강도 불리하여 폐, 치아, 생식기, 골격 등에 질병이 많이 발생한다.

■ 10월생과 11월생

정사년(丁巳年) 10월생과 11월생은 주거운과 부동산운이 나쁘고, 덕망이 없어 아랫사람이 따르지 않는다. 특히 인덕이 없어 자식이나 형제, 친척들의 도움을 받지 못한다. 건강상으로는 요도기관, 신장, 간장, 인후기관, 척추, 관절 등에 질병이 많이 발생한다.

무오년생(戊午年生)의 운세

무오년생(戊午年生)은 열기가 많은 높은 산에 비유한다. 여자는 좋은 배우자를 만나지만 중년에 한번 크게 심신의 고통이 따른다.

■ 1월생과 2월생

무오년(戊午年) 1월생과 2월생은 반길반흉하다. 명예도 반길반흉, 성공도 반길반흉, 신용도 반길반흉, 대인관계도 반길반흉이라 큰 해로움은 없지만 크게 좋은 것도 없다. 건강상으로는 수족, 신경계통, 간장, 인후기관, 어깨 등에 약간의 질병이 따르나 쉽게 회복된다.

■ 3월생과 12월생

무오년(戊午年) 3월생과 12월생은 재능운과 가족운이 좋다. 통솔력이 뛰어나 만인을 지휘하고 인기를 얻는다. 특히 이성교제가 원만하며, 가족간에 화목하고 우애가 돈독하다. 건강상으로는 간장, 손, 어깨, 코, 척추, 관절 등이 튼튼하다.

■ 4월생과 5월생

무오년(戊午年) 4월생과 5월생은 명예운이 좋아 신용이 따르고, 무슨 일을 해도 성공한다. 인품이 뛰어나 어디서든 환영받는다. 특히 결혼운이 좋아 좋은 배우자를 만난다. 건강상으로는 머리, 눈, 심장, 복부, 위장, 소화기관 등이 튼튼하다.

■ 6월생과 9월생

무오년(戊午年) 6월생과 9월생은 애정운과 재물운이 좋다. 권위가 있고 인품이 뛰어나 어디서든 환영받는다. 건강하고 재물도 많이 모은다. 건강상으로는 복부, 위장, 소화기관, 골격 등이 튼튼하다.

■ 7월생과 8월생

무오년(戊午年) 7월생과 8월생은 교제운이 나쁘다. 거래관계나 교제에서 손해를 많이 보며, 특히 적의 방해로 권위를 잃고 재물을 모으기 어렵다. 건강도 불리하여 폐, 치아, 생식기, 골격 등에 질병이 많이 발생한다.

■ **10월생과 11월생**

무오년(戊午年) 10월생과 11월생은 주거운과 부동산운이 나쁘고, 덕망이 없어 아랫사람이 따르지 않는다. 특히 인덕이 없어 자식이나 형제, 친척들의 도움을 받지 못한다. 건강상으로는 요도기관, 신장, 간장, 인후기관, 척추, 관절 등에 질병이 많이 발생한다.

기미년생(己未年生)의 운세

기미년생(己未年生)은 모래가 많은 메마른 전답에 비유한다. 겨울에 태어나면 고독하고 병환을 피할 수 없으며 충실하지 못하고며, 여름에 태어나면 부부화합이 잘 되고 여러분야에 재능이 뛰어나다.

■ **1월생과 2월생**

기미년(己未年) 1월생과 2월생은 희망운이 좋다. 계획한 일을 실행하면 발전하고, 통솔력이 뛰어나 만인을 지휘하며, 가는 곳마다 인기를 누린다. 건강상으로는 수족, 신경계통, 간장, 인후기관, 어깨 등이 튼튼하다.

■ **3월생과 12월생**

기미년(己未年) 3월생과 12월생은 재능운과 가족운이 좋다. 통솔력이 뛰어나 만인을 지휘하고 인기를 얻는다. 특히 이성교제가 원만하며, 가족간에 화목하고 우애가 돈독하다. 건강상으로는 간장, 손, 어깨, 코, 척추, 관절 등이 튼튼하다.

■ **4월생과 5월생**

기미년(己未年) 4월생과 5월생은 명예운이 좋아 신용이 따르고, 무슨 일을 해도 성공한다. 인품이 뛰어나 어디서든 환영받는다. 특히 결혼운이 좋아 좋은 배우자를 만난다. 건강상으로는 머리, 눈, 심장, 복부, 위장, 소화기관 등이 튼튼하다.

■ **6월생과 9월생**

기미년(己未年) 6월생과 9월생은 애정운과 재물운이 좋다. 권위가 있고 인품이 뛰어나 어디서든 환영받는다. 건강하고 재물도 많이 모은다. 건강상으로는 복부, 위장, 소화기관, 골격 등이 튼튼하다.

■ **7월생과 8월생**

기미년(己未年) 7월생과 8월생은 교제운이 나쁘다. 거래관계나 교제에서 손해를 많이 보며, 특히 적의 방해로 권위를 잃고 재물을 모으기 어렵다. 폐, 치아, 생식기, 골격 등에 질병이 많이 발생한다.

■ **10월생과 11월생**

기미년(己未年) 10월생과 11월생은 주거운과 부동산운이 나쁘고, 덕망이 없어 아랫사람이 따르지 않는다. 특히 인덕이 없어 자식이나 형제, 친척들의 도움을 받지 못한다. 건강상으로는 요도기관, 신장, 간장, 인후기관, 척추, 관절 등에 질병이 많이 발생한다.

경신년생(庚申年生)의 운세

경신년생(庚申年生)은 강하고 큰 도끼에 비유한다. 특히 여자는 여름에 태어나면 기세가 강하여 남자에게 양보할 줄 몰라 부부간에 파극하고, 총명한 자식이나 효도하는 자식은 기대하지 말아야 한다. 그러나 가을에 태어나면 배우자덕이 매우 많다.

■ 1월생과 2월생

경신년(庚申年) 1월생과 2월생은 희망운이 나빠 만사가 실패로 끝나고, 가는 곳마다 인기가 없으며 통솔력이 부족하다. 건강상으로는 수족, 신경계통, 간장, 인후기관, 어깨 등에 질병이 많이 발생한다.

■ 3월생과 12월생

경신년(庚申年) 3월생과 12월생은 재능운과 가족운이 좋다. 통솔력이 뛰어나 만인을 지휘하고 인기를 얻는다. 특히 이성교제가 원만하며, 가족간에 화목하고 우애가 돈독하다. 건강상으로는 간장, 손, 어깨, 코, 척추, 관절 등이 튼튼하다.

■ 4월생과 5월생

경신년(庚申年) 4월생과 5월생은 명예운이 나쁘다. 신용이 없으니 무슨 일을 해도 실패하고, 인품이 용렬하여 어디서든 환영받지 못한다. 특히 결혼운이 나빠 좋은 배우자를 만나지 못한다. 건강상으로는 머리, 눈, 심장, 복부, 위장, 소화기관 등에 질병이 많이 발생한다.

■ 6월생과 9월생

경신년(庚申年) 6월생과 9월생은 애정운과 재물운이 좋다. 권위가 있고 인품이 뛰어나 어디서든 환영받는다. 건강하고 재물도 많이 모은다. 건강상으로는 복부, 위장, 소화기관, 골격 등이 튼튼하다.

■ 7월생과 8월생

경신년(庚申年) 7월생과 8월생은 교제운이 좋다. 거래나 교제에서 이익을 많이 보며, 귀인의 도움으로 권위를 얻고, 건강하며 재산을 많이 모은다. 건강상으로는 폐, 치아, 생식기, 골격 등이 튼튼하다.

■ 10월생과 11월생

경신년(庚申年) 10월생과 11월생은 반길반흉하다. 명예도 반길반흉, 성공도 반길반흉, 신용도 반길반흉, 대인관계도 반길반흉이라 큰 해로움은 없지만 크게 좋은 것도 없다. 건강상으로는 요도기관, 신장, 인후기관, 간장 척추, 관절 등에 질병이 따르나 쉽게 회복된다.

신유년생(辛酉年生)의 운세

신유년생(辛酉年生)은 밝은 보석에 비유한다. 가을에 태어나면 강직하고 용감하며 결단력이 있고, 여자가 여름에 태어나면 남편을 무시하며 산액을 당하기 쉽고, 봄에 태어나면 재물손재가 따른다.

■ **1월생과 2월생**

신유년(辛酉年) 1월생과 2월생은 희망운이 나빠 만사가 실패로 끝나고, 가는 곳마다 인기가 없으며 통솔력이 부족하다. 건강상으로는 수족, 신경계통, 간장, 인후기관, 어깨 등에 질병이 많이 발생한다.

■ **3월생과 12월생**

신유년(辛酉年) 3월생과 12월생은 재능운과 가족운이 좋다. 통솔력이 뛰어나 만인을 지휘하고 인기를 얻는다. 특히 이성교제가 원만하며, 가족간에 화목하고 우애가 돈독하다. 건강상으로는 간장, 손, 어깨, 코, 척추, 관절 등이 튼튼하다.

■ **4월생과 5월생**

신유년(辛酉年) 4월생과 5월생은 명예운이 나쁘다. 신용이 없으니 무슨 일을 해도 실패하고, 인품이 용렬하여 어디서든 환영받지 못한다. 특히 결혼운이 나빠 좋은 배우자를 만나지 못한다. 건강상으로는 머리, 눈, 심장, 복부, 위장, 소화기관 등에 질병이 많이 발생한다.

■ **6월생과 9월생**

신유년(辛酉年) 6월생과 9월생은 애정운과 재물운이 좋다. 권위가 있고 인품이 뛰어나 어디서든 환영받는다. 건강하고 재물도 많이 모은다. 건강상으로는 복부, 위장, 소화기관, 골격 등이 튼튼하다.

■ 7월생과 8월생

신유년(辛酉年) 7월생과 8월생은 교제운이 좋다. 거래나 교제에서 이익을 많이 보며, 귀인의 도움으로 권위를 얻고, 건강하며 재산을 많이 모은다. 건강상으로는 폐, 치아, 생식기, 골격 등이 튼튼하다.

■ 10월생과 11월생

신유년(辛酉年) 10월생과 11월생은 주거운과 부동산운이 나쁘고, 덕망이 없어 아랫사람이 따르지 않는다. 특히 인덕이 없어 육친의 도움을 받지 못한다. 건강상으로는 요도기관, 신장, 간장, 인후기관, 척추, 관절 등에 질병이 많이 발생한다.

임술년생(壬戌年生)의 운세

임술년생(壬戌年生)은 산꼭대기에 있는 호수에 비유한다. 끈질긴 노력으로 부귀를 이룬다. 여름에 태어나면 관재구설과 재물손재가 많고, 가을에 태어나면 경사가 많다.

■ 1월생과 2월생

임술년(壬戌年) 1월생과 2월생은 반길반흉하다. 명예도 반길반흉, 성공도 반길반흉, 신용도 반길반흉, 대인관계도 반길반흉이라 큰 해로움은 없지만 크게 좋은 것도 없다. 건강상으로는 수족, 신경계통, 간장, 인후기관, 어깨 등에 약간의 질병이 따르나 쉽게 회복된다.

■ **3월생과 12월생**

임술년(壬戌年) 3월생과 12월생은 재능운과 가족운이 나쁘다. 특히 이성교제가 원만하지 못하고, 가족간에 불화하며 우애가 없다. 인기가 없고 통솔력이 부족하다. 건강상으로는 간장, 손, 어깨, 코, 척추, 관절 등에 질병이 많이 따른다.

■ **4월생과 5월생**

임술년(壬戌年) 4월생과 5월생은 명예운이 나쁘다. 신용이 없으니 무슨 일을 해도 실패하고, 인품이 용렬하여 어디서든 환영받지 못한다. 특히 결혼운이 나빠 좋은 배우자를 만나지 못한다. 건강상으로는 머리, 눈, 심장, 복부, 위장, 소화기관 등에 질병이 많이 발생한다.

■ **6월생과 9월생**

임술년(壬戌年) 6월생과 9월생은 애정운과 재물운이 나쁘다. 인품이 용렬하여 어디서든 환영받지 못하며, 권위가 없고 나약하며 재물을 모으기 어렵다. 건강상으로는 복부, 위장, 소화기관, 골격 등에 질병이 많이 발생한다.

■ **7월생과 8월생**

임술년(壬戌年) 7월생과 8월생은 교제운이 좋다. 거래나 교제에서 이익을 많이 보며, 귀인의 도움으로 권위를 얻고, 건강하며 재산을 많이 모은다. 건강상으로는 폐, 치아, 생식기, 골격 등이 튼튼하다.

■ **10월생과 11월생**

임술년(壬戌年) 10월생과 11월생은 주거운과 부동산운이 좋아 재산이 많고, 덕망이 있어 아랫사람이 잘 따른다. 특히 인덕이 많아 자식이나 형제, 친척들의 도움을 많이 받는다. 건강상으로는 요도기관, 신장, 간장, 인후기관, 척추, 관절 등이 튼튼하다.

계해년생(癸亥年生)의 운세

계해년생(癸亥年生)은 바다와 같이 넓은 호수에 비유한다. 중화를 잘 이루면 관운(官運)이 충천하며 큰 재물을 얻는다. 가을에 태어나면 부귀영화를 누리고, 겨울에 태어나면 지혜롭고 사교가 좋아 사업에 능하다.

■ **1월생과 2월생**

계해년(癸亥年) 1월생과 2월생은 반길반흉하다. 명예도 반길반흉, 성공도 반길반흉, 신용도 반길반흉, 대인관계도 반길반흉이라 큰 해로움은 없지만 크게 좋은 것도 없다. 건강상으로는 수족, 신경계통, 간장, 인후기관, 어깨 등에 약간의 질병이 따르나 쉽게 회복된다.

■ **3월생과 12월생**

계해년(癸亥年) 3월생과 12월생은 반길반흉하다. 명예도 반길반흉, 성공도 반길반흉, 신용도 반길반흉, 대인관계도 반길반흉이라 큰 해로움은 없지만 크게 좋은 것도 없다. 건강상으로는 간장, 손, 어깨, 코, 척추, 관절 등에 약간의 질병이 따르나 쉽게 회복된다.

■ 4월생과 5월생

계해년(癸亥年) 4월생과 5월생은 명예운이 나쁘다. 신용이 없으니 무슨 일을 해도 실패하고, 인품이 용렬하여 어디서든 환영받지 못한다. 특히 결혼운이 나빠 좋은 배우자를 만나지 못한다. 건강상으로는 머리, 눈, 심장, 복부, 위장, 소화기관 등에 질병이 많이 발생한다.

■ 6월생과 9월생

계해년(癸亥年) 6월생과 9월생은 애정운과 재물운이 나쁘다. 인품이 용렬하여 어디서든 환영받지 못하며, 권위가 없고 나약하며 재물을 모으기 어렵다. 건강상으로는 복부, 위장, 소화기관, 골격 등에 질병이 많이 발생한다.

■ 7월생과 8월생

계해년(癸亥年) 7월생과 8월생은 교제운이 좋다. 거래나 교제에서 이익을 많이 보며, 귀인의 도움으로 권위를 얻고, 재산을 많이 모은다. 건강상으로는 폐, 치아, 생식기, 골격 등이 튼튼하다.

■ 10월생과 11월생

계해년(癸亥年) 10월생과 11월생은 주거운과 부동산운이 좋아 재산이 많고, 덕망이 있어 아랫사람이 잘 따른다. 특히 인덕이 많아 자식이나 형제, 친척들의 도움을 많이 받는다. 건강상으로는 요도기관, 신장, 간장, 인후기관, 척추, 관절 등이 튼튼하다.

쉽게 푼 역학(개정판)

쉽게 배워서 적용할 수 있는 생활역학서 !

이 책에서는 좀더 많은 사람들이 역학의 근본인 우주의 오묘한 진리와 법칙을 깨달아 보다 나은 삶을 영위하는데 도움이 될 수 있도록 가장 쉬운 언어와 가장 쉬운 방법으로 풀이했다. 역학계의 대가 김봉준 선생의 역작이다.

신비한 동양철학 71 | 백우 김봉준 저 | 568면 | 30,000원 | 신국판

사주명리학 핵심

맥을 잡아야 모든 것이 보인다

이 책은 잡다한 설명을 배제하고 명리학자에게 도움이 될 비법들만을 모아 엮었기 때문에 초심자가 이해하기에는 다소 어려운 부분도 있겠지만 기초를 튼튼히 한 다음 정독한다면 충분히 이해할 것이다. 신살만 늘어놓으며 감정하는 사이비가 되지말기를 바란다.

신비한 동양철학 19 | 도관 박흥식 저 | 502면 | 20,000원 | 신국판

물상활용비법

물상을 활용하여 오행의 흐름을 파악한다

이 책은 물상을 통하여 오행의 흐름을 파악하고 운명을 감정하는 방법을 연구한 책이다. 추명학의 해법을 연구하고 운명을 추리하여 오행에서 분류되는 물질의 운명 줄거리를 물상의 기물로 나들이 하는 활용법을 주제로 했다. 팔자풀이 및 운명해설에 관한 명리감정법의 체계를 세우는데 목적을 두고 초점을 맞추었다.

신비한 동양철학 31 | 해주 이학성 저 | 446면 | 26,000원 | 신국판

신수대전

흉함을 피하고 길함을 부르는 방법

신수는 대부분 주역과 사주추명학에 근거한다. 수많은 학설 중 몇 가지를 보면 사주명리, 자미두수, 관상, 점성학, 구성학, 육효, 토정비결, 매화역수, 대정수, 초씨역림, 황극책수, 하락리수, 범위수, 월영도, 현무발서, 철판신수, 육임신과, 기문둔갑, 태을신수 등이다. 역학에 정통한 고사가 아니면 추단하기 어려우므로 누구나 신수를 볼 수 있도록 몇 가지를 정리했다.

신비한 동양철학 62 | 도관 박흥식 편저 | 528면 | 36,000원 | 신국판 양장

정법사주

운명판단의 첩경을 이루는 책

이 책은 사주추명학을 연구하고자 하는 분들에게 심오한 주역의 이해를 돕고자 하는 의도에서 시작되었다. 음양오행의 상생상극에서부터 육친법과 신살법을 기초로 하여 격국과 용신 그리고 유년판단법을 활용하여 운명판단에 첩경이 될 수 있도록 했고 추리응용과 운명감정의 실례를 하나하나 들어가면서 독학과 강의용 겸용으로 엮었다.

신비한 동양철학 49 | 원각 김구현 저 | 424면 | 26,000원 | 신국판 양장

내가 보고 내가 바꾸는 DIY사주

내가 보고 내가 바꾸는 사주비결

기존의 책들과는 달리 한 사람의 사주를 체계적으로 도표화시켜 한 눈에 파악할 수 있고, DIY라는 책 제목에서 말하듯이 개운하는 방법을 제시한다. 초심자는 물론 전문가도 자신의 이론을 새롭게 재조명해 볼 수 있는 케이스 스터디 북이다.

신비한 동양철학 39 | 석오 전광 저 | 338면 | 16,000원 | 신국판

인터뷰 사주학

쉽고 재미있는 인터뷰 사주학

얼마전만 해도 사주학을 취급하면 미신을 다루는 부류로 취급되었다. 그러나 지금은 하루가 다르게 이 학문을 공부하는 사람들이 폭증하고 있는 것으로 보인다. 젊은 층에서 사주카페니 사주방이니 사주동아리니 하는 것들이 만들어지고 그 모임이 활발하게 움직이고 있다는 점이 그것을 증명해준다. 그뿐 아니라 대학원에는 역학교수들이 점차로 증가하고 있다.

신비한 동양철학 70 | 글갈 정대엽 편저 | 426면 | 16,000원 | 신국판

사주특강

자평진전과 적천수의 재해석

이 책은 『자평진전』과 『적천수』를 근간으로 명리학의 폭넓은 가치를 인식하고, 실전에서 유용한 기반을 다지는데 중점을 두고 썼다. 일찍이 『자평진전』을 교과서로 삼고, 『적천수』로 보완하라는 서낙오의 말에 깊이 공감한다.

신비한 동양철학 68 | 청월 박상의 편저 | 440면 | 25,000원 | 신국판

참역학은 이렇게 쉬운 것이다

음양오행의 이론으로 이루어진 참역학서

수학공식이 아무리 어렵다고 해도 1, 2, 3, 4, 5, 6, 7, 8, 9, 0의 10개의 숫자로 이루어졌듯이 사주도 음양과 오행으로 이루어졌을 뿐이다. 그러니 용신과 격국이라는 무거운 짐을 벗어버리고 음양오행의 법칙과 진리만 정확하게 파악하면 된다. 사주는 음양오행의 변화일 뿐이고 용신과 격국은 사주를 감정하는 한 가지 방법에 지나지 않는다.

신비한 동양철학 24 | 청암 박재현 저 | 328면 | 16,000원 | 신국판

사주에 모든 길이 있다

사주를 알면 운명이 보인다!

사주를 간명하는데 조금이라도 도움이 됐으면 하는 바람에서 이 책을 썼다. 간명의 근간인 오행의 왕쇠강약을 세분하고, 대운과 세운, 세운과 월운의 연관성과, 십신과 여러 살이 미치는 암시와, 십이운성으로 세운을 판단하는 법을 설명했다.

신비한 동양철학 65 | 정담 선사 편저 | 294면 | 26,000원 | 신국판 양장

왕초보 내 사주

초보 입문용 역학서

이 책은 역학을 너무 어렵게 생각하는 초보자들에게 조금이나마 도움을 주고자 쉽게 엮으려고 노력했다. 이 책을 숙지한 후 역학(易學)의 5대 원서인 『적천수(滴天髓)』, 『궁통보감(窮通寶鑑)』, 『명리정종(命理正宗)』, 『연해자평(淵海子平)』, 『삼명통회(三命通會)』에 접근한다면 훨씬 쉽게 터득할 수 있을 것이다. 이 책들은 저자가 이미 편역하여 삼한출판사에서 출간한 것도 있고, 앞으로 모두 갖출 것이니 많이 활용하기 바란다.

신비한 동양철학 84 | 역산 김찬동 편저 | 278면 | 19,000원 | 신국판

명리학연구

체계적인 명확한 이론

이 책은 명리학 연구에 핵심적인 내용만을 모아 하나의 독립된 장을 만들었다. 명리학은 분야가 넓어 공부를 하다보면 주변에 머무르는 경우가 많아, 주요 내용을 잃고 헤매는 경우가 많다. 그러므로 뼈대를 잡는 것이 중요한데, 여기서는 「17장. 명리대요」에 핵심 내용만을 모아 학문의 체계를 잡는데 용이하게 하였다.

신비한 동양철학 59 | 권중주 저 | 562면 | 29,000원 | 신국판 양장

말하는 역학

신수를 묻는 사람 앞에서 술술 말문이 열린다

그토록 어렵다는 사주통변술을 쉽고 흥미롭게 고담과 덕담을 곁들여 사실적으로 생동감 있게 통변했다. 길흉을 어떻게 표현하느냐에 따라 상담자의 정곡을 찔러 핵심을 끌어내 정답을 내리는 것이 통변술이다.역학계의 대가 김봉준 선생의 역작.

신비한 동양철학 11 | 백우 김봉준 저 | 576면 | 26,000원 | 신국판 양장

통변술해법

가닥가닥 풀어내는 역학의 비법

이 책은 역학과 상대에 대해 머리로는 다 알면서도 밖으로 표출되지 않아 어려움을 겪는 사람들을 위한 실습서다. 특히 실명감정과 이론강의로 나누어 역학의 진리를 설명하여 초보자도 쉽게 이해할 수 있다. 역학계의 대가 김봉준 선생의 역서인 「알기쉬운 해설·말하는 역학」이 나온 후 후편을 써달라는 열화같은 요구에 못이겨 내놓은 바로 그 책이다.

신비한 동양철학 21 | 백우 김봉준 저 | 392면 | 26,000원 | 신국판 양장

술술 읽다보면 통달하는 사주학

술술 읽다보면 나도 어느새 도사

당신은 당신 마음대로 모든 일이 이루어지던가. 지금까지 누구의 명령을 받지 않고 내 맘대로 살아왔다고, 운명 따위는 믿지 않는다고, 운명에 매달리지 않는다고 말하는 사람들이 많다. 그러나 우주법칙을 모르기 때문에 하는 소리다.

신비한 동양철학 28 | 조철현 저 | 368면 | 16,000원 | 신국판

사주학

5대 원서의 핵심과 실용

이 책은 사주학을 체계적으로 공부하려는 학도들을 위해서 꼭 알아두어야 할 내용들과 용어들을 수록하는데 중점을 두었다. 이 학문을 공부하려고 많은 사람들이 필자를 찾아왔을 깨 여러 가지 질문을 던져보면 거의 기초지식이 시원치 않음을 보았다. 따라서 용어를 포함한 제반지식을 골고루 습득해야 빠른 시일 내에 소기의 목적을 달성할 수 있을 것이다.

신비한 동양철학 66 | 글갈 정대엽 저 | 778면 | 46,000원 | 신국판 양장

명인재

신기한 사주판단 비법

이 책은 오행보다는 주로 살을 이용하는 비법을 담았다. 시중에 나온 책들을 보면 살에 대해 설명은 많이 하면서도 실제 응용에서는 무시하고 있다. 이것은 살을 알면서도 응용할 줄 모르기 때문이다. 그러나 이 책에서는 살의 활용방법을 완전히 터득해, 어떤 살과 어떤 살이 합하면 어떻게 작용하는지를 자세하게 설명하였다.

신비한 동양철학 43 | 원공선사 저 | 332면 | 19,000원 | 신국판 양장

명리학 | 재미있는 우리사주

사주 세우는 방법부터 용어해설 까지!!

몇 년 전 『사주에 모든 길이 있다』가 나온 후 선배 제현들께서 알찬 내용의 책다운 책을 접했다는 찬사를 받았다. 그러나 사주의 작성법을 설명하지 않아 독자들에게 많은 질타를 받고 뒤늦게 이 책 을 출판하기로 결심했다. 이 책은 한글만 알면 누구나 역학과 가까워질 수 있도록 사주 세우는 방법부터 실제간명, 용어해설에 이르기까지 분야별로 엮었다.

신비한 동양철학 74 | 정담 선사 편저 | 368면 | 19,000원 | 신국판

사주비기

역학으로 보는 역대 대통령들이 나오는 이치 !!

이 책에서는 고서의 이론을 근간으로 하여 근대의 사주들을 임상하여, 적중도에 의구심이 가는 이론들은 과감하게 탈피하고 통용될 수 있는 이론만을 수용했다. 따라서 기존 역학서의 아쉬운 부분들을 충족시키며 일반인도 열정만 있으면 누구나 자신의 운명을 감정하고 피흉취길할 수 있는 생활지침서로 활용할 수 있을 것이다.

신비한 동양철학 79 | 청월 박상의 편저 | 456면 | 19,000원 | 신국판

사주학의 활용법

가장 실질적인 역학서

우리가 생소한 지방을 여행할 때 제대로 된 지도가 있다면 편리하고 큰 도움이 되듯이 역학이란 이와같은 인생의 길잡이다. 예측불허의 인생을 살아가는데 올바른 안내자나 그 무엇이 있다면 그 이상 마음 든든하고 큰 재산은 없을 것이다.

신비한 동양철학 17 | 학선 류래웅 저 | 358면 | 15,000원 | 신국판

명리실무

명리학의 총 정리서

명리학(命理學)은 오랜 세월 많은 철인(哲人)들에 의하여 전승 발전되어 왔고, 지금도 수많은 사람이 임상과 연구에 임하고 있으며, 몇몇 대학에 학과도 개설되어 체계적인 교육을 하고 있다. 그러나 아직도 실무에서 활용할 수 있는 책이 부족한 상황이기 때문에 나름대로 현장에서 필요한 이론들을 정리해 보았다. 초학자는 물론 역학계에 종사하는 사람들에게 큰 도움이 될 것이라고 믿는다.

신비한 동양철학 94 | 박흥식 편저 | 920면 | 39,000원 | 신국판

사주 속으로

역학서의 고전들로 입증하며 쉽고 자세하게 푼 책

십 년 동안 역학계에 종사하면서 나름대로는 실전과 이론에서 최선을 다했다고 자부한다. 역학원의 비좁은 공간에서도 항상 후학을 생각하는 마음으로 역학에 대한 배움의 장을 마련하고자 노력한 것도 사실이다. 이 책을 역학으로 이름을 알리고 역학으로 생활하면서 조금이나마 역학계에 이바지할 것이 없을까라는 고민의 산물이라 생각해주기 바란다.

신비한 동양철학 95 | 김상회 편저 | 429면 | 15,000원 | 신국판

사주학의 방정식

알기 쉽게 풀어놓은 가장 실질적인 역서

이 책은 종전의 어려웠던 사주풀이의 응용과 한문을 쉬운 방법으로 터득하는데 목적을 두었고, 역학이 무엇인가를 알리고자 하는데 있다. 세인들은 역학자를 남의 운명이나 풀이하는 점쟁이로 알지만 잘못된 생각이다. 역학은 우주의 근본이며 기의 학문이기 때문에 역학을 이해하지 못하고서는 우리 인생살이 또한 정확하게 해석할 수 없는 고차원의 학문이다.

신비한 동양철학 18 | 김용오 저 | 192면 | 8,000원 | 신국판

오행상극설과 진화론

인간과 인생을 떠난 천리란 있을 수 없다

과학이 현대를 설정하여 설명하고 있으나 원리는 동양철학에도 있기에 그 양면을 밝히고자 노력했다. 우주에서 일어나는 모든 일을 과학으로 설명될 수는 없다. 비과학적이라고 하기보다는 과학이 따라오지 못한다고 설명하는 것이 더 솔직하고 옳은 표현일 것이다. 특히 과학분야에 종사하는 신의사가 저술했다는데 더 큰 화제가 되고 있다.

신비한 동양철학 5 | 김태진 저 | 222면 | 15,000원 | 신국판

스스로 공부하게 하는 방법과 천부적 적성

내 아이를 성공시키고 싶은 부모들에게

자녀를 성공시키고 싶은 마음은 누구나 같겠지만 가난한 집 아이가 좋은 성적을 내기는 매우 어렵고, 원하는 학교에 들어가기도 어렵다. 그러나 실망하기에는 아직 이르다. 내 아이가 훌륭하게 성장해 아름답고 멋진 삶을 살아가는 방법을 소개한다.

신비한 동양철학 85 | 청암 박재현 지음 | 176면 | 14,000원 | 신국판

진짜부적 가짜부적

부적의 실체와 정확한 제작방법

인쇄부적에서 가짜부적에 이르기까지 많게는 몇백만원에 팔리고 있다는 보도를 종종 듣는다. 그러나 부적은 정확한 제작방법에 따라 자신의 용도에 맞게 스스로 만들어 사용하면 훨씬 더 좋은 효과를 얻을 수 있다. 이 책은 중국에서 정통부적을 연구한 국내유일의 동양오술학자가 밝힌 부적의 실체와 정확한 제작방법을 소개하고 있다.

신비한 동양철학 7 | 오상익 저 | 322면 | 15,000원 | 신국판

수명비결

주민등록번호 13자로 숙명의 정체를 밝힌다

우리는 지금 무수히 많은 숫자의 거미줄에 매달려 허우적거리며 살아가고 있다. 1분 · 1초가 생사를 가름하고, 1등 · 2등이 인생을 좌우하며, 1급 · 2급이 신분을 구분하는 세상이다. 이 책은 수명리학으로 13자의 주민등록번호로 명예, 재산, 건강, 수명, 애정, 자녀운 등을 미리 읽어본다.

신비한 동양철학 14 | 장충한 저 | 308면 | 15,000원 | 신국판

진짜궁합 가짜궁합

남녀궁합의 새로운 충격

중국에서 연구한 국내유일의 동양오술학자가 우리나라 역술가들의 궁합법이 잘못되었다는 것을 학술적으로 분석 · 비평하고, 전적과 사례연구를 통하여 궁합의 실체와 타당성을 분석했다. 합리적인 「자미두수궁합법」과 「남녀궁합」 및 출생시간을 몰라 궁합을 못보는 사람들을 위하여 「지문으로 보는 궁합법」 등을 공개하고 있다.

신비한 동양철학 8 | 오상익 저 | 414면 | 15,000원 | 신국판

주역육효 해설방법(상 · 하)

한 번만 읽으면 주역을 활용할 수 있는 책

이 책은 주역을 해설한 것으로, 될 수 있는 한 여러 가지 사설을 덧붙이지 않고, 주역을 공부하고 활용하는데 필요한 요건만을 기록했다. 따라서 주역의 근원이나 하도낙서, 음양오행에 대해서도 많은 설명을 자제했다. 다만 누구나 이 책을 한 번 읽어서 주역을 이해하고 활용할 수 있도록 하는데 중점을 두었다.

신비한 동양철학 38 | 원공선사 저 | 상 810면 · 하 798면 | 각 29,000원 | 신국판

쉽게 푼 주역

귀신도 탄복한다는 주역을 쉽고 재미있게 풀어놓은 책

주역이라는 말 한마디면 귀신도 기겁을 하고 놀라 자빠진다는데, 운수와 일진이 문제가 될까. 8×8=64괘라는 주역을 한 괘에 23개씩의 회답으로 해설하여 1472괘의 신비한 해답을 수록했다. 당신이 당면한 문제라면 무엇이든 해결할 수 있는 열쇠가 이 한 권의 책 속에 있다.

신비한 동양철학 10 | 정도명 저 | 284면 | 16,000원 | 신국판 양장

주역 기본원리

주역의 기본원리를 통달할 수 있는 책

이 책에서는 기본괘와 변화와 기본괘가 어떤 괘로 변했을 경우 일어날 수 있는 내용들을 설명하여 주역의 변화에 대한 이해를 돕는데 주력하였다. 그러나 그런 내용을 구분할 수 있는 방법을 전부 다 설명할 수는 없기에 뒷장에 간단하게설명하였고, 다른 책들과 설명의 차이점도 기록하였으니 참작하여 본다면 조금이나마 도움이 될 것이다.

신비한 동양철학 67 | 원공선사 편저 | 800면 | 39,000원 | 신국판

완성 주역비결 | 주역 토정비결

반쪽으로 전해오는 토정비결을 완전하게 해설

지금 시중에 나와 있는 토정비결에 대한 책들은 옛날부터 내려오는 완전한 비결이 아니라 반쪽의 책이다. 그러나 반쪽이라고 말하는 사람은 없다. 그것은 주역의 원리를 모르기 때문이다. 그래서 늦은 감이 없지 않으나 앞으로 수많은 세월을 생각해서 완전한 해설판을 내놓기로 했다.

신비한 동양철학 92 | 원공선사 편저 | 396면 | 16,000원 | 신국판

육효대전

정확한 해설과 다양한 활용법

동양고전 중에서도 가장 대표적인 것이 주역이다. 주역은 옛사람들이 자연을 거울삼아 생활을 영위해 나가는 처세에 관한 지혜를 무한히 내포하고, 피흉추길하는 얼과 슬기가 함축된 점서인 동시에 수양 · 과학서요 철학 · 종교서라고 할 수 있다.

신비한 동양철학 37 | 도관 박흥식 편저 | 608면 | 26,000원 | 신국판

육효점 정론

육효학의 정수

이 책은 주역의 원전소개와 상수역법의 꽃으로 발전한 경방학을 같이 실어 독자들의 호기심을 충족시키는데 중점을 두었습니다. 주역의 원전으로 인화의 처세술을 터득하고, 어떤 사안의 답은 육효법을 탐독하여 찾으시기 바랍니다.

신비한 동양철학 80 | 효명 최인영 편역 | 396면 | 29,000원 | 신국판

육효학 총론

육효학의 핵심만을 정확하고 알기 쉽게 정리

육효는 갑자기 문제가 생겨 난감한 경우에 명쾌한 답을 찾을 수 있는 학문이다. 그러나 시중에 나와 있는 책들이 대부분 원서를 그대로 번역해 놓은 것이라 전문가인 필자가 보기에도 지루하며 어렵다는 느낌이 들었다. 그래서 보다 쉽게 공부할 수 있도록 이 책을 출간하게 되었다.

신비한 동양철학 89 | 김도희 편저 | 174쪽 | 26,000원 | 신국판

기문둔갑 비급대성

기문의 정수

기문둔갑은 천문지리 · 인사명리 · 법술병법 등에 영험한 술수로 예로부터 은밀하게 특권층에만 전승되었다. 그러나 아쉽게도 기문을 공부하려는 이들에게 도움이 될만한 책이 거의 없다. 필자는 이 점이 안타까워 천견박식함을 돌아보지 않고 감히 책을 내게 되었다. 한 권에 기문학을 다 표현할 수는 없지만 이 책을 사다리 삼아 저 높은 경지로 올라간다면 제갈공명과 같은 지혜를 발휘할 수 있을 것이다.

신비한 동양철학 86 | 도관 박흥식 편저 | 725면 | 39,000원 | 신국판

기문둔갑옥경

가장 권위 있고 우수한 학문

우리나라의 기문역사는 장구하나 상세한 문헌은 전무한 상태라 이 책을 발간하였다. 기문둔갑은 천문지리는 물론 인사명리 등 제반사에 관한 길흉을 판단함에 있어서 가장 우수한 학문이며 병법과 법술방면으로도 특징과 장점이 있다. 초학자는 포국편을 열심히 익혀 설국을 자유자재로 할 수 있도록 하고, 개인의 이익보다는 보국안민에 일조하기 바란다.

신비한 동양철학 32 | 도관 박흥식 저 | 674면 | 39,000원 | 사륙배판

오늘의 토정비결

일년신수와 죽느냐 사느냐를 알려주는 예언서

역산비결은 일년신수를 보는 역학서이다. 당년의 신수만 본다는 것은 토정비결과 비슷하나 토정비결은 토정 선생께서 사람들에게 용기와 희망을 주기 위함이 목적이어서 다소 허황되고 과장된 부분이 많다. 그러나 역산비결은 재미로 보는 신수가 아니라, 죽느냐 사느냐를 알려주는 예언서이이니 재미로 보는 토정비결과는 차원이 다르다.

신비한 동양철학 72 | 역산 김찬동 편저 | 304면 | 16,000원 | 신국판

國運 · 나라의 운세

역으로 풀어본 우리나라의 운명과 방향

아무리 서구사상의 파고가 높다하기로 오천 년을 한결같이 가꾸며 살아온 백두의 혼이 와르르 무너지는 지경에 왔어도 누구하나 입을 열어 말하는 사람이 없으니 답답하다. 불확실한 내일에 대한 해답을 이 책은 명쾌하게 제시하고 있다.

신비한 동양철학 22 | 백우 김봉준 저 | 290면 | 9,000원 | 신국판

남사고의 마지막 예언

이 책으로 격암유록에 대한 논란이 끝나기 바란다

감히 이 책을 21세기의 성경이라고 말한다. 〈격암유록〉은 섭리가 우리민족에게 준 위대한 복음서이며, 선물이며, 꿈이며, 인류의 희망이다. 이 책에서는 〈격암유록〉이 전하고자 하는 바를 주제별로 정리하여 문답식으로 풀어갔다. 이 책으로 〈격암유록〉에 대한 논란은 끝나기 바란다.

신비한 동양철학 29 | 석정 박순용 저 | 276면 | 16,000원 | 신국판

원토정비결

반쪽으로만 전해오는 토정비결의 완전한 해설판

지금 시중에 나와 있는 토정비결에 대한 책들을 보면 옛날부터 내려오는 완전한 비결이 아니라 반면의 책이다. 그러나 반면이라고 말하는 사람이 없다. 그것은 주역의 원리를 모르기 때문이다. 따라서 늦은 감이 없지 않으나 앞으로의 수많은 세월을 생각하면서 완전한 해설본을 내놓았다.

신비한 동양철학 53 | 원공선사 저 | 396면 | 24,000원 | 신국판 양장

나의 천운 · 운세찾기

몽골정통 토정비결

이 책은 역학계의 대가 김봉준 선생이 몽공토정비결을 우리의 인습과 체질에 맞게 엮은 것이다. 운의 흐름을 알리고자 호운과 쇠운을 강조하고, 현재의 나를 조명하고 판단할 수 있도록 했다. 모쪼록 생활서나 안내서로 활용하기 바란다.

신비한 동양철학 12 | 백우 김봉준 저 | 308면 | 11,000원 | 신국판

작명 백과사전

36가지 이름짓는 방법과 선후천 역상법 수록

이름은 나를 대표하는 생명체이므로 몸은 세상을 떠날지라도 영원히 남는다. 성명운의 유도력은 후천적으로 가공 인수되는 후존적 수기로써 조성 운화되는 작용력이 있다. 선천수기의 운기력이 50%이면 후천수기도의 운기력도50%이다. 이와 같이 성명운의 작용은 운로에 불가결한조건일 뿐 아니라, 선천명운의 범위에서 기능을 충분히 할 수 있다.

신비한 동양철학 81 | 임삼업 편저 | 송충석 감수 | 730면 | 36,000원 | 사륙배판

작명해명

누구나 쉽게 활용할 수 있는 체계적인 작명법

일반적인 성명학으로는 알 수 없는 한자이름, 한글이름, 영문이름, 예명, 회사명, 상호, 상품명 등의 작명방법을 여러 사례를 들어 체계적으로 분석하여 누구나 쉽게 배워서 활용할 수 있도록 서술했다.

신비한 동양철학 26 | 도관 박흥식 저 | 518면 | 19,000원 | 신국판

역산성명학

이름은 제2의 자신이다

이름에는 각각 고유의 뜻과 기운이 있어 그 기운이 성격을 만들고 그 성격이 운명을 만든다. 나쁜 이름은 부르면 부를수록 불행을 부르고 좋은 이름은 부르면 부를수록 행복을 부른다. 만일 이름이 거지같다면 아무리 운세를 잘 만나도 밥을 좀더 많이 얻어 먹을 수 있을 뿐이다. 저자는 신학대학을 졸업하고 역학계에 입문한 특별한 이력으로 많은 화제가 된다.

신비한 동양철학 25 | 역산 김찬동 저 | 456면 | 19,000원 | 신국판

작명정론

이름으로 보는 역대 대통령이 나오는 이치

사주팔자가 네 기둥으로 세워진 집이라면 이름은 그 집을 대표하는 문패라고 할 수 있다. 따라서 이름을 지을 때는 사주의 격에 맞추어야 한다. 사주 그릇이 작은 사람이 원대한 뜻의 이름을 쓰면 감당하지 못할 시련을 자초하게 되고 오히려 이름값을 못할 수 있다. 즉 분수에 맞는 이름으로 작명해야 하기 때문에 사주의 올바른 분석이 필요하다.

신비한 동양철학 77 | 청월 박상의 편저 | 430면 | 19,000원 | 신국판

음파메세지(氣)성명학

새로운 시대에 맞는 새로운 성명학

지금까지의 모든 성명학은 모순의 극치를 이룬다. 그러나 이제 새 시대에 맞는 음파메세지(氣) 성명학이 나왔으니 복을 계속 부르는 이름을 지어 사랑하는 자녀가 행복하고 아름다운 삶을 살아갈 수 있도록 하는데 도움이 되었으면 한다.

신비한 동양철학 51 | 청암 박재현 저 | 626면 | 39,000원 | 신국판 양장

아호연구

여러 가지 작호법과 실제 예 모음

필자는 오래 전부터 작명을 연구했다. 그러나 시중에 나와 있는 책에는 대부분 아호에 관해서는 전혀 언급하지 않았다. 그래서 아호에 관심이 있어도 자료를 구하지 못하는 분들을 위해 이 책을 내게 되었다. 아호를 짓는 것은 그리 대단하거나 복잡하지 않으니 이 책을 처음부터 끝까지 착실히 공부한다면 누구나 좋은 아호를 지어 쓸 수 있을 것이라고 생각한다.

신비한 동양철학 87 | 임삼업 편저 | 308면 | 26,000원 | 신국판

한글이미지 성명학

이름감정서

이 책은 본인의 이름은 물론 사랑하는 가족 그리고 가까운 친척이나 친구들의 이름까지도 좋은지 나쁜지 알아볼 수 있도록 지금까지 나와 있는 모든 성명학을 토대로 하여 썼다. 감언이설이나 협박성 감명에 흔들리지 않고 확실한 이름풀이를 볼 수 있을 것이다. 그리고 아름답고 멋진 삶을 살아갈 수 있는 이름을 짓는 방법도 상세하게 제시하였다.

신비한 동양철학 93 | 청암 박재현 지음 | 287면 | 10,000원 | 신국판

비법 작명기술

복과 성공을 함께 하려면

이 책은 성명의 발음오행이나 이름의 획수를 근간으로 하는 실제 이용이 가장 많은 기본 작명법을 서술하고, 주역의 괘상으로 풀어 길흉을 판단하는 역상법 5가지와 그외 중요한 작명법 5가지를 합하여 「보배로운 10가지 이름 짓는 방법」을 실었다. 특히 작명비법인 선후천역상법은 성명의 원획에 의존하는 작명법과 달리 정획과 곡획을 사용해 주역 상수학을 대표하는 하락이수를 쓰고, 육효가 들어가 응험률을 높였다.

신비한 동양철학 96 | 임삼업 편저 | 370면 | 30,000원 | 사륙배판

올바른 작명법

소중한 이름, 알고 짓자!

세상 부모들에게 가장 소중한 것이 뭐냐고 물으면 자녀라고 할 것이다. 그런데 왜 평생을 좌우할 이름을 함부로 짓는가. 이름이 얼마나 소중한지, 이름의 오행작용이 일생을 어떻게 좌우하는지 모르기 때문이다.

신비한 동양철학 61 | 이정재 저 | 352면 | 19,000원 | 신국판

호(雅號)책

아호 짓는 방법과 역대 유명인사의 아호, 인명용 한자 수록

필자는 오래 전부터 작명연구에 열중했으나 대부분의 작명책에는 아호에 관해서는 전혀 언급하지 않고, 간혹 거론했어도 몇 줄 정도의 뜻풀이에 불과하거나 일반작명법에 준한다는 암시만 풍기며 끝을 맺었다. 따라서 필자가 참고한 문헌도 적었음을 인정한다. 아호에 관심이 있어도 자료를 구하지 못하는 현실에 착안하여 필자 나름대로 각고 끝에 본서를 펴냈다.

신비한 동양철학 97 | 임삼업 편저 | 390면 | 20,000원 | 신국판

관상오행

한국인의 특성에 맞는 관상법

좋은 관상인 것 같으나 실제로는 나쁘거나 좋은 관상이 아닌데도 잘 사는 사람이 왕왕있어 관상법 연구에 흥미를 잃는 경우가 있다. 이것은 중국의 관상법만을 익히고 우리의 독특한 환경적인 특징을 소홀히 다루었기 때문이다. 이에 우리 한국인에게 알맞는 관상법을 연구하여 누구나 관상을 쉽게 알아보고 해석할 수 있도록 자세하게 풀어놓았다.

신비한 동양철학 20 | 송파 정상기 저 | 284면 | 12,000원 | 신국판

정본 관상과 손금

바로 알고 사람을 사귑시다

이 책은 관상과 손금은 인생을 행복하게 만든다는 관점에서 다루었다. 그야말로 관상과 손금의 혁명이라고 할 수 있다. 여러분도 관상과 손금을 통한 예지력으로 인생의 참주인이 되기 바란다. 용기를 불어넣어 주고 행복을 찾게 하는 것이 참다운 관상과 손금술이다. 이 책이 일상사에 고민하는 분들에게 해결방법을 제시해 줄 것이다.

신비한 동양철학 42 | 지창룡 감수 | 332면 | 16,000원 | 신국판 양장

이런 사원이 좋습니다

사원선발 면접지침

사회가 다양해지면서 인력관리의 전문화와 인력수급이 기업주의 애로사항이 되었다. 필자는 그동안 많은 기업의 사원선발 면접시험에 참여했는데 기업주들이 모두 면접지침에 관한 책이 있으면 좋겠다는 것이다. 그래서 경험한 사례를 참작해 이 책을 내니 좋은 사원을 선발하는데 많은 도움이 될 것이라고 믿는다.

신비한 동양철학 90 | 정도명 지음 | 274면 | 19,000원 | 신국판

핵심 관상과 손금

사람을 볼 줄 아는 안목과 지혜를 알려주는 책

오늘과 내일을 예측할 수 없을만큼 복잡하게 펼쳐지는 현실에서 살아남기 위해서는 사람을 볼줄 아는 안목과 지혜가 필요하다. 시중에 관상학에 대한 책들이 많이 나와있지만 너무 형이상학적이라 전문가도 이해하기 어렵다. 이 책에서는 누구라도 쉽게 보고 이해할 수 있도록 핵심만을 파악해서 설명했다.

신비한 동양철학 54 | 백우 김봉준 저 | 188면 | 14,000원 | 사륙판 양장

완벽 사주와 관상

우리의 삶과 관계 있는 사실적 관계로만 설명한 책

이 책은 우리의 삶과 관계 있는 사실적 관계로만 역을 설명하고, 역에 대한 관심과 흥미를 갖게 하고자 관상학을 추록했다. 여기에 추록된 관상학은 시중에서 흔하게 볼 수 있는 상법이 아니라 생활상법, 즉 삶의 지식과 상식을 드리고자 했다.

신비한 동양철학 55 | 김봉준 · 유오준 공저 | 530면 | 36,000원 | 신국판 양장

사람을 보는 지혜

관상학의 초보에서 실용까지

현자는 하늘이 준 명을 알고 있기에 부귀에 연연하지 않는다. 사람은 마음을 다스리는 심명이 있다. 마음의 명은 자신만이 소통하는 유일한 우주의 무형의 에너지이기 때문에 잠시도 잊으면 안된다. 관상학은 사람의 상으로 이런 마음을 살피는 학문이니 잘 이해하여 보다 나은 삶을 삶을 영위할 수 있도록 노력해야 한다.

신비한 동양철학 73 | 이부길 편저 | 510면 | 20,000원 | 신국판

한눈에 보는 손금

논리정연하며 바로미터적인 지침서

이 책은 수상학의 연원을 초월해서 동서합일의 이론으로 집필했다. 그야말로 논리정연한 수상학을 정리하였다. 그래서 운명적, 철학적, 동양적, 심리학적인 면을 예증과 방편에 이르기까지 상세하게 기술했다. 이 책은 수상학이라기 보다 바로미터적인 지침서 역할을 해줄 것이다. 독자 여러분의 꾸준한 연구와 더불어 인생성공의 지침서가 될 수 있을 것이다.

신비한 동양철학 52 | 정도명 저 | 432면 | 24,000원 | 신국판 양장

이런 집에 살아야 잘 풀린다

운이 트이는 좋은 집 알아보는 비결

한마디로 운이 트이는 집을 갖고 싶은 것은 모두의 꿈일 것이다. 50평이니 60평이니 하며 평수에 구애받지 않고 가족이 평온하게 생활할 수 있고 나날이 발전할 수 있는 그런 집이 있다면 얼마나 좋을까? 그런 소망에 한 걸음이라도 가까워지려면 막연하게 운만 기대하고 있어서는 안 된다. 좋은 집을 가지려면 그만한 노력이 있어야 한다.

신비한 동양철학 64 | 강현술 · 박흥식 감수 | 270면 | 16,000원 | 신국판

점포, 이렇게 하면 부자됩니다

부자되는 점포, 보는 방법과 만드는 방법

사업의 성공과 실패는 어떤 사업장에서 어떤 품목으로 어떤 사람들과 거래하느냐에 따라 판가름난다. 그리고 사업을 성공시키려면 반드시 몇 가지 문제를 살펴야 하는데 무작정 사업을 시작하여 실패하는 사람들이 많다. 그래서 이 책에서는 이러한 문제와 방법들을 조목조목 기술하여 누구나 성공하도록 도움을 주는데 주력하였다.

신비한 동양철학 88 | 김도희 편저 | 177면 | 26,000원 | 신국판

쉽게 푼 풍수

현장에서 활용하는 풍수지리법

산도는 매우 광범위하고, 현장에서 알아보기 힘들다. 더구나 지금은 수목이 울창해 소조산 정상에 올라가도 나무에 가려 국세를 파악하는데 애를 먹는다. 따라서 사진을 첨부하니 많은 활용하기 바란다. 물론 결록에 있고 산도가 눈에 익은 것은 혈 사진과 함께 소개하였다. 이 책을 열심히 정독하면서 답산하면 혈을 알아보고 용산도 할 수 있을 것이다.

신비한 동양철학 60 | 전항수 · 주장관 편저 | 378면 | 26,000원 | 신국판

음택양택

현세의 운 · 내세의 운

이 책에서는 음양택명당의 조건이나 기타 여러 가지를 설명하여 산 자와 죽은 자의 행복한 집을 만들 수 있도록 했다. 특히 죽은 자의 집인 음택명당은 자리를 옳게 잡으면 꾸준히 생기를 발하여 흥하나, 그렇지 않으면 큰 피해를 당하니 돈보다도 행 · 불행의 근원인 음양택명당에 관심을 기울여야 한다.

신비한 동양철학 63 | 전항수 · 주장관 지음 | 392면 | 29,000원 | 신국판

용의 혈 · 풍수지리 실기 100선
실전에서 실감나게 적용하는 풍수의 길잡이

이 책은 풍수지리 문헌인 만두산법서, 명산론, 금랑경 등을 이해하기 쉽도록 주제별로 간추려 설명했으며, 풍수지리학을 쉽게 접근하여 공부하고, 실전에 활용하여 실감나게 적용할 수 있도록 하는데 역점을 두었다.

신비한 동양철학 30 | 호산 윤재우 저 | 534면 | 29,000원 | 신국판

현장 지리풍수
현장감을 살린 지리풍수법

풍수를 업으로 삼는 사람들이 진가를 분별할 줄 모르면서 많은 법을 알았다고 자부하며 뽐낸다. 그리고는 재물에 눈이 어두워 불길한 산을 길하다 하고, 선하지 못한 물)을 선하다 한다. 이는 분수 밖의 것을 바라기 때문이다. 마음가짐을 바로 하고 고대 원전에 공력을 바치면서 산간을 실사하며 적공을 쏟으면 정교롭고 세밀한 경지를 얻을 수 있을 것이다.

신비한 동양철학 48 | 전항수 · 주관장 편저 | 434면 | 36,000원 | 신국판 양장

찾기 쉬운 명당
실전에서 활용할 수 있는 책

가능하면 쉽게 풀어 실전에 도움이 되도록 했다. 특히 풍수지리에서 방향측정에 필수인 패철 사용과 나경 9층을 각 층별로 설명했다. 그리고 이 책에 수록된 도설, 즉 오성도, 명산도, 명당 형세도 내거수 명당도, 지각형세도, 용의 과협출맥도, 사대혈형 와겸유돌 형세도 등은 국립중앙도서관에 소장된 문헌자료인 만산도단, 만산영도, 이석당 은민산도의 원본을 참조했다.

신비한 동양철학 44 | 호산 윤재우 저 | 386면 | 19,000원 | 신국판 양장

해몽정본
꿈의 모든 것

시중에 꿈해몽에 관한 책은 많지만 막상 내가 꾼 꿈을 해몽을 하려고 하면 어디다 대입시켜야 할지 모르는 경우가 많았을 것이다. 그러나 최대한으로 많은 예를 들었고, 찾기 쉽고 명료하게 만들었기 때문에 해몽을 하는데 어려움이 없을 것이다. 한집에 한권씩 두고 보면서 나쁜 꿈은 예방하고 좋은 꿈을 좋은 일로 연결시킨다면 생활에 많은 도움이 될 것이다.

신비한 동양철학 36 | 청암 박재현 저 | 766면 | 19,000원 | 신국판

해몽 · 해몽법
해몽법을 알기 쉽게 설명한 책

인생은 꿈이 예지한 시간적 한계에서 점점 소멸되어 가는 현존물이기 때문에 반드시 꿈의 뜻을 따라야 한다. 이것은 꿈을 먹고 살아가는 인간 즉 태몽의 끝장면인 죽음을 향해 달려가고 있는 인간이기 때문이다. 꿈은 우리의 삶을 이끌어가는 이정표와도 같기에 똑바로 가도록 노력해야 한다.

신비한 동양철학 50 | 김종일 저 | 552면 | 26,000원 | 신국판 양장

명이용어와 시결음미
명리학의 어려운 용어와 숙어를 쉽게 풀이한 책

명리학을 연구하는 이들은 기초공부가 끝나면 자연스럽게 훌륭하다고 평가하는 고전의 이론을 접하게 된다. 그러나 시결과 용어와 숙어는 어려운 한자로만 되어 있어 대다수가 선뜻 탐독과 음미에 취미를 잃는다. 그래서 누구나 어려움 없이 쉽게 읽고 깊이 있게 음미할 수 있도록 원문에 한글로 발음을 달고 어려운 용어와 숙어에 해석을 달아 이 책을 내게 되었다.

신비한 동양철학 103 | 원각 김구현 편저 |300면 | 25,000원 | 신국판

완벽 만세력
착각하기 쉬운 서머타임 2도 인쇄

시중에 많은 종류의 만세력이 나와있지만 이 책은 단순한 만세력이 아니라 완벽한 만세경전으로 만세력 보는 법 등을 실었기 때문에 처음 대하는 사람이라도 쉽게 볼 수 있도록 편집되었다. 또한 부록편에는 사주명리학, 신살종합해설, 결혼과 이사택일 및 이사방향, 길흉보는 법, 우주천기와 한국의 역사 등을 수록했다.

신비한 동양철학 99 | 백우 김봉준 저 | 316면 | 20,000원 | 사륙배판

정본만세력

이 책은 완벽한 만세력으로 만세력 보는 방법을 자세하게 설명했다. 그리고 역학에 대한 기본적인 내용과 결혼하기 좋은 나이 · 좋은 날 · 좋은 시간, 아들 · 딸 태아감별법, 이사하기 좋은 날 · 좋은 방향 등을 부록으로 실었다.

신비한 동양철학 45 | 백우 김봉준 저 | 304면 | 사륙배판 26,000원, 신국판 16,000원, 사륙판 10,000원, 포켓판 9,000원

정본 | 완벽 만세력

착각하기 쉬운 서머타임 2도인쇄

시중에 많은 종류의 만세력이 있지만 이 책은 단순한 만세력이 아니라 완벽한 만세경전이다. 그리고 만세력 보는 법 등을 실었기 때문에 처음 대하는 사람이라도 쉽게 볼 수 있다. 또 부록편에는 사주명리학, 신살 종합해설, 결혼과 이사 택일, 이사 방향, 길흉보는 법, 우주의 천기와 우리나라 역사 등을 수록하였다.

신비한 동양철학 99 | 김봉준 편저 | 316면 | 20,000원 | 사륙배판

원심수기 통증예방 관리비법

쉽게 배워 적용할 수 있는 통증관리법

『원심수기 통증예방 관리비법』은 4차원의 건강관리법으로 질병이 악화되는 것을 예방하여 건강한 몸을 유지하는데 그 목적이 있다. 시중의 수기요법과 비슷하나 특장점은 힘이 들지 않아 어린아이부터 노인까지 누구나 시술할 수 있고, 배우고 적용하는 과정이 쉽고 간단하며, 시술 장소나 도구가 필요 없으니 언제 어디서나 시술할 수 있다.

신비한 동양철학 78 | 원공 선사 저 | 288면 | 16,000원 | 신국판

운명으로 본 나의 질병과 건강상태

타고난 건강상태와 질병에 대한 대비책

이 책은 국내 유일의 동양오술학자가 사주학과 정통명리학의 양대산맥을 이루는 자미두수 이론으로 임상실험을 거쳐 작성한 자료다. 따라서 명리학을 응용한 최초의 완벽한 의학서로 질병을 예방하고 치료하는데 활용하면 최고의 의사가 될 것이다. 또한 예방의학적인 차원에서 건강을 유지하는데 훌륭한 지침서로 현대의학의 새로운 장을 여는 계기가 될 것이다.

신비한 동양철학 9 | 오상익 저 | 474면 | 15,000원 | 신국판

서체자전

해서를 기본으로 전서, 예서, 행서, 초서를 연습할 수 있는 책

한자는 오랜 옛날부터 우리 생활과 뗄 수 없는 관계를 맺어왔음에도 잘 몰라 불편을 겪는 사람들이 많아 이 책을 내게 되었다. 이 책에서는 해서를 기본으로 각 글자마다 전서, 예서, 행서, 초서 순으로 배열하여 독자가 필요한 것을 찾아 연습하기 쉽도록 하였다.

신비한 동양철학 98 | 편집부 편 | 273면 | 16,000원 | 사륙배판

택일민력(擇日民曆)

택일에 관한 모든 것

이 책은 택일에 대한 모든 것을 넣으려고 최선을 다하였다. 동양철학을 공부하여 상담하거나 종교인 · 무속인 · 일반인들이 원하는 부분을 쉽게 찾아 활용할 수 있도록 칠십이후, 절기에 따른 벼농사의 순서와 중요한 과정, 납음오행, 신살의 의미, 구성조견표, 결혼 · 이사 · 제사 · 장례 · 이장에 관한 사항 등을 폭넓게 수록하였다.

신비한 동양철학 100 | 최인영 편저 | 80면 | 5,000원 | 사륙배판

모든 질병에서 해방을 1 · 2

건강실용서

우리나라는 아주 오랜 옛날부터 건강과 관련한 약재들이 산천에 널려 있었고, 우리 민족은 그 약재들을 슬기롭게 이용하며 나름대로 건강하게 살아왔다. 그러나 오늘날 현대의학에 밀려 외면당하며 사라지게 되었다. 이에 옛날부터 내려오는 의학서적인 『기사회생』과 『단방심편』을 바탕으로 민가에서 활용했던 민간요법들을 정리하고, 현대에 개발된 약재들이나 시술방법들을 정리했다.

신비한 동양철학 102 | 원공 선사 편저 | 1권 448면 · 2권 416면 | 각 29,000원 | 신국판

김찬동 金讚東

· 1950년 경북 달성 출생, 장로교신학대학교 졸업
· 한국추명학회 정회원 · 광진구 지부장, 한국역술학회 정회원
· 추명학 연구와 동양철학 학술연구로 감사패와 표창장을 여러 차례 받음
· 수년간 성경 · 불경 · 논어 · 명리학 연구
· 현재 역산철학원 원장
일본의 동경 · 경도 등을 여행하며 일본풍수학 연구 중

저서에는 『역산성명학』(삼한), 『이렇게 하면 좋은 운이 온다』(삼한), 『역산비결』(삼한), 『복을 부르는 방법』(삼한), 『운을 잡으세요』(삼한), 『적천수 정설』(삼한), 『궁통보감 정설』(삼한), 『연해자평 정설』(삼한), 『명리정설』(정음), 『팔자고치는 법』(미래문화사), 『나도 돈 벌 수 있다』(생각하는백성), 『사주운명학의 정설』(명문당), 『운명으로 본 인생』(명문당) 등이 있다.

전화 02)455-3204 | 016-9292-3207

이렇게 하면 좋은 운이 온다

1판 1쇄 발행일 | 1998년 5월 25일
1판 8쇄 발행일 | 2012년 1월 16일

발행처 | 삼한출판사
발행인 | 김충호
지은이 | 김찬동

신고년월일 | 1975년 10월 18일
신고번호 | 제305-1975-000001호

411-776 경기도 고양시 일산서구 일산동 1654번지
산들마을 304동 2001호

대표전화 (031) 921-0441
팩시밀리 (031) 925-2647

값 16,000원
ISBN 89-7460-055-2 03180